the SMART ENOUGH CITY

Putting Technology in Its Place to Reclaim Our Urban Future

written by

BEN GREEN

In *The Smart Enough City*, Ben Green warns against seeing the city only through the lens of technology; taking an exclusively technical view of urban life will lead to cities that appear smart but under the surface are rife with injustice and inequality.

被科技綁架的智慧城市

班・格林——著
廖亨雲 譯

Flâneur Culture Lab

獻給爸爸和媽媽

目錄

序言

「智慧城市」的時代來臨了！只是，我們根本不清楚這是什麼意思，至少可以確定的是，我們還沒搞清楚。

——〈波士頓智慧城市教戰守則〉（The Boston Smart City Playbook），二〇一六年

我在二〇一四年到二〇一八年擔任波士頓市首席資訊長，期間聽過許多「智慧城市」科技公司的行銷說詞。其中比較令人印象深刻的，是兩家財富美國五百強（Fortune 500，譯注：《財富》雜誌每年評選的全美最大五百家公司排行榜）企業聯手合作，推出可以裝設在路燈頂端的連線裝置，讓全波士頓數萬個地點都能具備攝影機、感應器和運算功能。

就如同大多數的智慧城市產品，這項裝置號稱是可以蒐集多種資料的「平台」，只要搭配合適的分析模型，就能幫助我們進行多項改善，包括交通車流、公共安全和市政服務效率。

有位同事向前來的廠商提問，有沒有哪一項益處是已經實現的，結果其中一位公司部門主

管一臉熱切地回答：「這就是最讓人期待的部分：我們提供平台和資料，這樣你們就能找出各種方法來從中找出價值。」最讓人驚訝的是價格，我們得知單是每年的服務費，就幾乎等同於市政府花在除雪和收垃圾的費用。我絕對不會隨隨便便就把這個提案送到市長辦公室。

這樣的經驗突顯出智慧城市的概念存在著常見的隔閡：企業看到了各種可能性（以及金錢），而市政府員工卻看到棘手的財務交易，以及將科技轉換為真正的公共價值所需的複雜過程。此外，這也顯現出眾人是用完全不同的觀點，來看待城市所面對的挑戰。對於科技專家來說，城市集結了各種需要直接且最佳解決方案的問題，因此，越多資料和運算能力就越有助於解決問題，畢竟讓交通車流更順暢，並且更有效率地提供服務，不就是大家的共識嗎？

但是對於在前線的員工來說，「更順暢」和「更有效率」這些詞彙不過是問題的冰山一角，真正難解的是市政府和市民之間的利益競爭和價值衝突。即便是改善交通如此簡單的概念，一經分析馬上就會變成涉及優先順序和不同觀點的棘手問題：**我們是否該在巴士接近十字路口時讓燈號自動切換成綠燈，就算這樣做會影響其他駕駛的車速？零售商店把路邊停車位規劃成Uber上車區的做法公平嗎？如果預測性交通號誌定時可以加速交通車流，但是會導致馬路對行人和自行車騎士比較危險，我們應該要採用這項技術嗎？**這些都不是技術問題，再多的感測器資料也無法提供正確答案。

我在經營自行創立的科技公司十年之後，進入波士頓市政府工作，我很快發現以「我們可不可以只要……」開頭的句子，經常是我說錯話的前兆。長年努力解決特定問題的同僚經常向我解釋，問題核心其實牽涉到複雜的政治和結構性挑戰，但表面上看來卻只要用一點科技魔法就能克服。忽視價值和利益交換這類深層問題，而偏好簡化問題、解決導向的方法，這種傾向正是許多科技專家的盲點。

《被科技綁架的智慧城市》一書深入探討將科技解決方案應用在以人為中心的都市管理領域時，所面臨的機會與挑戰。班．格林清楚陳述了新科技可以為城市建構出多麼美好的理想，同時也正視應用科技可能帶來的複雜和難解問題。班摒棄了許多智慧城市概念背後以科技為中心的思維，提醒我們如何避開用看似簡單的方法，解決棘手問題的陷阱。

班也為政府內部落實科技的員工設想了新的角色，這也是他在波士頓市政府服務期間對自己的要求。在我管理的創新與科技部門團隊擔任資料科學家時，班就是個對創新深思熟慮的合作夥伴，他深知其重要性，也明白這對市民會造成哪些棘手而複雜的衝擊。不論是擴大公共Wi-Fi或是修繕人行道等議題，班都曾協助市政府在應用嶄新科技的同時，細心照顧到各社區重視的價值和優先順序。他在市政府部門的實務工作中，成功破解了錯誤的假象，包括僅止於表面上的最佳化技術，以及沒有權衡利弊的改善方案。

班具備深厚的資料科學專業技能，因此曾支援波士頓緊急醫療服務（Boston Emergency Medical Services，簡稱「ＥＭＳ」），協助處理救護車反應時間過長的難解問題。他的方法是進行調查，分析關於使用趨勢、電話通報類型和救護車布局，而最關鍵的是，他和EMS的領導階層以及現場醫護人員建立了良好關係。救護車隨行人員不僅能以人性化的方式回報病患情況，也能協助詮釋可能影響到反應時間的因子。在建構資料模型的過程中，同時參考醫療人員的意見，由於他們的工作正是這些資料所代表的內容，模型產出了一些相當有效的分析結果。

班成功找出救護車無法滿足緊急照護需求的原因和地點，而他的全面周到的分析結果，也突顯出EMS服務模型需要改善之處。有大量的救護車使用時間是耗費在與醫療無關的緊急電話通報，例如，通報者無家可歸、藥物成癮或兩者皆是，因此，EMS第一線人員實際上是在扮演社會服務提供者的角色，儘管這也是很重要的工作，這項責任卻不該落在配備完整的救護車醫療人員身上。

班採用的方法是以人為中心，並且需要協同合作，於是催生出專門處理藥物濫用的EMS社區援助團隊（Community Assistance Team），還有擴大服務範圍的工作人員，可以為深陷危機的市民媒合社會服務。如此一來，經過特殊訓練和擁有特定資源的第一線人員，就能提供品質更好的照護和支援，同時也能讓救護車團隊有時間可以處理真正需要這些技能和設備協助的通報案件。

《被科技綁架的智慧城市》的主旨在於破解迷思，並非只要神通廣大的都市創新者利用破壞性科技，就能如同施展魔法般地輕鬆改造城市。本書不僅提出了警告，也為智慧城市相關產業提供了指引：唯有結合深厚的科技專業和周全的方案設計，並且正視都市中所有成員的複雜性和衝突，科技專家才能真正發揮正向的影響力。至於我們這些抱持樂觀態度，認為科技有潛力能為長年未解的都市問題帶來新解方的讀者，這本書則提供了值得參考的新觀點和周全的未來展望。

賈莎．富蘭克林—賀智（Jascha Franklin-Hodge）

前波士頓市資訊長

Blue State Digital 共同創辦人

謝辭

因為有許多人的付出才能成就這本書。

如果沒有蘇珊・克勞福德（Susan Crawford）的指導，我不可能寫出這本書。我的興趣如同大雜燴一般，從機器學習跨界到都市政策，而蘇珊是第一位真正肯定我的興趣是有價值的人，她的行動力和責任感遠超出我所應得的，她的個人和財務支援更是無與倫比的大禮。

我也必須誠摯感謝其他多位指導者。他們帶領我認識到諸多科技和都市政策相關議題，並且協助我培養出批判性的觀點：尤查・本科勒（Yochai Benkler）、茱莉亞・弗里蘭（Julia Freeland）、雷伊德・加尼（Rayid Ghani）、蜜雪兒・曼根（Michelle Mangan）、拉德卡・納帕（Radhika Nagpal）、安德魯・帕帕克里斯托斯（Andrew Papachristos）、陶德・瑞茲（Todd Reisz）、吉姆・特拉弗斯（Jim Travers）和米契・魏斯（Mitch Weiss）。

哈佛大學伯克曼網際網路與社會研究中心（Berkman Klein Center for Internet & Society）是集結友誼和知識啟發的絕佳據點，我很榮幸能成為這個卓越社群的一分子，尤其感謝一些夥伴協助我發想出促成本書的計畫和概念：大衛・克魯茲（David Cruz）、加布・康寧漢（Gabe

Cunningham）、愛莉爾・埃克布洛（Ariel Ekblaw）、保羅・科米尼爾（Paul Kominers）、安德魯・林茲（Andrew Linzer）、瓊恩・莫利（Jon Murley）、瑪麗亞・史密斯（Maria Smith）、戴維・塔波（Dave Talbot）和韋德・華納（Waide Warner）。

在波士頓市政府創新與科技部門的工作經驗讓我有驚人的成長，也為本書提供了大部分的基礎。我非常感謝傑夫・李布曼（Jeff Liebman）給予我這個獨特的機會，讓我能在這裡累積一年的經驗。派翠西亞・鮑依－麥肯納（Patricia Boyle- McKenna）、賈莎・富蘭克林－賀智和安德魯・泰爾羅特（Andrew Therriault）都是很優秀的領導者，打造出充滿服務和創新精神的工作環境。也感謝其他出色的指導者、同僚和友人：艾力克斯・陳（Alex Chen）、史黛芬妮・哥斯大－李波（Stefanie Costa-Leabo）、以利亞・德勒坎帕（Elijah de la Campa）、克里斯・德韋利（Chris Dwelley）、約瑟夫・芬恩（Joseph Finn）、彼得・葛諾（Peter Ganong）、吉姆・胡利（Jim Hooley）、奈哲爾・雅各（Nigel Jacob）、拉曼迪普・喬森（Ramandeep Josen）、凱拉・拉爾金（Kayla Larkin）、霍華德・林（Howard Lim）、山姆・洛維索（Sam Lovison）、金・盧卡斯（Kim Lucas）、蘿拉・梅勒（Laura Melle）、克里斯・奧斯戈德（Chris Osgood）、凱拉・帕特爾（Kayla Patel）、尚－路易・羅歇（Jean-Louis Rochet）、路易・沙諾－艾斯皮諾沙（Luis Sano-Espinosa）、安妮・施維格（Anne Schwieger）、史帝夫・史戴芬努（Steve Stephanou）、瑞妮・沃爾什（Renee Walsh）、史帝夫・華特（Steve Walter）以及**Intern Island**全員。

史丹佛大學的網際網路與社會研究中心（Center for Internet and Society）是夏季專注在寫作的絕佳去處，感謝中心的所有成員，尤其感謝大方歡迎我的亞爾・吉達利（Al Gidari）。傑出的叢書編輯大衛・溫伯格（David Weinberger）協助我把概念草稿變成結構完整的書本大綱，也督促我精雕細琢並且更有效地表達自己的論述。如果沒有他面面俱到的輔助，寫作本書的計畫根本連起步都沒有辦法。

整個麻省理工學院出版社（MIT Press）團隊都是最佳的合作夥伴，非常感謝格塔・馬納塔拉（Gita Manaktala）願意提攜初出茅廬且默默無名的作家，提供毫不動搖的支持。三位匿名的審書人員給予了極具建設性的意見，讓我能用新觀點看待本書的貢獻和限制。也謝謝愛麗絲・福克（Alice Falk）專業而細心地審稿。

本書在經過兩位優秀編輯的周密評論和修改後，成為一本更好的作品。克蘿伊・福克斯（Chloe Fox）協助我編寫出富含意義的敘事，也針對如何組織這項寫作計畫給予我大量的指引。錫蘭・芬蘭森（Ciarán Finlayson）則提供鞭辟入裡的評論，讓我的論述更加精準。由於有兩位編輯的協助，我才能將早期的草稿彙整成一本「真正的書」。

我也受到了幾位好友的幫助，他們自願投入時間幫忙檢查本書的草稿：瓦倫・巴什亞卡拉（Varoon Bashyakarla）、伊凡・格林（Evan Green）、班・蘭伯特（Ben Lempert）、羅伯特・曼度卡（Robert Manduca）和得魯・厄赫林根（Drew Ohringer）。查克・維爾溫（Zach Wehrwein）帶領我接觸了許多書籍和概念，為這項寫作計畫奠定了知識基礎。

我的雙親珍妮・阿特舒勒（Jenny Altshuler）和貝瑞・格林（Barry Green）一直以來都是我最盡心盡力的導師和支持者，不論是假期或載我上學的途中，他們都會把握每一次機會展現教育的價值，我的跨領域研究方法正是源自他們以身作則地示範活到老、學到老。經由一次次的旅行和長途曲折的漫步，父母從小就培養我對於城市的熱愛。

最後，我無法用言語形容自己有多麼感謝我那令人讚嘆的伴侶莎樂美・維爾約恩（Salomé Viljoen），這本書處處都充滿她的指紋，從知識框架到每個句子的結構，就是因為有她這本書才能完工。在多個熬夜的夜晚和被工作佔據的週末，她總是對我展現無比的耐心和支持，更不用說我請她讀了無數份的草稿，這本書正是她愛我的終極證明。

緒論　智慧城市的盲點：科技有色眼鏡

二〇一六年，《波士頓環球報》（*Boston Globe*）刊登了一篇報導，標題道出了各地城市駕駛的共同夢想：「向交通號誌說再見」。[1]當然，波士頓並沒有突然撤除城裡的所有交通號誌，但這項變革已經近在眼前：麻省理工學院（Massachusetts Institute of Technology，簡稱「MIT」）的研究人員已經設計出嶄新的「智慧十字路口」[2]，可以讓駛進的自駕車流順暢切入，並且毫無阻礙地通過十字路口。[3]一旦這種新技術布署完成，塞車將會成為歷史的灰燼，而這些未來街道的模擬似乎預示著新紀元的黎明，先進科技將能有效緩解長期困擾都市的交通問題。

然而，MIT所設計的數學模型和模擬仍有不足之處：人群。他們的城市街道中除了車流之外，沒有任何生命體存在，而這項缺失之所以特別值得一提，是因為MIT模型核心中的十字路口，其實是波士頓市中心最繁忙的行人和運輸要道，也是全美國最適合步行的地點之一。[4]沒有人喜歡交通阻塞，但是如果必須要讓人群從街道上消失，才能解決交通問題，那麼我們究竟是準備打造出什麼樣的都市？

除了這些MIT研究員以外，更有前仆後繼的研究團隊期待科技突破可以為都市帶來明顯好處。每一項提案聽起來都很有雄心壯志，但只要稍微瞭解一下這些未來模型和烏托邦願景，令人感到擔憂的情景就會浮現。

想想看「預測性警務」（predictive policing）：這種機器學習演算法可以分析過往犯罪模式，並且預測下一次犯行發生的時間和地點。許多人認為，掌握這些資訊之後，員警可以有效率地預防犯罪和保障社區安全。預測性警務演算法似乎能提供客觀且科學的方法，讓有限的警力資源發揮最大效益，而過去十年來，美國各地的警察部門都已經採用相關軟體，更有警官高呼這項技術可以協助「我們以更有智慧的方式打擊犯罪」。[5]

然而，這些演算法有黑暗的一面：用於預測的資訊充滿了種族偏見。這些資料所代表的，並不是所有犯罪發生地點的客觀事實，而是警察發現罪行並予以起訴的地點，且這些資訊反映出警方對於不同社區有差別待遇。在仰賴這些資料的情況下，預測性警務軟體會高估少數族群居住地區的犯罪發生率，並低估白人居住地區的犯罪發生率，因此，根據這些預測採取行動，更會加劇警方既有的執法不公問題。沒有人希望犯罪事件發生，但如果預防犯罪意味著延續歧視執法，那麼我們究竟是準備打造出什麼樣的都市？

再想想另一個事件，二〇一六年，紐約市用數位服務亭取代了數千台公共電話，打造出全球最大型且最快速的免費公共Wi-Fi網路。[6]這些統一稱為LinkNYC的服務亭，也能提供免費的國內通話服務、USB充電埠以及互動式地圖，另一項額外的好處是，這些服務亭完全不需花費任何公帑。LinkNYC的設置確實突顯出所有城市對於普及高速網路使用的需求。

同樣地，這項新科技應該要加註警語。LinkNYC服務亭並不是紐約市負責的公共服務，真正擁有並營運這項服務的是Sidewalk Labs，也就是Google母公司Alphabet的另一家子公司。因此，這些服務亭實際的資金來源並不令人意外：Sidewalk Labs會透過這項服務蒐集所有使用者的資料，並且利用這些資料產出目標式廣告。連線到公共Wi-Fi網路所付出的代價，其實就是將所在地點和行為等個人資料提供給私人公司。人人都想享有更好的公共服務，但如果設置這些服務，就等於讓企業的監視節點遍布都會中心，那麼我們究竟是準備打造出什麼樣的都市？

以上每一個事件都在指向相同的趨勢，也就是奠基於新科技的新型態都市正在崛起：「智慧城市」。本書將會探討為何將科技應用在都市中往往會造成反效果，而我們又必須採取什麼行動，才能確保這些科技有助於打造更公平正義的未來都會。

* * *

由於新科技的發展讓先前無法想像的功能，成為日常生活的一部分，現代都市似乎正迎來革新突破的時刻。我們希冀這些科技和奠基於此的「智慧城市」可以帶來巨大的益處：日常生活中每一件物品都嵌入感測器，能夠監控周遭的環境，而機器學習演算法則能運用這些資料來預測即將發生的事件，並且將市政服務的效率和便利性提升到極致；透過應用程式、演算法和人工智慧，這些新科技將可以減緩交通堵塞、重建民主制度、預防犯罪，並且創造免費的公共服務；智慧城市是我們夢想中的都市。

從大型科技公司、歐巴馬政府到全國城市聯盟（National League of Cities，譯注：美國倡議組織，是代表全美一萬九千個城市和鄉鎮與四十九個州的聯盟）[7]，智慧城市的概念已經獲得廣大支持，也逐漸成為未來城市治理的共同願景。二〇一六年針對美國五十四座城市進行的調查發現，這些城市總計已經實施或計畫推行將近八百項智慧城市專案。[8]

科技公司思科（Cisco）的執行長及副總裁如此描述我們未來的走向：「根據定義，智慧城市要能夠整合三個以上功能領域的資訊通訊技術。簡單來說，智慧城市必須結合傳統基礎建設（道路、建築等等）和科技，來讓居民的生活更加豐富。」[9]

這段概括的描述——將資料和技術應用在傳統物品或程序，以提升效率和便利性——清楚定義了什麼是讓都市或是其他各種事物變得「智慧」。根據這項定義，我會在全書中將「智慧」一詞當作專門術語使用。

然而，智慧城市的願景卻相當不切實際，這其中的謊言源自「智慧」本身的定義，因為這種定義過度地強調科技的力量和重要性。看看思科是如何單用科技的應用程度，來判定城市的進步與否，正是這種觀點導致了「智慧十字路口」、預測性警務和LinkNYC（本書後段會再次提到這些例子）隱藏的危險。我們會漸漸發現到，智慧城市的問題不只是科技根本無法帶來我們所希望的好處，還有為了追求智慧城市而布署科技的做法，通常會扭曲和加劇科技本應解決的問題。

儘管智慧都看似是烏托邦，事實上卻是以激進而目光短淺的方式，將城市的概念包裝成科技問題。如果用這種觀念重新建構都市生活和市政管理的基礎，只會催生出表面上看似智慧，但實際上卻充滿不公義和不平等的城市。智慧城市會是個充滿威脅的空間：自駕車橫行市中心，將行人排除在外；公民參與被侷限在透過應用程式取得服務；警察利用演算法合理化並延續種族歧視執法的惡習；政府和公司透過監視公共空間來控制大眾的行為。

科技是可促成社會改革的重要工具，但透過以科技為主的方式推動社會進步，從一開始就注定只能帶來有限的益處，或甚至是導致意外的負面後果。就如哲學家約翰．杜威（John Dewey）曾寫道：「設想問題的方式會決定哪些解法值得考慮，哪些則不值一提。」[10] 社會學家布魯諾．拉圖爾（Bruno Latour）更指出：「改變手段，所有與其相關的社會理論也會改變。」[11] 杜威和拉圖爾的邏輯論述，正好點出智慧城市的夢想是如何的偏離正軌：當我們把每一項社會議題都當作科技問題看待，眼中自然只有科技的解決方案，而排除了其他可能的解方，最終限縮了我們對城市可能和應有的想像。

我把這種觀點稱作「科技有色眼鏡」（technology goggles），追根究底，這種有色眼鏡建立在兩種觀念之上：第一，科技可以針對社會問題提供中立且最佳的解決方案；第二，科技是推動社會變革的主要機制。科技有色眼鏡遮蔽了所有源於社會和政治影響力的障礙，因此任何人只要戴上，就會把都市生活的各種缺點視為科技問題，並且選擇性地判定這些缺點是只有科技才能解決的問題。正因如此，戴著科技有色眼鏡的人會將都市面臨的挑戰，例如公民參與、都市設計和刑事司法等議題，解讀成效率不足的後果，而且只有科技才能改善，這些人也深信所有問題的解方是變得「智慧」，亦即網路連結、資料驅動，以及根據演算法做決策，一切都是為了提升效率和便利性。這些科技狂熱信徒將科技視為可以或應該要修正的主要變因，而忽視了其他目標，例如政策改革和政治權力轉移。

科技有色眼鏡最根本的問題在於，複雜的社會議題很難有簡單俐落的解決方法，即便有也相當罕見。城市設計師赫斯特・萊特（Horst Rittel）和梅爾文・韋伯（Melvin Webber）將與都市相關的社會議題，稱作「棘手問題」（wicked problems），由於太過複雜以至於答案不可能會有完全客觀的對錯，因此「討論『最佳解決方案』完全沒有意義」。[12] 認為科技可以解決棘手問題的觀念，被科技評論家葉夫根尼・莫羅佐夫（Evgeny Morozov）稱為「解決主義」，[13] 說好聽點是種誤導，說難聽點則是種兩面手法。

然而，科技有色眼鏡的產物不只限於立意良善卻效果不佳的小裝置，甚至還催生出可能重塑社會的危險意識形態。經由所謂的「科技有色眼鏡循環」，這種觀念會依照科技的邏輯，讓行為、優先事項和政策都變得扭曲。循環分為三個階段：首先，科技有色眼鏡營造出所有問題都可以也應該透過科技解決的假象，而這種印象導致大眾、公司和政府投入開發和採用新科技，只會了讓社會更有效率和「智慧」。隨著市政當局和都市居民紛紛採用這些新科技，他們的行為、態度和政策都會被科技工具所隱含的錯誤假設和優先標準重新形塑，於是，科技有色眼鏡的觀念又再次強化，進而鞏固了符合這種觀念的科技。在這個過程中，其他並非奠基於科技的目標和願景會變得更沒有存在感，也更難以落實，最後科技有色眼鏡的觀念就成了我們腦中根深蒂固的共同想像。

在這些科技和隨之而來的社會變遷背後，其實就是政治，因為科技並非只是中性的工具。就如同政治理論學家朗頓・溫納（Langdon Winner）在著作《鯨魚與反應器》（*The Whale and the Reactor*，暫譯）中所指出的，科技「含有特定形式的權力和威權」。溫納更進一步解釋道：

> **科技創新其實很類似於建立公共秩序架構的立法行為或政治創舉，其影響力會延續到世世代代。基於這個原因，眾人對於政治中的規則、角色和互動有多麼謹慎關注，就應該要對以下這些事件抱持同等的態度，包括建造高速公路、架設電視網路，以及為新機器打造看似無關緊要的功能。這會導致社會大眾分歧或團結的議題，不只存在於政治制度或措施本身，同時也存在於伸手可觸及的鋼筋水泥、線路和半導體、螺栓和螺母等實物中。**[14]

城市在應用更新穎、更有效率的科技時，難以迴避價值和政治的角力。我們開發和布署智慧城市技術的方式，將會造成影響深遠的政治後果：誰可以取得政治影響力，用什麼方法維持社區治安，誰又會失去隱私權。然而科技有色眼鏡卻讓其追隨者誤以為複雜、有規範性但又無可避免會引發爭議的政治決策，是可以簡化為客觀且高科技的解決方案。把都市議題當成科技問題看待的同時，倡導智慧城市的一方，等於是忽略了這些問題的規範性和政治因素，進而選擇用科技的標準（例如效率）來評估解決方案，而沒有意識到這種做法後患無窮。

亞當・格林菲爾德（Adam Greenfield）是最早針對智慧城市提出尖銳批評的人物之一，他在二〇一三年的著作《反對智慧城市》（*Against the Smart City*，暫譯）如此解釋，這種思維「實際上是宣稱任何已知的個別或共同人類需求，都有一種而且只有唯一一種普世皆然且無比正確的解決方案；這種解決方案可以透過操作科技系統並搭配輸入適當的資訊，經由演算法實現；這種解決方案也可以應用在公共政策中，完全不會遭到扭曲」。[15]

這樣的思考邏輯讓智慧城市看似價值中立又能造福眾生，彷彿這是邁向進步唯一的合理途徑。思科的「都市創新」團隊表示：「討論的重點已經不再是**為什麼**『智慧城市』方案對於城市有益，也不是該**採取什麼行動**（有哪些可行的選項），而是要**如何**落實智慧城市的基礎建設和服務。」[16] IBM總裁暨執行長山繆・帕米沙諾（Samuel Palmisano）在二〇一一年舉辦於里約熱內盧（Rio de Janeiro）的「進階智慧城市」（SmarterCities）論壇中，也表達了類似的看法：「請思考一下，運輸系統背後有什麼意識形態？電網呢？都市的食物或水源供給？……如果進階智慧城市系統的先行者……確實有共同的意識形態，那一定就是：『我們相信有更智慧的方式能解決問題。』」[17]這種修辭暗示整個社會都已經對於理想中的城市達成了共識，或者，也許這樣的共識基本上就是建立在智慧城市充滿各種美好的可能性。對於這些科技專家而言，提升效率的好處實在是太過顯而易見，所以智慧城市的概念可以凌駕於社會和政治討論之上——呿，那些是多麼過時的做法。

當然，都市中如大眾運輸和用水等系統都隱含著意識形態，看這些例子就知道：為了興建連結市中心和白人郊區的高速公路，沿途的黑人社區在上個世紀被迫拆除；[18]或是密西根州弗林特（Flint）絕大多數的黑人和貧窮居民，自從州政府在二〇一四年為了節省支出而決定開始徵收都市水源費，就一直在使用有毒的含鉛水；[19]還有政治理論學家溫納著名的論述，解析建築師羅伯·摩斯（Robert Moses）是如何刻意將通往長島（Long Island）的高架橋設計得特別低，防止紐約的窮人和少數族群（通常會搭乘客運而不是私人轎車）前往由他設計且獲獎肯定的海灘。[20]

然而，使用量化和技術性的方法時，很容易就會落入客觀假象的陷阱——「根據數字做出的決定……至少可以展現出公平和不帶個人色彩的表象。」歷史學家西奧多·波特（Theodore Porter）如此解釋：「量化就是用一種看似沒有做決定的決策方式。」[21]

為社會議題尋找客觀又技術性的解決方法，是很誘人卻非常危險的想法，尤其當我們面對像智慧城市中那些技術一樣強大的科技。相信有這種理想答案存在，會導致我們低估科技對社會和政治的影響力，並且忽略其他可以用於解決相同問題的替代方案。以科技進步之名，阻絕了合法的政治討論過程之後，這種假設中立立場存在的想法很容易鞏固現況，同時也會阻礙更系統性的改革。

本書的目的是揭開隱藏在智慧城市中的政治，並解析科技對於市政和生活的諸多影響。「智慧城市」如此動聽的用詞暗示著科技是無可避免的發展方向，僅有單一特定的形式，而且是社會和政治進步的主要驅力，而這種常見的觀念就是所謂的「科技決定論」（technological determinism）。科技有色眼鏡背後的思維是，採用更新、更快且更精良的科技是改善都市的唯一方法，但是科技專家卻沒有探討這些科技應該如何設計，又該促成哪些社會效益，反而一味宣稱智慧城市是唯一可行且理想的都市未來。

事實上，科技並不是無可避免的發展方向。我們在設計和開發一項技術時，其實已經選擇了特定價值和特定目的，科技就是在這個過程中受到人為形塑。因此，任由科技建構社會，就等同於讓設計和布署科技的人，握有難以察覺卻極為重要的權力；我們必須要嚴格審視這些工具隱含的價值，以及誰有權利選擇這些工具。舉例來說，有不少科技的功能是以提升效率的方式解決社會問題，然而這種方式並不代表科技本身沒有任何價值判斷。效率是一種標準化的目標：著重於特定的原則和效益，同時也犧牲了其他的原則和效益，通常這意味著改變社會地位和資源的分配方式。決定應該要重視哪些原則以提升效率，換言之就是在決定哪些事物應該要提升效率，所以自然需要政治手段來協調各種相互競爭的標準化目標，儘管思科公司認為不需要著墨於這個關鍵問題。就如哲學家馬歇爾・博曼（Marshall Berman）發自內心的疑問：「當我們面對成功／失敗這樣的分類……我們必須自問：以什麼標準？以誰訂下的標準？為了什麼目的？為了誰的利益？」[22]

在前文討論到的交通最佳化範例中，有效率的自駕車車流可能意味著行人和自行車騎士被排除在都市街道之外，因為這些人會妨礙交通狀況。基於同樣的道理，強調公民參與的效率可能會讓市政府淪為客服機構，讓相對較膚淺的公民需求優先於更深層的需求，進而加劇不平等的問題。在我們深究上述和其他智慧城市計畫的過程中，不斷發現效率雖然看似客觀和對最有益於社會，實際上卻可能造成意外且不公義的影響。

此外，當我們透過科技所提供的功能，決定採用特定的措施和優先順序時，就等於是將特定的社會和政治價值投射在科技之上，而一旦科技嵌入社會和政治體制，其影響力就會受到其中的價值和做法形塑。例如，即便預測性警務演算法可以提供準確而無偏見的犯罪預報，這項功能依然無法決定我們運用預報的方式。我們選擇派遣警察前往自認的犯罪熱點，其實就是任由這些演算法加劇現行刑法制度的歧視作為和政策，無論這項技術的本質如何。然而這種選擇和犯罪預測所造成的影響並非不可避免：部分城市正在運用類似的演算法促進社會正義，也就是用於辨識入獄的高風險個人，並且主動對這些人提供社會服務來避免憾事發生。換言之，不論我們的科技有多先進，我們都無法逃避決定如何使用科技的規範性和政治過程。

此外，科技的設計和政治結構可能會產生和其標榜功能幾乎無關的影響，例如LinkNYC之所以令人如此不安，原因並不在於這項科技名義上的應用方式，畢竟免費公共Wi-Fi是每座都市都該提供的服務，而是達成這項服務所採用的方式：透過蒐集和販售大眾的資料來取得資金。另一個類似的例子是，地方政府越來越常根據演算法的輸出結果，進行重要決策（例如針對犯罪被告判刑以及為學生分發學校），儘管這些演算法所提供的資訊可能會影響人的一生，市政府通常鮮少，甚至完全不會讓人民有深究演算法開發或運作方式的機會。即便這些演算法真的能改善特定決策的準確度，卻也讓市政府更像是無法問責的黑盒子。事實上，以上這些技術功能都可以透過更民主的框架來實現，但前提是我們必須集結各方的政治意願來打造這些科技。

最後，有些非技術性的因素限制了科技的影響力，也阻礙了科技發揮反映在科技有色眼鏡中的理想效果。例如有許多人認為，通訊科技進步有助於迎來政治參與和對話的光明新時代，然而這些美夢並未實現，因為民主決策和公民參與的根本限制，並不是效率低落的資訊或溝通傳播，而是權力、政治和大眾的動機。基於相同的道理，即便是擁有巨大潛在效益的科技，如果使用或管理不當，還是可能造成駭人的後果。事實和智慧城市倡議者口中的童話故事正好相反，科技本身幾乎沒辦法創造價值，而是應該要經過審慎思量並容於市政框架之內。

本書囊括許多科技信徒預測科技影響力失準的案例，而這些失敗源於他們忽視了眾多社會和政治議題的決定因素。儘管科技確實有改變社會和政治情勢的力量，卻也深受這兩者影響：追根究底，科技的影響力多半是取決於運用科技的情境和方式。

所以，科技決定論其實導致了我們被科技可能促成的各種益處蒙蔽，關於城市科技的討論也因此失焦。當我們讓科技代勞一切，就等於自願放棄規劃理想世界願景的行動力，而認為科技發展只有單一方向的想像，更是讓我們陷入無意義的正反激辯：贊同採用新科技的一方被視為創新派，反對的一方則會被貼上「盧德主義者」（Luddites，譯注：十九世紀英國對抗工業革命和反對紡織工業化的社會運動者，現在用於形容反對改進工作方法或採用新機器的人）的標籤。

從這個角度看來，智慧城市大部分的優勢其實是建立在和假想敵——「愚笨城市」的對比之上，也就是堅持己見拒絕採用新科技又墨守低效率成規的市政體系。智慧城市的支持者把這項理念包裝成改善愚笨城市的必要解決之道，卻沒有分析科技的社會影響力，或是考量替代的設計方法，於是智慧城市就這樣奠基於錯誤的二分法，導致我們看不清科技和社會變動的各種可能性。我們陷入了毫無意義、自我重複的疑問迴圈：智慧城市比愚笨城市好嗎？而無法討論更根本的問題：智慧城市是否真的就是最有利於民主、公正和平等的都市未來願景？

我認為答案是否定的——我們的首要任務是破解科技有色眼鏡的邏輯，並且意識到自己有行動力追求不同的願景：「適宜智慧城市」。這種城市不受到科技有色眼鏡蒙蔽，也不會獨尊科技本身或將其當作萬靈丹，而是把科技視為解決都市居民需求的強大工具，重要性同等於其他形式的創新和社會變化。認同適宜智慧城市的理念，就不會把都市視為需要改造成最佳狀態的標的，而是會把政策目標當作首要之務，也會認知到大眾和體制的複雜性，因而能考量到歷史因素，並以更完善的做法解決眾人的需求。

***

除了嚴格審視智慧城市這個概念之外，我們也會讀到許多適宜智慧城市的成功故事，也就是運用科技來為居民創造長久的福利。發起這些計畫的領導人物並沒有開發出全新又特殊應用程式或演算法，他們也沒有試圖要讓都市變得「智慧」，然後盲目地追求效率與連結，而是理解到都市其實只需要「適宜地智慧」，就足以推動他們的社會政策目標。

我們所探討的這幾個適宜智慧城市案例有不少共通之處，首先，最能讓科技發揮影響力的應用方式，就是布署時要結合其他形式的創新。在智慧城市中，運用科技的目的是讓現有的流程和程式更有效率，卻鮮少或沒有認真評估這些流程和程式是否能滿足都市居民的需求；所謂的改善城市其實就是改善其中的科技而已。相對的，適宜智慧城市明白社會問題的根源並不只是技術上的限制，會採用多樣的方法（包括但不限於科技）來改善這些問題。

在我們將會讀到的適宜智慧城市案例故事中，真正帶來主要效益的是改革現有行事方法的新方案和政策，而科技是強化這些新做法的重要工具，但如果沒有新做法，科技本身並無用武之地。例如，我們會檢視西雅圖是如何透過重新擬定與社福提供者的合約，以及更明確地定義目標，來改善針對遊民的服務。儘管市政府也有蒐集可用的資料以得知如何分配資源，最重要的創新其實在於研擬出和地方組織合作的新方式，資料加上修訂合約所創造的影響力，遠大於單獨實施兩者之一的效果。

適宜智慧城市的另一項重要特色，是透過改革體制和措施來輔助科技的應用，因而發揮了科技的潛在價值。智慧城市的願景通常是建立在兩種假設之上：科技是在真空環境下運作，以及成功的關鍵在於擁有最佳工具或是最多資訊。相對的，適宜智慧城市的概念清楚認知到，在政府制度中採用科技會面臨許多非科技的限制，因此，除非科技能夠在詳細規劃之後融入市政架構和措施，否則將會無法發揮太多影響力。我們會讀到堪薩斯州（Kansas）的詹森郡（Johnson County）是如何建立資料共享的流程，並用於有效避免受精神疾病所苦的個人犯罪入獄；紐約市和舊金山如何研擬出有品質的標準和訓練，來幫助市政府員工運用資料；以及芝加哥和西雅圖如何發展出合適的市政架構，確保新科技的應用方式既負責任又不會侵犯個人隱私。儘管有些戴著科技有色眼鏡的新聞標題，宣稱這些計畫的成功關鍵是科技的力量，但事實上，其中科技之所以能發揮影響力，絕大部分是因為有官僚體系（看來很不亮眼）的創新和輔助。

「適宜智慧」的說法可能會讓部分人覺得是在轉移目標，而且把標準降得太低，畢竟只要「適宜」就夠了。然而實際上，比起智慧城市，適宜智慧城市的宗旨更加野心勃勃，也更難實現。相較於處理棘手的都市社會和政治挑戰，解決單純的技術問題如預測犯罪和布署Wi-Fi根本微不足道。深思熟慮地融合技術與非技術觀點來打造民主而平等的城市，才是最遠大的願景，也是我們必須持續努力追尋的目標。

＊＊＊

本書的主題環繞著都市未來的論戰，智慧城市也許代表著下一波大型都市革命，其中數位科技之於今日，就如同鐵路、電力和汽車在過去扮演的角色。我們必須嚴格審視智慧城市的概念，因為我們所選擇採用的科技，是要用於解答於二十一世紀都市一些最根本的社會與政治問題：都市設計應該優先重視誰的需求？政府和選民之間的理想關係是什麼樣貌？社會應該如何解決犯罪問題？在與政府和企業的互動關係之中，個人應該擁有多少自主權？換言之，智慧城市革新都市生活的層面之廣，已經到了徹底改變都市政治和權力的版圖，而不只是單純建立某種形式的科技烏托邦。

以上述的觀點為基礎，我們將巡訪市政府、科技公司、警政部門和都市住宅區，來揭開智慧城市可能帶來的風險，並且釐清為何其他替代方案不僅必要且可行。我們會檢視一些案例，其中市政府根據適宜智慧城市的原則來支援政策和計畫，由此改善市民的生活。而透過對比科技應用於城市的成功和失敗案例，本書會歸納出運用科技減緩都市問題的策略，以及如何避免無效或不合理地使用科技。

儘管智慧城市的觸角已經延伸到全球眾多產業，本書會集中討論美國國內市政府如何布署和管理新科技。特別強調這一點是因為此安排牽涉到兩個層面：第一，本人的能力範圍僅限於此，我曾任職於紐哈芬和波士頓市政府（並且與其他市政單位密切合作，包括曼非斯、舊金山和西雅圖），並針對選定、管理和運用科技的最佳實作方法提供建議。雖然我時不時會參考國外的經驗和平行發展情況（沒錯，我們要讀的第一個案例故事，就是來自加拿大多倫多〔Toronto〕），但我個人的工作經驗還是侷限在美國城市特定的法律和政策環境。

第二，地方政府漸漸有權力左右新科技所帶來的社會利益，而這樣過分重大的新型態責任，使得我們亟需深度分析市政當局使用和控制科技的方式。對於要如何運用新科技，市政府必須負起責任進行諸多影響重大的決策，這對多數市府機關來說，都是很陌生的領域，但此刻他們卻非常有必要做出正確的決定，即便都市科技的觀念仍尚未成熟。當今我們所做的選擇會決定下一個世紀的社會和政治情況，而隨著都市人口日益增加，審慎評估我們對於城市的未來想像和規劃，也成為當前的首要之務。

本書不僅是為市府官員而寫，也為所有都市居民而寫，畢竟不論新科技帶來的是福利或損害，都是由市民概括承受，因此他們必須監督當地政府，為利用科技推動平等的都市進步負起責任。我希望本書提供的經驗可以超越我個人專業的侷限，讓世界各地的活動倡議者、科技專家以及政府有所收穫。

本書的架構對應到我們在邁向未來都市主義願景時必經的蛻變過程，例如緒論的主題「智慧城市」是當今眾人的共同夢想，因此很適合作為出發點。在接下來的每一個章節，我們會接觸到異於智慧城市的另類城市願景，但是在科技的輔助之下，這些願景確實有實現的可能：宜居城市、民主城市、公正城市、負責城市和創新城市。在這個過程中，每一章都會漸進地深入解析科技對社會的影響，以及為何城市即便在追求新科技時，也應該要著重在政策、體制和市民。這些案例故事的共通點，就是證明為什麼城市應該把科技重新定位為改善社會的手段，而非改善的對象本身，進而將目標放在變得「適宜智慧」，而不是單純的「智慧」。最後，我們會濃縮前述的諸多經驗，並且提出全新而大膽的願景作為結論：適宜智慧城市。

本書提出的根本問題不在於贊成或反對創新，也不在於贊成或反對科技，而在於要如何促成有益於大多市民的創新和進步。你可以反對特定科技的實行方法，但不反對新科技的整體發展和應用，因為所謂的進步不只是採用新科技，進步也意味著調整政策和措施來打造更包容、更民主的城市。在精心設計之下，科技可以成為出奇強大的工具，促成上述的進步，而如果是輕率不當的設計，科技反而會拖慢甚至是阻礙進步。

從這個觀點出發，我之所以挑戰智慧城市的觀念，其實是因為贊同科技：我深信科技足以改善市政管理和都市生活。更精確地說，正是因為我如此樂觀，也明白我們有多可能錯失可行且更理想的都市未來，所以我才以如此迫切的口吻寫這本書。

如果要讓科技發揮應有的正向影響力，我們必須拋開對於智慧的天真想像，並轉而讓科技成為整體社會和政治願景的一環。我們必須脫掉科技有色眼鏡，並且承認智慧城市不是我們所需要的未來，事實上，智慧城市反而會讓我們離自己所需要的城市——宜居、民主、公正、負責和創新的城市——越來越遠。科技可以幫助我們讓夢想中的城市化為現實，但首先我們必須先認真處理提到智慧城市時很少有人會問起的關鍵問題：如何才算夠智慧？

注釋

1 凱文・哈奈特（Kevin Hartnett），〈向交通號誌說再見〉（Bye-Bye Traffic Lights），《波士頓環球報》（*Boston Globe*），二〇一六年三月二十八日，https://www.bostonglobe.com/ideas/2016/03/28/bye-bye-traffic-lights/8HSV9DZa4qPC1tH4zQ4pTO/story.html。

2 感知城市實驗室（Senseable City Lab），"DriveWAVE by MIT SENSEable City Lab"（2015）, http://senseable.mit.edu/wave/。

3 Remi Tachet et al., "Revisiting Street Intersections Using Slot- Based Systems," *PloS One* 11, no. 3 (2016), https://doi.org/10.1371/journal.pone.0149607.

4 〈麻省大道與哥倫布大道〉（Massachusetts Ave & Columbus Ave），Walk Score（2018），https://www.walkscore.com/score/columbus-ave-and-massachusetts-ave-boston。

5 預測性警務公司PredPol引用警官喬治・透納的談話，「亞特蘭大警官喬治・透納強調PredPol功用」（Atlanta Police Chief George Turner Highlights PredPol Usage），PredPol部落格，二〇一四年五月二十一日，http://www.predpol.com/atlanta-police-chief-george-turner-highlights-predpol-usage/。

6 紐約市長辦公室，〈市長白思豪宣布啟動全球最大最快的免費市立Wi-Fi 網路：LinkNYC計畫〉（Mayor de Blasio Announces Public Launch of LinkNYC Program, Largest and Fastest Free Municipal Wi-Fi Network

in the World〉，二〇一六年二月十八日，http://www1.nyc.gov/office-of-the-mayor/news/184-16/mayor-de-blasio-public-launch-linknyc-program-largest-fastest-free-municipal#/0。

7 白宮新聞秘書辦公室，〈現況簡報：行政部門推出全新「智慧城市」方案以協助地區解決當地問題並改善都市服務〉（FACT SHEET: Administration Announces New 'Smart Cities' Initiative to Help Communities Tackle Local Chal-lenges and Improve City Services），二〇一五年九月十四日，https://obamawhitehouse.archives.gov/the-press-office/2015/09/14/fact-sheet-administration-announces-new-smart-cities-initiative-help；全國城市聯盟，〈智慧城市發展趨勢〉（Trends in Smart City Development），二〇一六年，http://www.nlc.org/sites/default/files/2017-01/Trends in Smart City Development.pdf。

8 美國市長會議組織（United States Conference of Mayors），〈二十一世紀都市：二〇一六年智慧城市調查〉（Cities of the 21st Century: 2016 Smart Cities Survey），二〇一七年一月，第四頁，https://www.usmayors.org/wp-content/uploads/2017/02/2016SmartCitiesSurvey.pdf。

9 約翰．錢伯斯（John Chambers）與艾爾．弗林克（Wim Elfrink），〈都市的未來〉（The Future of Cities），《外交》（*Foreign Affairs*），二〇一四年十月三十一日，https://www.foreignaffairs.com/articles/2014-10-31/future-cities。

10 John Dewey, *Logic: The Theory of Inquiry* (New York: H. Holt and Company, 1938), 108.

11 Bruno Latour, "Tarde's Idea of Quantification," in *The Social After Gabriel Tarde: Debates and Assessments*, ed.

Mattei Candea (London: Routledge, 2010), 155.

12 Horst W. J. Rittel and Melvin M. Webber, "Dilemmas in a General Theory of Planning," *Policy Sciences* 4, no. 2 (1973): 155 (abstract).

13 Evgeny Morozov, *To Save Everything, Click Here: The Folly of Technological Solutionism* (New York: PublicAffairs, 2014).

14 Langdon Winner, *The Whale and the Reactor: A Search for Limits in an Age of High Technology* (Chicago: University of Chicago Press, 1986), 19, 29.

15 Adam Greenfield, *Against the Smart City* (New York: Do Projects, 2013), 32-33.

16 高登・福克納（Gordon Falconer）與夏恩・米切爾（Shane Mitchell），〈智慧城市框架：啟動智慧與連線社區的系統性流程〉（Smart City Framework: A Systematic Process for Enabling Smart+Connected Communities），二〇一二年，https://www.cisco .com/c/dam/en_us/about/ac79/docs/ps/motm/Smart-City-Framework.pdf。

17 山繆・J・帕米沙諾，〈進階智慧城市：全球進展的考驗〉（Smarter Cities: Crucibles of Global Progress），演講，於里約熱內盧，二〇一一年十一月九日，https://www.ibm.com/smarterplanet/us/en/smarter_cities/article/rio_keynote.html。

18 艾拉納・賽繆爾斯（Alana Semuels），〈高速公路之於美國貧窮問題〉（The Role of Highways in American

Poverty），《大西洋雜誌》（*The Atlantic*），二〇一六年三月，https://www.theatlantic.com/business/archive/2016/03/role-of-highways-in -american-poverty/474282/。

19 紐約時報編輯委員會（New York Times Editorial Board），〈弗林特危機的核心即種族歧視〉（The Racism at the Heart of Flint's Crisis），《紐約時報》，二〇一六年三月二十五日，https://www.nytimes.com/2016/03/25/opinion/the -racism-at-the-heart-of-flints-crisis.html。

20 Winner, *The Whale and the Reactor*, 23.

21 Theodore M. Porter, *Trust in Numbers: The Pursuit of Objectivity in Science and Public Life* (Princeton, NJ: Princeton University Press, 1995), 8.

22 Marshall Berman, "Take It to the Streets: Conflict and Community in Public Space," *Dissent* 33, no. 4 (1986): 481.

第一章　建設宜居城市：自駕車的限制與危險

二〇一四年，當史蒂芬・伯克利（Steve Buckley）首次看到Google自駕車的相片，他開始憂慮起未來。[1]

伯克利這一生都「對於能在國內輕鬆四處旅行感到著迷不已」，十三歲時，他已經造訪過四十九個州。伯克利追隨心中對旅行的熱情，在交通服務領域展開職業生涯：先是參與賓夕法尼亞州（Pennsylvania）和馬里蘭州（Maryland）高速公路的設計，接著又在費城（Philadelphia）擔任交通署長，現在則是位居多倫多市政府交通服務處處長一職。儘管伯克利長年關注自駕車（autonomous vehicles，簡稱「AV」）的發展，仍「對此一直抱持懷疑態度」，因為他認為其中的技術挑戰「難以克服」。

不過，當伯克利看到Google自駕車的相片，他隨即意識到自駕車即將進入多倫多，當然還有其他所有城市，而且這些車輛將會徹底改變都市生活。「我們很快就發現這不只是交通問題，」伯克利指出：「如果Google一夜之間在我們的街上丟了一萬台這種車子會發生什麼事？我們又該怎麼處理？」

伯克利對於新交通科技的破壞性潛力並不陌生，早在二〇一四年，他就已經在評估如何因應隨需交通服務Uber，當時這項服務在違背地方法規的情況下，開始在多倫多營運。和多數城市一樣，多倫多並沒有提出任何計畫來評估、管理或規範Uber，再加上Uber是以創新的方式，利用科技來提供載客服務，市政府也不太確定可以或應該施行哪些法規。於是，在Uber迅速擴展營運範圍的同時，多倫多只能苦苦追趕。

萊恩・蘭尼恩（Ryan Lanyon）是伯克利在多倫多市政府交通服務處的同事，他觀察到Uber是如何帶來革新，並意識到「自駕車可能會帶來更大規模的破壞力」。蘭尼恩表示，未來自駕車真正上路的時候：「我們不能再像這樣慢半拍，我們一定要預先做好準備。」[2]

伯克利和蘭尼恩在二〇一六年成立了自駕車工作小組（Automated Vehicles Working Group），目的是讓部門主管和市政府員工瞭解自駕車的潛在衝擊。他們從看似簡單問題著手：汽車自動化可以為多倫多帶來什麼？結果大部分成員都抱持樂觀態度，認為自駕車有近乎無限的潛力讓城市變得更好。

首先，汽車自動化可以大幅提升汽車安全性。二〇一五年，美國因為車禍受傷的人數有將近兩百五十萬人，而車禍死亡人數超過三萬五千人。行車意外發生的原因有九成四是人為疏失：在二〇一五年，幾乎三分之一的車禍死亡人數是和酒駕有關；其他一成的死亡車禍則是因為分心駕駛。[3]自駕車並不會喝醉、分心或疲勞，因此有望杜絕駕車的潛在危險。美國獨立調查機構「Eno交通中心」（Eno Center for Transportation）的分析指出，如果美國有九成的車輛是自駕車，每年將可以減少四百二十萬次車禍，車禍死亡人數也會減少兩萬一千七百人，等於是每天可以拯救六十條生命。[4]

自駕車也可以大幅提升旅行的速度，相較於人類駕駛，自駕車的感知、連線和反應能力都略勝一籌，因此不需要大幅的技術突破，也能達到高速旅行的目標。Eno中心估計，在自駕車市佔率達到九成的情況下，道路容量將會加倍，而阻塞狀況則會下降多達六成。[5] 一家大型汽車零件製造商的技術長曾宣稱：「如果所有車輛都能彼此通訊，交通車流會出奇地順暢：絕對不會塞車。」[6] 由於自駕車能緩解交通阻塞的程度如此之驚人，都市設計師坎德爾．鮑姆加德納（Kinder Baumgardner）甚至稱之為「預知交通工具」（clairvoyant vehicles）。[7]

自駕車具備優越的感知能力以及經過強化通訊能力，能與都市基礎建設交換資訊，因此甚至有可能幫助城市擺脫難纏的都市交通指標：紅燈。「想像看看沒有交通號誌的城市，每個車道的車輛都能切換和合流自如，讓十字路口的交通順暢流通，這樣的未來願景正在變為現實。」麻省理工學院的感知城市實驗室（Senseable City Lab）如此宣稱。[8] 麻省理工學院的研究人員建議，如果用智慧十字路口取代傳統十字路口這種「天然的交通阻塞點」，作為城市車流的「樂團指揮」，城市就能擁有雙倍的道路容量，並且大幅降低交通延遲。[9]

自駕車帶來的影響也包括徹底改變都市設計，鮑姆加德納的預測是：「隨著車速提升，城市再也不需要那麼多車道，很多高速公路車道將會停用。」[10]自駕車能大幅減少城市內的停車需求，更是一項令人期待的好處，由於汽車可以自動駕駛，將來可能再也不需要整天都把車輛停放在市中心路邊或停車場。取而代之的是，自駕車可以把乘客送到辦公室前，接著再迅速駛離去接送另一名乘客，或是把自己停放在遠處。根據Audi「都市未來計畫」（Urban Futures Initiatives）經理的說法：「停車地點會轉移到室內和遠離市中心之處，因此我們會有更多室外場地和空間可以用來開發和設置公共空間。」[11]

自駕車可以進一步帶來的益處包括減輕人類駕駛的負擔，為目前無法使用大眾運輸或無法開車的廣大人口提供移動能力，駕照也許不會再是導致長者、身障人士和兒童無法移動的阻礙。舉例來說，二〇一七年的報告結論指出，自駕車可以幫助兩百萬名身障人口取得工作機會，也可以協助四百三十萬人前往看診。[12]此外，由於人類再也不需要負責駕駛，待在車內的時間可以重新用作他途，例如早晨的通勤時間可以用來查看電子郵件、讀報紙或看電視。

考量到這些可預期的益處，各界自然對自駕車改善城市的效果抱持極其樂觀的態度。二〇一三年，金融公司摩根士丹利（Morgan Stanley）的報告預測，自駕車普及的世界有可能會在二〇三〇年實現，而且將會是個「烏托邦社會」。[13]

這聽起來很美妙，不過這種美好展望我們以前就聽過了。一九三〇年代所預想的「汽車時代」是「沒有車禍、阻塞或延遲的汽車千禧新紀元」；[14]在一九三九年於紐約市舉辦的世界博覽會（World's Fair），特別展示了通用汽車（General Motors）贊助的「夢想」之作：「未來世界」（Futurama），其呈現出未來具有「更高效率」的「現代交通系統」，將可以實現「無交通阻塞」和「更理想的生活方式」。[15]

在都市交通方面，我們已經等待新科技提供解方等了一世紀，就如同上個世紀的城市是依照「未來世界」的形象打造，因而導致高速公路阻塞，行人和大眾運輸設施遭到排擠，當今的城市也可能會發展成以最佳化自駕車車流為重的環境。

伯克利和蘭尼恩在評估自駕車對於多倫多的潛在衝擊時，必須設想看似無止境的糾結問題和情境。確實，每一座城市都必須處理這個龐大的任務：判斷未來的汽車會如何影響城市，然而市政府最重要的責任並不是預測未來的科技，然後希望能獲得最好的結果，而是要透過審慎運用科技來打造城市的未來。

＊＊＊

為避免重蹈覆轍，避免再度落入「未來世界」的陷阱，我們必須從歷史中學習。渴望和追求「汽車時代」的過程，證明了太過仰賴科技解決社會問題暗藏危險，也突顯出我們現在為因應自駕車所做的決策有多麼重要。

二十世紀之初，大眾一般認為街道屬於公共空間，有軌電車可以行駛、路人可以行走、小孩可以遊玩。然而到了一九二〇年代，當大量汽車進入美國的城市街道，隨之而來的是混亂和衝突。駭人的車禍震驚社會，家長開始擔心孩子的安危，市中心的商家則擔心交通阻塞會影響生意。早期警察試圖在街道上建立秩序，結果卻是徒勞無功，似乎沒有任何方法能讓汽車與行人、小孩和有軌電車和平共存。

歷史學家彼得・諾頓（Peter Norton）在著作《對抗交通》（*Fighting Traffic*，暫譯）中形容，汽車是破壞原有城市街道平衡的「入侵者」。諾頓解釋，汽車是「與舊有街道用途不相容的」新科技，而且「徹底顛覆了一般人對街道使用方式的觀念」。[16] 原先穩定的現狀遭到破壞之後，出現了一段「容許彈性詮釋」的時期，這時候，社會對於汽車和街道的認知時常有變動。[17] 汽車駕駛、家庭、警察、商人和汽車廠商全都想盡辦法要定義汽車的使用方法，以及誰有權利佔用街道。

為了尋找中立的方法協調各方意見，市政府轉而向工程師尋找解決方案。即便管理都市街道本身就是充滿爭議的議題，工程師還是被視為「無關利益的專家」，被賦予解決問題的任務。[18] 只因為工程師「用科學方法進行推論」，[19] 大眾就認為他們可以規劃出客觀且最有利於社會的解決方案。

過去數十年來，工程師一直運用技術層面的專業，來協助城市有效率地管理負荷過重的公共設施，例如用水和電力系統，因此照理說在交通方面應該不會有任何不同。對於工程師來說，諾頓寫道：「都市街道……就像供水系統、下水道或瓦斯線路一樣：為了大眾利益而需要由專家管理的公共服務。」[20]工程師根據過去管理其他設施的經驗，研發出新方法（例如交通普查），由於把交通車流視為另一種用水或汙水系統，[21]工程師很有信心地認為「以科學化的方法組織交通……就能減少一半的交通阻塞狀況」。[22]

在這裡我們可以發現科技有色眼鏡的第一個實例，這預示了接下來的後果：交通工程師抱持著過去處理其他公共設施的相同思維，「堅守效率對所有人都有益的邏輯」。諾頓指出：「他們認為自己的使命就是達到最佳的交通容量。」[23]於是，工程師研究出可以讓每條道路承載最多車輛的方程式，並以此為基礎，開始修改交通號誌的定時方式。

然而，改善交通車流並不是沒有代價，因為要提升都市生活的特定層面，就必須限縮其他會影響效率的層面。更新後的交通號誌定時可以加快車流，汽車駕駛也許會因此受益，但是行人卻發現這些改變讓街道變得很不友善，就如一九二六年《芝加哥論壇報》（*Chicago Tribune*）的報導所形容，穿梭於城市街道，簡直就是「一連串膽顫心驚、閃閃躲躲和東跳西跳」。[24]

交通工程師只注重車速，完全忽略了行人的需求和行為，並且徹底把行人因素排除在方程式之外，雖然交通車流確實有加速，但就如諾頓所分析的，在改善的過程中，「助長將街道重新改造為汽車專用道，而行人卻不容於其中」；換句話說，街道成了「社會重新建構出以汽車駕駛為絕對中心的空間」。[25]經由所謂的「封閉」（closure）過程，引進汽車讓街道出現了詮釋空間，而最後形成的社會共識是：街道是供車輛使用的空間，擋路的行人則是惱人的「橫越馬路的違規者」。

這種社會觀念的轉變奠下基礎，讓汽車產業可以進行對自身有利的宣傳：城市應該要以重視和促進汽車通行為目標來重新設計。塞車不該歸咎於車輛本身太佔空間，而是因為街道空間不足。基於相同的邏輯，車輛的危險性被粉飾成行人和老舊街道所造成的問題。透過廣告活動和「未來世界」這種大型模型展示，汽車廠商、石油公司和其他因為汽車及高速公路發展而獲益的一方，普遍都支持被塑造成烏托邦的「汽車時代」，因此城市應該要為了汽車而重新改造。[26]這些利益團體利用這項新發現的利器，影響大型的政府投資案，最為人所知的就是州際公路系統（Interstate Highway System），其在一九五六年正式動工，是當時全世界史上最大型的國內公共工程計畫。[27]一直到近幾十年來，社會重新將城市設計的重點放在人而不是車，許多這類以汽車為主的設計才被翻轉。

把焦點放在提升行車效率的思維暗藏著兩大缺陷，而現在這兩個問題都會在我們針對自駕車制定計畫時，再次浮現。交通模型的第一個問題就如前文所述，在於模型選擇衡量和忽略的因素；工程師費盡心力衡量汽車車流，卻沒有那麼重視行人和自行車騎士的人流以及大眾運輸。有位運輸工程師如此解釋：「當交通工程師說要最佳化交通號誌，通常他們的意思，其實是要把號誌調整成最適合汽車駕駛的狀態。」[28]另一位工程師則指出：「交通工程師使用的標準軟體Synchro是為了將行車延誤時間減到最少而打造，因此甚至無法計算行人的延誤時間。」[29]

由於大多數的交通工程師都把目標放在提升效率，且完全是以行車的角度來定義效率，他們並不會衡量道路是否符合行人和大眾運輸乘客的需求。此外，這些沒有被納入方程式的因素不僅遭到忽略，更是遭到輕視。拆除行人設施可以紓解交通，但是行人、自行車騎士和其他用路人所付出的代價，卻沒有顯現在交通模型中。因此，這種量化且科學的做法看似可以為社會帶來明確的益處，導致工程師在針對都市交通處設計解決方案時，並沒有全面考慮到方案對市民和社區的衝擊。

儘管明目張膽將街道改造成車道的計畫，原本可能會引發強力反對，但使用數學模型改善都市街道使用效率，卻為這項劇烈的變革戴上了一層中立客觀的面具。鮮少有人意識到提升交通效率也許只是符合特定團體的利益，卻犧牲了其他人的權益。

交通模型的第二個重大瑕疵可以透過另一項歷史教訓闡明：一九三六年，紐約市盛大啟用大中央（Grand Central）、跨區（Interborough）和勞瑞爾頓（Laurelton）三條大道。整個紐約長年來飽受嚴重的交通阻塞所苦，於是「建築大師」羅伯．摩斯提出這些充滿野心的交通計畫，號稱可以「為世世代代」解決這個地區的交通困境。然而，根據羅伯特．卡羅（Robert Caro）為摩斯所撰寫的史詩級傳記《權力經紀人》（*The Power Broker*，暫譯），別說是世世代代了，緩解交通的效果只持續了三週。[30]不過摩斯並未就此退縮，而是繼續打造交通建設：三區大橋（Triborough Bridge，譯注：羅伯特・甘迺迪大橋）於一九三六年啟用；萬塔州立大道（Wantagh State Parkway）則是一九三八年；接著是一九三九年的布朗克斯白石大橋（Bronx-Whitestone Bridge）。每一次的建設都號稱可以紓解交通，但每一次的結果都是交通阻塞嚴重依舊。

負責計畫的高層開始注意到一種令人費解的情況：「每次興建新的大型道路之後，很快就會塞滿車流，但是舊有公路的負載量卻也沒有大幅減少。」[31]汽車就像是不停憑空出現一樣，由於三區大橋啟用之後阻塞狀況實在太過嚴重，《先驅論壇報》（*Herald Tribune*）甚至如此誇張地報導：出現了「橫跨全國的塞車車陣」。這份報導如此形容當時的情景：「開著車的布朗克斯（Bronx）市民……同時決定要開上新啟用的大橋和大中央大道來前往海邊，而幾乎所有人都塞在半路，其他無數名駕駛也是一樣。」[32]卡羅則是寫道，在紐約的計畫決策者和工程師「根本懶得探究原因」的情況下，「這座橋的建設計畫，全球最大型的現代交通分流和運輸機器……根本無法解決應該解決的交通問題。」[33]

由摩斯所打造的紐約交通也許算是極端的例子，畢竟當初有太多人迫不及待想要駕車旅遊，以至於新道路幾乎是立刻被塞滿，但這也突顯出一種常見的現象叫做「誘發需求」（induced demand）。經濟學家安東尼・唐斯（Anthony Downs）在一九六二年首次提出誘發需求的定義，也就是「都市通勤快速道路尖峰時刻的交通阻塞量，會上升到和道路最大容量相同」。[34]唐斯指出，有數個因素會造成以下的現象：「如果某條道路屬於特定區域內較大型交通網絡的一部分，即便擴增這條路的容量，也無法長期解決這條路在尖峰時刻的阻塞情況。」[35] 其中最顯而易見的原因就是，原先選擇其他路線的駕駛開始改行拓寬且車速較快的道路（唐斯稱之為「空間收斂」（spatial convergence）），同時，先前會安排啟程時間以避開壅塞時段的駕駛，也開始利用這條容量增加的道路，並選擇在尖峰時刻上路（「時間收斂」（time convergence）），也有其他人會不再搭乘大眾運輸工具，開始自行開車（「模型收斂」（modal convergence））[36]。其他造成誘發需求的原因包括原先因塞車太嚴重而放棄出遊的用路人又有意願出遊，以及（道路容量增加而促進的）擴張發展導致旅遊需求上升。

近期的分析也證實了唐斯的觀察。在二〇一一年針對一九八三年到二〇〇三年都市交通模式的研究中，經濟學家吉勒·杜蘭頓（Gilles Duranton）和馬修·透納（Matthew Turner）指出，增加道路容量會導致車流等比增加，並做出以下結論：「我們的研究結果明顯支持道路造成堵車的假設。」[37]

由於上個世紀的交通工程師仰賴過去管理公共設施的經驗，他們錯誤地假設城市的交通需求量相對而言比較固定，因此以為提升道路容量就能讓所有人都能更迅速到達目的地。然而事實上，多數人不願意開車上路的主因就是交通壅塞，增加道路容量等於是讓更多為了避開塞車而不開車的人又有理由再度上路。正因為工程師忽略了新建或擴張道路會如何改變人類行為，他們沒有在數學模型中加入這項第二重要的影響因子，因此大幅高估提升道路容量所帶來的益處。也許確實有更多人可以藉此更快速地移動，但交通壅塞的問題依舊存在。

***

當科技狂熱者認定自駕車是通往「烏托邦社會」的道路，就是在重蹈覆轍。他們忽略了城市需求的多樣性，以及交通本身的複雜性，反而提出以科技為中心的狹隘解決方案。事實上，充斥著自駕車的烏托邦社會根本就不合理也不理想。

任何針對自駕車和交通的預測，一定都要先考量到誘發需求才能反映現實。在城市中引進自駕車會提升行車速度和路上的汽車密度，基本上無異於擴增這些道路的物理容量，而當道路容量提升，行車需求也會隨之上升，因為用路人會為了享有道路容量提升的益處而更常開車。這種誘發的車流量會使壅塞狀況變嚴重，尤其是在通勤尖峰時段，反而大幅抵銷了縮短行車時間可能帶來的益處。

誘發需求的現象也意味著，自駕車將會進一步加劇美國已經很普遍的都市擴張發展。有個違反直覺的現象是，儘管過去一世紀平均行車速度已經大幅提升，平均行車時間卻還是明顯不變，因為行車距離也隨之提升了：研究顯示行車速度提升為路人帶來的好處，並不是縮短通勤時間，而是移動到距離都市中心更遠的地方。[38]因此，我們應該要預期自駕車會讓行車速度增加到一定程度，接著催生出範圍日益擴大的社區，而不是減少通勤時間。

此外，如果先前用在駕駛的時間可以挪用至工作或休閒，乘客也許會願意接受更長的行車時間，因此會再度拉長行車距離。這種隨自駕車而來的擴張可能會導致資金從市中心流出，同時也會對環境造成毀滅性的後果：人類居住的地點越遠，行車距離就越長，這些汽車所排放的溫室氣體也就越多。

類似的邏輯也可以用來解釋，將停車基礎建設的空間重新改建行人廣場、腳踏車道和公寓大樓時會出現的挑戰。自駕車讓乘客下車之後，可以自動駕駛去接送另一位乘客或是停放在邊陲地帶，因此釋出了珍貴的市中心房地產空間，可以用作其他目的。然而就算車上沒有乘客，也不代表車輛沒有行駛在路上；如果停車場建設在市中心之外，自駕車就必須往返於這些設施之間，而如果自駕車經常在無人乘坐的情況下進出市中心，道路上的行車數量可能會遽增。城市不會再塞滿到處繞圈尋找停車位的駕駛車輛，而是會擠滿進進出出市中心的空車。另外，如果堵塞太過嚴重，許多人可能會認為把汽車停放在傳統的市中心停車場是比較實惠或方便的選擇，而這種做法將會造成強力阻礙，導致無法將現有的停車基礎建設做更有生產力的運用。

最關鍵的是，自駕車的夢想又再度犯下相同的錯誤：把交通效率看得比適合行走和社區生命力還要重要。請仔細想想，提升行車速度和移除紅燈可以大幅減少行車時間的說法，聽起來很棒，但前提是你人要在車上，這樣的城市對於其他人而言究竟是什麼樣的環境？麻省理工學院的模擬展示了沒有交通號誌的城市，相較於在傳統街道上的車輛移動方式，模擬中的汽車能以驚人的效率順暢行駛過十字路口。[39]然而其中缺少了一項重要的元素：人群。模擬中沒有包含任何一個行走、騎自行車或搭公車的用路人，但是其中的十字路口卻是全美國最適合步行的地點，[40]同時還穿過波士頓最繁忙的行人和交通要道。如果連這樣的地點都被改建為高速交叉道路，實在很難想像這些車上的人究竟是要趕著去哪裡。

如果我們希望城市中的行人可以穿越馬路，畢竟這是很合理的期望，那麼我們就必須向「自駕車可以不必減速地高速行駛通過市中心的十字路口」這種願景說不。就算設置紅燈讓行人可以過馬路，允許車子在城市街道上高速行駛，仍然會導致城市明顯變得更不安全、更不適合行走、也更沒有活力。主要街道會變成高速通道：想像看看在高速公路旁邊吃午餐或購物會是多麼不愉快的體驗，儘管毫無阻礙的自駕車行車體驗是很多科技專家引頸期盼的未來，但這絕對不是成功的都市主義會有的核心特色。為了打造高速街道而移除交通號誌的城市，等於是排除了市民和自身特色。

一旦把交通歸類在經由科技解決方案達到最佳效率即可解決的問題，任何推動自駕車普及的智慧城市提案，一定會將所有規範性考量排除在外，而交通效率則會被視為中立且對全都市社會最有益的目標。儘管提升行車效率有其價值，但這並非城市唯一的優先事項，而且更重要的是，效率一定會牽涉到政治計算：該提升效率的對象是什麼？負責決定的人是誰？提升效率該採用什麼方法？

以上這些問題的答案可能會造成巨大的社會和政治影響，因為社會所選擇要衡量和最佳化的對象，其實就是我們心中的優先順序的體現。如果比起宜居的街道和大眾運輸系統，我們更重視順暢的行車交通，為改善交通所投入的心力自然就會集中在緩解塞車。就如同上個世紀付出的努力，是為了讓汽車可以更有效率地在街道行駛，因而促成了明顯更有利於汽車的極端都市設計，行人和有軌電車卻遭到忽視。當代試圖強化自駕車行車效率的做法，也可能會促成獨厚自駕車（以及其乘客）的都市設計，同時犧牲了行人、大眾運輸和公共空間。在這個關鍵時刻，城市正在彌補上個世紀因為錯誤的幻想所造成的傷害，但現在眼看我們又要再度誤入歧途。

把交通包裝成科技問題，同時也為私人企業提供了掩護，讓他們能以看似中立的改善效率之名，行圖利之實，基本上就如上個世紀的汽車產業之於汽車和高速公路。近年來，福特（Ford）宣稱自駕車將會開創「交通阻塞大幅減少的未來」；[41] Lyft則是做出更大膽的宣言，表示「終結塞車其實很簡單」，[42] 其共同創辦人約翰・季默（John Zimmer）曾指出自駕車和鼓勵共乘的科技問世之後，「人類有史以來第一次，我們擁有了可以打造真正高效率交通網絡的工具。」[43]

這種提議不但把難解的行車和塞車議題，粉飾成可以用新科技輕鬆解決的問題，更誤導我們忽略其他可以更有效解決這些問題的方法，例如不同類型的交通模式和都市計畫政策。

事實上，這些企業把眾人的注意力導向如何提升行車效率，基本上就是在暗示他們的產品或服務是解決之道，而由於這些企業是打著最佳化交通效率的名號這麼做，獲利的企圖就可以被包裝成為了眾人的理想而努力。面對這類行銷說詞，有些市政府和州政府因為預期自駕車將會淘汰大眾運輸，曾考慮減少對這些運輸系統的投資，[44]並且開始為自駕車公司鋪路。其中最大力鬆綁自駕車法規的州政府就是亞利桑那（Arizona），因此有不少相關企業湧入首府鳳凰城（Phoenix）[45]，這也導致二〇一八年三月在坦佩（Tempe）發生了史上第一件因為自駕車引起的行人死亡案件。[46]

當然，這些限制和警示並不能磨滅自駕車的益處，但是這突顯出把美夢建築在理應帶來好處的科技之上，很有可能會出錯，同時也突顯出在未來幾年必須做出的決定有多麼關鍵。我們幾乎可以百分之百確定自駕車會提升安全性和移動效率，在有些案例中，甚至能使停車設施被挪做新用途，在這些願景之下，確實有很多改變值得期待。儘管如此，自駕車並沒有辦法打造出烏托邦，而避免反烏托邦未來降臨的最佳方法，就是認知到自駕車的侷限以及自駕車應用上的障礙。

不難想像我們在受到科技有色眼鏡的影響之後，對自駕車的錯誤期待會導致什麼樣的後果：透過科技有色眼鏡的循環，會打造出最適合自駕車的城市，但是行人、大眾運輸和適合活動的公共空間卻會遭到排擠。首先，就如先前所看到的例子，科技有色眼鏡讓許多人誤以為改善都市移動效率，就只有提升交通效率這單一面向，也就是讓每一輛車盡快從起點到達目的地。這些觀念使得科技專家和市政府把自駕車視為幾乎所有交通問題的最佳解決方案，而如果城市設計的主要目標是提升自駕車的效率，那麼替代的交通模式就會比較不受重視，所以市民除了仰賴自駕車以外，沒有太多移動方式可以選擇，最後我們可能會變得更盲目，對其他優先考量和潛在的解決方案視而不見。

都市計畫技師和《適宜步行的城市》（*Walkable City*，暫譯）的作者傑夫．史佩克（Jeff Speck）厭惡試圖最佳化交通車流的做法，正是因為上述這些潛在危機。「我對交通研究最不滿的一點，就是他們在進行市政論述時，抱持著霸權主宰的心態。」史佩克解釋說道：「不知不覺中，我們整個社會就做出決定，在設計社區時唯一不可退讓的原則，就是要竭力對抗交通阻塞。真正重要的問題難道不是：這麼做可以提升社區活力嗎？可以促進平等嗎？可以讓城市更繁榮嗎？」[47] 基於這樣的思維，史佩克認為「自駕車是錯誤問題的正確答案」。[48]

＊＊＊

多倫多市政府採用積極探究但很有原則的方式處理自駕車議題，示範了適宜智慧城市在面臨創新科技可能帶來的變革時，可以如何妥善考量正確的問題和優先事項。

當史蒂芬．伯克利審視自駕車的潛力和侷限，他意識到多倫多必須主動追求理想中的未來，而不是被動地讓科技主宰城市的未來，然後祈禱能有好的結果。「為什麼我們要任由這種未來發生？」伯克利自問。於是他把自駕車工作小組的討論主題，從原本的「汽車自動化可以為多倫多帶來什麼？」修正為「我們要如何針對自駕車制定計畫，又該如何主導自駕車的應用？」，伯克利如此解釋：「我們不能讓科技反客為主地掌控城市。」

畢竟，就如同萊恩．蘭尼恩所觀察到的，自駕車雖然可以帶來機會，但絕非仙丹妙藥。「我們從過去的經驗可以得知，效率提升的同時，也會誘發更多需求。」蘭尼恩表示：「不論汽車是自動駕駛或由人類駕駛，我們現有的道路空間能容納的車輛數就是有限制。對我們的城市來說，如果要在特定區域和特定通道移動大量人口，大眾運輸仍然是最理想也最有效率的方式。」

伯克利和蘭尼恩開始思考多倫多可以如何做好因應的準備，並且決定自駕車可能的應用形式。根據伯克利的說法，其中的關鍵問題在於：「這些系統有哪些正面影響，又有哪些潛在負面影響或缺陷？要如何建構這些系統，才能讓系統盡可能地發揮最多正面影響，並且預防問題發生？」

蘭尼恩補充說道，多倫多「對於未來方向有明確的願景，也就是變得更平等、更永續，並且在經濟上持續發展」。蘭尼恩也指出，多倫多在過去十年大力投資大眾運輸和步行環境，而不是開發新的設施和為汽車擴增空間，他如此解釋：「我們想要減少交通阻塞，想要鼓勵市民利用大眾運輸和動態交通（active transportation），想要打造更宜居的城市，也想要讓街道更有吸引力。不論城市裡有的是自駕車或由人類駕駛的汽車，我們的目標都一樣。」對於蘭尼恩來說，最核心的問題並不是多倫多要如何為自駕車打造最佳環境，而是「我們要如何善用顛覆性和典範轉移，來邁向已經設定好的目標？」

為了回答這道問題，蘭尼恩和伯克利開始引導自駕車工作小組進行評估，自駕車可以經由什麼方式推動多倫多的優先目標。他們分析了自駕車可能的所有權模式以及其優缺點：私有（當今大部分的汽車都是如此）以及共享的隨需用途（例如Uber）。伯克利解釋，儘管兩種模式在安全層面上都具有優勢：「共享模式會優於私人長期擁有自駕車」。隨需自駕車比較有可能降低市中心的停車需求、減少上路的車輛數，以及為無法購買汽車的眾多市民提供其他交通選項。相較之下，私有自駕車也許有助於提升道路容量，但也會讓行車距離變長，進而導致更多空車佔用道路，助長擴張開發。[49]

自駕車工作小組也開始在規劃更重視基礎建設的自駕車未來，如此一來，無論自駕車的所有權是什麼模式，多倫多都可以善用這項科技的優勢。為了打造對自駕車而言更安全的道路，市政府正在評估是否需要改善道路標線，也開始研究可以無線傳播信號的交通號誌，讓汽車不必以直接的視線辨識燈號。此外，為了在機會來臨時輔助改建停車空間作為新用途，市政府也開始檢視市內的停車基礎建設與法規。在此同時，自駕車工作小組繼續透過情境規劃的練習，來促進討論與教育公務員，目前的計畫是在二〇二〇年試辦自駕接駁車，以改善往返轉運站的便利性。[50]

採用這種方法之後，多倫多破解了智慧城市和愚笨城市二元對立的錯誤假設：與其在毫無保留地接受或是徹底杜絕自駕車之間做選擇，市政府貫徹自身的計畫和交通目標，同時也善用科技所帶來的機會來達到目標。如此一來，多倫多成功避開了智慧城市的陷阱，而不是徹底擁抱科技卻不思考如何打造更宜居的都市環境。儘管以汽車為主要交通方式的城市來說，有自駕車可能比沒有自駕車更理想，但兩者都遠不及大眾運輸、步行環境和公共空間興盛發展的宜居城市。

「我們握有機會可以開始討論這個議題，而且用正確的方式應對。」伯克利表示：「最好現在就採取行動，而不是放出瓶中精靈之後，又得想辦法塞回去。」

＊＊＊

有些城市甚至比多倫多做得更徹底，除了模擬規劃之外，更運用科技大力改善交通和宜居程度。其中表現最突出的是俄亥俄州（Ohio）的哥倫布（Columbus），這個城市在二〇一五年十二月美國運輸部（U.S. Department of Transportation，簡稱「DOT」）舉辦的「智慧城市挑戰」（Smart City Challenge）中一舉獲勝。此競賽的宗旨是鼓勵美國的中型城市規劃出「首見的智慧交通系統」，獎金高達四千萬美元，[51]獲勝的城市可以運用這筆經費革新市內的交通生態系統。

從小在哥倫布長大的喬丹・戴維斯（Jordan Davis）一直感到不太服氣，「哥倫布的前面一定要加上俄亥俄州才行，」她哀怨地說道：「因為沒有人知道這個地方。」戴維斯畢業於俄亥俄州立大學（Ohio State University），是當地商會會長引以為傲的女兒，她表示：「我的DNA讓我一心想要打造更好的城市。」哥倫布近年來經歷經濟復甦和市中心再生，同時也是中西部成長最快速的城市，因此戴維斯一直都相當渴望能讓更多人注意到家鄉的特色。[52]

「智慧城市挑戰」公告之後，有數個當地組織聯合組成新的傘形組織「智慧哥倫布」（Smart Columbus），並集合在當地新創育成中心的共同工作空間，一起擬定提案。二〇一六年六月，他們的努力有了回報，運輸部宣布哥倫布擊敗其他七十七個城市（以及眾多決賽參賽城市，包括奧斯汀〔Austin〕、丹佛〔Denver〕和舊金山），在挑戰競賽中獲勝。哥倫布的提案之所以脫穎而出，不是因為他們提出了要用自駕車車隊終結塞車的新奇計畫，而是著重在處理會減損社會福祉的交通障礙。

「這才是哥倫布需要的計畫，」在非營利民間組織「哥倫布合作計畫」（Columbus Partnership，宗旨為促進當地經濟發展）主導「智慧城市策略」的戴維斯解釋：「交通一直都不是我們的優勢，我想是時候換個角度思考我們的未來了。」

哥倫布能擊敗眾多其他城市——其中幾座城市還被視為全國交通與科技產業的重要據點——

絕非偶然。「我們並不是呆呆坐在這裡，然後等著像這樣的好事發生。」俄亥俄州中部規劃委員會（Mid-Ohio Regional Planning Commission，簡稱「MORPC」）的交通主任提雅．沃許（Thea Walsh）在競賽中擔任解說哥倫布願景的要角，她如此解釋道：「我們針對在地做了很多規劃，所以當這個機會一出現，我們就發現：『等等，這根本就是我們一直在討論和計畫的內容。』」[53]

哥倫布過去數年都在尋找並解決市內交通系統的漏洞，同時也開始思考新科技可以帶來什麼樣的機會。「一八八〇年到二〇一〇年，俄亥俄州中部城市簡直是盡情地擴張」，MORPC的計畫主任克思汀．卡爾（Kerstin Carr）用諷刺的口吻解釋道。「這裡非常依賴低乘載車輛」，她的同僚沃許補充說道：「我們不是那種有高容量或優質大眾運輸系統的社群，在交通方面，這裡很像是比較大型的養牛小鎮。」根據預估，二〇五〇年這一區將會多出五十萬人口和三十萬個工作機會（二〇一〇年的人口為一百八十萬）[54]，因此市政府認知到有必要採取新方法。

二〇一三年，MORPC開始執行長期規劃評估，並命名為「insight 2050」，其中設想了四種可能的成長情況，作為這區未來數十年可以追求的目標，例如接續過去的潮流進行城市擴張發展，或是盡量透過填入式開發和再發展來進行密集發展。市政府評估了每一種情況會造成的影響，包括土地消耗、能源使用、交通和成本等問題。

整體而言，結果顯而易見：「我們的社區越密集、越多用途、越適合行走和小巧，就越是理想。」卡爾說道。相較於依照傳統規劃方式發展，如果哥倫布改以最密集的形式發展，預計將可以讓這一區的總車流量降低百分之二十，溫室氣體排放減少百分之三十三，每年為市府省下八千萬，並明顯改善大眾健康狀況。[55]

沃許強調，這是「非常沒有牽涉到太多科技的討論，但這是必要的過程，如此一來我們才能推動更好的服務。」沃許認為，完成規劃未來願景的基礎作業之後，市政府才能算是做足準備，可以開始設想如何用科技推動這些目標，也才有機會在「智慧城市挑戰」中獲勝。

「智慧哥倫布」拿到DOT的獎金之後，開始嘗試用新方法解決「insight 2050」所指出的問題。目標之一是改善伊斯頓（Easton）周邊的交通條件，也就是哥倫布市中心東北部的大型辦公和購物園區。「這一帶根本沒辦法接近。」卜爾指出。從最近的轉運站走到伊斯頓必須要橫越十個車道，然後再步行一小段路。此外，伊斯頓本身的腹地寬廣又難以找到方向，導致駕駛不得不在各區之間穿梭，或是一不注意就會被困在孤立的區域內。為了改善轉運的便利性和復合園區內的交通環境，「智慧哥倫布」計畫要布署自駕接駁車，其中一輛會連接轉運中心和伊斯頓，另一輛則會在園區內運行。戴維斯表示，理想情況下，這個解決方案將有助於提供「無車可開時的獨立交通體驗」。

除了改善交通和轉運功能之外，哥倫布所付出的努力更體現了減緩不平等與提升社會福祉的願景。「交通必須普及。」前Nissan主管卡拉・貝伊洛（Carla Bailo）如此解釋，她不僅在俄亥俄州立大學進行交通研究，也是集結社群力量參加「智慧城市挑戰」的關鍵人物。[56]

「智慧哥倫布」選在林登（Linden）透過交通解決不平等的問題，這個住宅區介於哥倫布市中心和伊斯頓之間，與哥倫布全市的平均相比，這一帶的失業率高達三倍，收入中位數則不到一半。[57]林登面臨的重大問題之一，在於難以獲得產前和幼兒醫療照護，因此嬰兒死亡率是全市平均的兩倍。[58]由於林登居民大多無法負擔汽車，市府提供的大眾運輸選項也寥寥可數，他們經常缺席或趕不上醫生看診。在一場社區論壇中，半數的居民同意以下的說法：「我不搭乘公車是因為公車到達目的地花費的時間太久」，以及「家裡與目的地之間的距離太長，所以無法步行到達」。有一位在會議發表意見的居民表示：「根本沒有時間在一天之內完成所有事和抵達想去的地方。」[59]

大部分的科技專家聽到這些問題之後，都會出於直覺地開立自駕車這種特效藥。事實上，貝伊洛坦承「智慧哥倫布」一開始也是試圖以「單純著重於第一哩與最後一哩的解決方案」處理這項問題，亦即要克服居民往返公車站和交通樞紐的困難。不過當「智慧哥倫布」和林登討論到他們的需求時，卻發現林登的失業和醫療困境其實是比缺乏便利交通更深層的議題。

「這不只是媽媽們沒辦法去看醫生的問題，還牽涉到基本的資訊缺乏問題。」貝伊洛如此解釋。儘管多數的林登居民都有智慧型手機，但很多人卻沒辦法使用網路數據方案或是Wi-Fi，再加上哥倫布的大眾運輸資訊都分散在不同的網站和應用程式，即便是有網路可用的市民，也很難找到最理想的移動方式。基於這項研究結果，「智慧哥倫布」著手改善林登的Wi-Fi利用率，尤其是校園和各社區中心，並開發出整合所有交通選項的精簡應用程式。「如果要居民瀏覽不同的網站，還要建立各式各樣的帳號，我們注定會失敗。」貝伊洛表示：「我們可以做出一款簡單的應用程式，為他們提供各種選擇，也讓他們可以在應用程式裡進行一般付費，這是完全可行的。」

另一個障礙是許多林登居民沒有銀行帳戶或信用卡，因此無法使用交通應用程式，因為像是Uber、Lyft以及當地的汽車共享和自行車共享公司，都要求使用者要透過信用卡或簽帳卡支付車費。另一方面，當地的公車系統則只收取現金，因此社會服務提供者難以針對看診或工作通勤進行補貼。為解決這些問題，「智慧哥倫布」正在開發相互整合的支付卡和應用程式，讓使用者可以用於支付這一區的所有交通模式，還有在關鍵地點架設機台，這能讓使用者將現金儲值到帳戶中。

林登一帶的母親還必須面對另一項難題，即當家裡已經有年幼的孩子，為了產前檢查或新生兒去看診非常困難，前往公車站等車幾乎可以說是不切實際。為消除這些障礙，「智慧哥倫布」正在發展有補貼的隨需乘車服務，可以接送林登的孕婦直接往返於家中和看診地點。[60]同時，也在構思如何改善托兒設施，讓林登居民可以更容易前往工作面試和看診。

哥倫布具備讓適宜智慧城市茁壯的兩大關鍵條件。首先，市政府必須先有清楚的政策議程，才能開始布署科技。就如貝伊洛所說的，在思考科技的必要性之前，應該要先思考的城市的困境和需求，「你一定要先定義我們這個城市眼前的問題有哪些，要怎麼排列解決問題的優先順序，科技和資料又能怎麼改善這些問題？接下來你才有辦法基於現有的問題和其重要性為城市進行規劃。」她如此解釋：「改善市民的生活是很關鍵的元素，如果沒有考量到這一點，你就只是在把玩科技和資料而已。」

第二個必要條件是以人而非科技為中心的研究過程，就如哥倫布所示範的，如果要避免陷入科技有色眼鏡造成的簡化和解決主義思維，最好的方式就是釐清人民真正面臨的障礙和困境，這表示有必要直接與市民面對面溝通。「原本我們以為這只是很基本的問題——把一群人從A點送到B點——結果卻發現我們需要建立一整個支援系統，才能真正解決問題。」貝伊洛指出：「我們得用更宏觀的角度來看事情，並想出很多不同的方式，來為這個社區的居民提供交通管道。像我們這樣的科技狂，如果不是徹底地考慮到全局，我們根本就不會注意到這些事。」

儘管這些措施很具遠見，眼前的路依然困難。發想計畫來協助不受關注的社區，與追求時髦計畫的同時確實滿足社區的需求，是兩件截然不同的工作，例如有些人就擔心計畫強調的產前健康照護會漸漸被忽視。[61]而哥倫布市政府也明白，一定要從過去的都市發展錯誤中學習：亦即長達一個世紀的都市擴張催生出不相連的住宅區，最後變成貧窮的溫床。「我們不希望再陷入相同的處境。」沃許表示：「因為要是我們現在做出錯誤的決定，就會深陷在這個困境當中，未來也會很難再站起來。」

話雖如此，還是可以從過去看到希望。如果市政府成功了，哥倫布將可以重回許久以前位居的運輸科技龍頭地位。在一九九〇年，哥倫布越野車公司（Columbus Buggy Company，簡稱「CBC」）是全球最大的越野車製造商，產量佔全世界供應量的五分之一，當時哥倫布號稱是「世界的越野車首府」[62]，CBC也是最早開始生產電動汽車的廠商，充電一次即可行駛七十五英哩（譯注：約一百二十公里）。不過當亨利．福特（Henry Ford）和福特T型車（Model T）在一九〇八年崛起，CBC卻無法跟上潮流，在一九一三年宣告破產。

如今，隨著哥倫布市中心再生，CBC的舊倉庫重新改建為住宅公寓。對於過去住在「越野車區」（The Buggy）的喬丹．戴維斯來說，這段在地歷史是長久動力的來源。「想想看從騎馬轉變成開車的顛覆性，我們歷經了多麼強烈的衝擊，那麼從人類駕駛轉變成機器駕駛的衝擊可想而知。我希望這一次哥倫布可以做出對的選擇。」

＊＊＊

交通的過去和未來在在顯示出，戴著科技有色眼鏡追求新科技是多麼危險的思維。首先，科技有色眼鏡導致我們盲目地把科技和創新、進步劃上等號，當我們誤以為用科技可以輕鬆解決複雜的問題，就會忽略系統性的改變有其必要性，於是我們沒有謹慎思考該打造出什麼樣的城市，以及自駕車可以如何協助我們實現目標，反而只想著要如何利用自駕車讓現有的城市更有效率。儘管自駕車顯然可以帶來突破性的好處（例如提升安全性和移動效率），就如同一個世紀之前機動車輛帶來重大的進步一樣，城市存在的意義並不只是高效率的交通車流而已。只考慮車輛（不論是不是自駕車）會導致我們忽視整體都市生活的需求，以及其他可以改善交通效率的策略：大眾運輸、密集發展以及擁擠收費，更不用說對使用者友善的應用程式和更好的托兒服務。

我們可以從汽車學到的經驗是，就算社會常規都是圍繞著特定科技，也不代表這項科技就是最佳方案。這正是「封閉」思維的危險性，在封閉過程中，社會大眾對於特定科技漸漸產生共識，就如歷史學家湯瑪斯·米莎（Thomas Misa）所解釋的：「封閉過程之所以發生……並不是因為有俐落的解決方案出現，而是因為社會群體以為問題已經解決。」事實上，米莎補充說道：「封閉思維可能會讓我們看不清其他替代方案，因此，我們眼中的這項科技就會顯得……非常必要或符合邏輯。」[63]從這個觀點看來，科技有色眼鏡循環中的「強化」階段，其實就是一種因為戴著科技有色眼鏡而採用特定科技的封閉過程。

由於選用次佳科技的封閉思維會導致我們對其他更好的方案視而不見，並難以從有害的措施中脫身，我們必須要摒棄以自駕車為中心設計城市的做法。隨著自駕車開始出現在城市街道上，一段「容許彈性詮釋」的新時期已經來臨，考量到「在科技剛問世時詮釋彈性最大」[64]，我們在接下來數年所做的決策將會形塑城市的未來數十年。如果在我們的想像中，城市中的交通最佳化問題只能透過自駕車解決，很有可能會顛覆目前正在形成的共識，亦即城市應該要孕育出密集且適合行走的住宅區，最後反而轉移到新的典範，要將城市設計成可以容納自駕車的環境。而我們越是想要打造出汽車無所不在的社會，就越難在我們終於意識到其他願景的好處時，改變路線。

在本章的案例中，科技有色眼鏡的第一種危險性在於，傾向用最佳化和效率來將政治決策包裝成中立的技術決策。當我們把複雜的社會議題誤解成科技問題，就會單純以技術層面的標準來評估解決方案，並且忽略潛在的政治後果，於是原本屬於政治層次的討論，就會限縮成以提升效率為主且觀點狹隘的技術官僚討論。

這種思維無視於改善社會部分層面的效率所導致的全面性影響，儘管交通工程師被視為中立的角色，只因為他們採用「科學」方法，但事實上，他們設計的模型對社會造成了革命性衝擊，卻只著重於將汽車的效率提升到最高，而忽略了其他用路人。同樣地，當今最適於自駕車的模型被粉飾成烏托邦式和客觀的解決方案，但也同樣無視除了緩解交通阻塞以外的社會影響，這無異於把自駕車的需求看得比行人和社區的需求更重要。

此外，將社會議題包裝成技術障礙，也讓企業能以假中立之姿達到商業目的。就如同上個世紀的汽車產業把「汽車時代」宣傳成自由解放的普世價值，當今的科技公司也號稱「智慧城市」是改善效率和日常生活的科學方法。認清汽車時代真正的支持者其實是哪些組織，以及見證因為追求這項目標而造成的不幸後果之後，我們應該要對智慧城市和其背後的商業目的保持警覺。任由科技公司把我們帶向封閉過程並讓城市變得「智慧」，就等於是重蹈覆轍，有如當初讓汽車產業把我們推向封閉過程，造就出以汽車為中心的城市。

適宜智慧城市一定要堅守優先目標，並且在擁抱新科技益處的同時，避免陷入科技解決主義。哥倫布市政府的案例告訴我們，為何把焦點放在社群中真正的人和問題，而不是一味追求新科技是如此重要。「其實要集結一群科技高手然後應用很酷的科技一點也不難。」喬丹・戴維斯這麼說：「但是我們沒有這麼做，而是說：『讓我們把重點放在人身上吧。』」正因為遵循這種思維，哥倫布發現市民所面臨的問題比預期的更加複雜，而且和科技沒那麼相關。科技確實可以提供新的機會，但是哥倫布知道科技無法解答一切。「交通科技是個被過度誇大的領域，」戴維斯表示：「我真的很慶幸能分清楚這其中的真假。」

培養這種分辨能力是市政府當前的要務，為了避免再犯下上個世紀的錯誤，我們必須摘下科技有色眼鏡，並且摒棄不切實際的自駕車烏托邦願景。唯有釐清科技的侷限和危險性，我們才能寄望從中獲得益處。

注釋

1 史蒂芬・伯克利接受班・格林採訪，二〇一七年四月七日。本章所有引用自伯克利的內容皆基於此訪談。

2 萊恩・蘭尼恩接受班・格林採訪，二〇一七年四月十三日。本章所有引用自蘭尼恩的內容皆基於此訪談。

3 美國國家公路交通安全管理局（National Highway Traffic Safety Administration）統計分析部門（National Center for Statistics and Analysis），〈全國汽車車禍原因調查中的車禍主因〉（Critical Reasons for Crashes Investigated in the National Motor Vehicle Crash Causation Survey），Traffic Safety Facts: Crash Stats，Report No. DOT HS 812 115 (February 2015), 1；美國國家公路交通安全管理局統計分析部門，〈二〇一五年汽車車禍：概覽〉（2015 Motor Vehicle Crashes: Overview），*Traffic Safety Facts Research Note*，Report No. DOT HS 812 318 (August 2016), 6。

4 丹尼爾・J・法格納特（Daniel J. Fagnant）與卡拉・科克爾曼（Kara Kockelman），〈讓國家做足準備迎接自駕車：機會、阻礙與政策建議〉（Preparing a Nation for Autonomous Vehicles: Opportunities, Barriers and Policy Recommendations），*Transportation Research Part A: Policy and Practice* 77 (2015): 175。

5 Fagnant and Kockelman, "Preparing a Nation for Autonomous Vehicles," 173.

6 Delphi技術長傑佛瑞・歐文斯(Jeffrey Owens)於TechCrunch發表演說，〈搭上Delphi最新款自駕車〉（Taking a Ride in Delphi's Latest Autonomous Drive），二〇一七年，https://www.youtube.com/watch?v=wWdVfG lBqzE。

7 坎德爾・鮑姆加德納，〈不只是Google的時髦車款：檢視自駕車對建築的衝擊〉（Beyond Google's Cute Car: Thinking Through the Impact of Self-Driving Vehicles on Architecture），引用自*The Architecture + Design Review of Houston* (2015): 41。

8 Senseable City Lab, "DriveWAVE by MIT SENSEable City Lab" (2015), http://senseable.mit.edu/wave/.

9 Remi Tachet et al., "Revisiting Street Intersections Using Slot-Based Systems," *PloS One* 11, no. 3 (2016), https://doi.org/10.1371/journal.pone.0149607.

10 Baumgardner, "Beyond Google's Cute Car," 41.

11 莉莎・弗廷（Lisa Futing），引用自山姆・盧貝爾（Sam Lubell），〈自駕車將以這些方式改變你所在的城市〉（Here's How Self-Driving Cars Will Transform Your City），《Wired》雜誌，二〇一六年十月二十一日，https://www.wired.com/2016/10/heres-self-driving-cars-will-transform-city/。

12 亨利・克萊普（Henry Claypool）、埃米泰・賓努（Amitai Bin-Nun）與傑佛瑞・革拉赫（Jeffrey Gerlach），〈自駕車：對於身障人士之影響〉（Self-Driving Cars: The Impact on People With Disabilities），《魯德爾曼白皮書》（*Ruderman White Paper*），二〇一七年一月，第十六與十八頁，http://secureenergy.org/wp-content/uploads/2017/01/Self-Driving-Cars-The-Impact-on-People-with-Disabilities_FINAL.pdf。

13 拉維・湘可（Ravi Shanker）等人，〈自駕車：自動駛入全新的自動產業典範〉（Autonomous Cars: Self-

Driving the New Auto Industry Paradigm），《摩根士丹利藍皮書》（*Morgan Stanley Blue Paper*）二〇一三年十一月六日，第三十八頁，https://orfe.princeton.edu/~alaink/SmartDrivingCars/PDFs/Nov2013MORGAN-STANLEY-BLUE-PAPER -AUTONOMOUS-CARS%EF%BC%9A-SELF-DRIVING-THE-NEW-AUTO-INDUSTRY -PARADIGM.pdf。

14 Peter D. Norton, *Fighting Traffic: The Dawn of the Motor Age in the American City* (Cambridge, MA: MIT Press, 2011), 248.

15 通用汽車，「邁向新境界」（To New Horizons），一九三九年，上傳影片標題為「一九三九年紐約世界博覽會的『未來世界』特展」（Futurama at 1939 NY World's Fair），https://www.youtube.com/watch?v=sClZqfnWqmc。

16 Norton, *Fighting Traffic*, 1, 7.

17 Trevor J. Pinch and Wiebe E. Bijker, "The Social Construction of Facts and Artifacts: Or How the Sociology of Science and the Sociology of Technology Might Benefit Each Other," in *The Social Construction of Technological Systems: New Directions in the Sociology and History of Technology*, ed. Wiebe E. Bijker, Thomas P. Hughes, and Trevor Pinch (Cambridge, MA: MIT Press, 1987), 27.

18 Norton, *Fighting Traffic*, 130.

19 George Herrold, "City Planning and Zoning," *Canadian Engineer* 45 (1923): 129.

20 Norton, *Fighting Traffic*, 106.

21 George Herrold, "The Parking Problem in St. Paul," *Nation's Traffic* 1 (July 1927): 48; cited in Norton, Fighting Traffic, 124.

22 J. Rowland Bibbins, "Traffic-Transportation Planning and Metropolitan Development," *Annals of the American Academy of Political and Social Science* 116, no. 1 (1924): 212.

23 Norton, *Fighting Traffic*, 130, 134.

24 J．L．詹金斯（J. L. Jenkins），〈違規停車妨礙紅綠燈運作：圓環車速提高導致行人風險上升〉（Illegal Parking Hinders Work of Stop-Go Lights; Pedestrian Dan-gers Grow as Loop Speeds Up），《芝加哥論壇報》，一九二六年二月十日。

25 Norton, *Fighting Traffic*, 138, 1.

26 Norton, *Fighting Traffic*.

27 Alan Altshuler, *The Urban Transportation System: Politics and Policy Innovations* (Cambridge, MA: MIT Press, 1981), 27-28.

28 安琪・史密特（Angie Schmitt），〈論工程師衡量汽車的標準如何危害用路行人〉（How Engineering Standards for Cars Endanger People Crossing the Street），美國街道部落格（*Streetsblog USA*，二〇一七年三月三日，http://usa.streetsblog.org/2017/03/03/how-engineering-standards-for-cars-endanger-people-crossing-the-street/。

29 彼得・福爾特（Peter Furth），〈對行人友善的交通號誌定時政策建議〉（Pedestrian-Friendly Traffic Signal Timing Policy Recommendations），波士頓市議會公園、休閒與交通委員會（Boston City Council Committee on Parks, Recreation, and Transportation），二〇一六年十二月六日，第一頁，http://www.northeastern.edu/peter.furth/wp-content/uploads/2016/12/Pedestrian-Friendly-Traffic-Signal-Policies-Boston.pdf。

30 Robert A. Caro, *The Power Broker: Robert Moses and the Fall of New York* (1975; repr., New York: Random House, 2015), 515.

31 Caro, *The Power Broker*, 515.

32 《紐約先驅論壇報》，一九三六年八月十八日，引用於：Caro, *The Power Broker*, 516。

33 Caro, *The Power Broker*, 518。

34 Anthony Downs, "The Law of Peak-Hour Expressway Congestion," *Traffic Quarterly* 16, no. 3 (1962): 393.

35 Anthony Downs, "Traffic: Why It's Getting Worse, What Government Can Do," *Brookings Institution Policy*

Brief #128 (January 2004), 4.

36 Anthony Downs, *Still Stuck in Traffic: Coping with Peak-Hour Traffic Congestion* (Washington, DC: Brookings Institution Press, 2005), 83.

37 Gilles Duranton and Matthew A. Turner, "The Fundamental Law of Road Congestion: Evidence from US Cities," *American Economic Review* 101, no. 6 (2011): 2618.

38 David Metz, *The Limits to Travel: How Far Will You Go?* (New York: Routledge, 2012).

39 Senseable City Lab, "DriveWAVE by MIT SENSEable City Lab".

40 "Massachusetts Ave & Columbus Ave," *Walk Score* (2018), https://www.walkscore.com/score/columbus-ave-and-massachusetts-ave-boston.

41 肯·華盛頓（Ken Washington），〈探討福特的自駕車未來〉（A Look into Ford's Self-Driving Future），Medium: Self-Driven，二〇一七年二月三日，https://medium.com/self-driven/a-look-into-fords-self-driving-future-5aae38ee2059。

42 約翰·季默（John Zimmer）與洛根·格林（Logan Green），〈塞車終結之日：促進美國繁榮與生活品質〉（The End of Traffic: Increasing American Pros-perity and Quality of Life），Medium: The Road Ahead，二〇一七年一月十七日，https://medium.com/@johnzimmer/the-end-of-traffic-6d255c03207d。

43 約翰・季默，〈第三波交通革命〉（The Third Transportation Revolution），*Medium: The Road Ahead*，二〇一六年九月十八日，https://medium.com/@johnzimmer/the-third-transportation-revolution-27860f05fa91。

44 愛蜜莉・巴傑（Emily Badger），〈掩埋地下鐵？城市對自駕車的豪賭〉（Pave Over the Subway? Cities Face Tough Bets on Driverless Cars），《紐約時報》，二〇一八年七月二十日，https://www.nytimes.com/2018/07/20/upshot/driverless-cars-vs-transit-spending-cities.html。

45 塞西莉亞・姜（Cecilia Kang），〈自駕車去哪裡學習〉（Where Self-Driving Cars Go to Learn），《紐約時報》，二〇一七年十一月十一日，https://www.nytimes.com/2017/11/11/technology/arizona-tech-industry -favorite-self-driving-hub.html。

46 若林大輔（Daisuke Wakabayashi），〈Uber自駕車在亞利桑那車禍前已遭遇困境〉（Uber's Self-Driving Cars Were Struggling Before Arizona Crash），《紐約時報》，二〇一八年三月二十三日，https://www.nytimes.com/2018/03/23/technology/uber-self-driving-cars-arizona.html。

47 傑夫・史佩克接受班・格林採訪，二〇一七年四月十四日。

48 傑夫・史佩克，「自駕車與優良城市」（Autonomous Vehicles and the Good City），課程，美國市長會議（The United States Conference of Mayors），華盛頓特區，二〇一七年一月十九日，https://www.youtube.com/watch?v=5AELH-sI9CM。

49 大衛・提克爾（David Ticoll）。〈駕駛變革：自駕車於多倫多的發展〉（Driving Changes: Automated Vehicles in Toronto），研究報告，多倫多大學蒙克國際研究中心（Munk School of Global Affair），二〇一五年，https://munkschool.utoronto.ca/ipl/files/2016/03/Driving-Changes-Ticoll-2015.pdf。

50 班・斯普爾（Ben Spurr），〈多倫多規劃測試以自駕車接駁往返轉運站〉（Toronto Plans to Test Driverless Vehicles for Trips to and from Transit Stations），《多倫多星報》（*The Star*），二〇一八年七月三日，https://www.thestar.com/news/gta/2018/07/03/toronto-plans-to-test-driverless-vehicles-for-trips-to-and-from-transit-stations.html。

51 美國運輸部，〈智慧城市挑戰：打造未來城市的一課〉（Smart City Challenge: Lessons for Building Cities of the Future），二〇一七年，第二頁，https://www.transportation.gov/sites/dot.gov/files/docs/Smart City Challenge Lessons Learned.pdf。

52 喬丹・戴維斯接受班・格林採訪，二〇一七年五月十日。本章所有引用自戴維斯的內容皆基於此訪談。

53 克思汀・卡爾與提雅・沃許接受班・格林採訪，二〇一七年四月十二日。本章所有引用自卡爾與沃許的內容皆基於此訪談。

54 卡爾索普規劃設計事務所（Calthorpe Associates）等，〈insight 2050設想結果報告〉（insight 2050 Scenario Results Report），二〇一五年二月二十六日，第六頁，http://getinsight2050.org/wp-content/uploads/2015/03/2015_02_26-insight2050-Report.pdf。

55 卡爾索普規劃設計事務所，〈insight 2050設想結果報告〉，第十八至十九頁。

56 卡拉・貝伊洛接受班・格林採訪，二〇一七年五月九日。本章所有引用自貝伊洛的內容皆基於此訪談。

57 哥倫布市政府，〈哥倫布智慧城市申請書〉（Columbus Smart City Application），二〇一六年，第六頁，https://www.transportation.gov/sites/dot.gov/files/docs/Columbus OH Vision Narrative.pdf

58 哥倫布市政府，〈林登嬰兒死亡率檔案〉（Linden Infant Mortality Profile），二〇一八年，http://celebrateone.info/wp-content/uploads/2018/03/Linden_IMProfile_9.7.pdf。

59 智慧哥倫布，〈智慧哥倫布連結林登會議摘要〉（Smart Columbus Connects Linden Meeting Summary），二〇一七年。

60 蘿拉・布利斯（Laura Bliss），〈哥倫布即將針對弱勢母親提供「智慧」乘車服務〉（Columbus Now Says 'Smart' Rides for Vulnerable Moms Are Coming），CityLab，二〇一七年十二月一日，https://www.citylab.com/transportation/2017/12/columbus-now-says-smart-rides-for-vulnerable-moms-are-coming/547013/。

61 蘿拉・布利斯，〈城市變智慧之後是誰受益？〉（Who Wins When a City Gets Smart?），二〇一七年十一月一日，https://www.citylab.com/transportation/2017/11/when-a-smart-city-doesnt-have-all-the-answers/542976/。

62 〈世界的越野車首府〉（Buggy Capital of the World），《哥倫布電訊報》（*Columbus Dispatch*），部落格，二〇一五年七月二十九日，http://www.dispatch.com/content/blogs/a-look-back/2015/07/buggy-capital-of-the

-world.html。

63 Thomas J. Misa, "Controversy and Closure in Technological Change: Construct-ing 'Steel,'" in *Shaping Technology / Building Society: Studies in Sociotechnical Change*, ed. Wiebe E. Bijker and John Law (Cambridge, MA: MIT Press, 1992), 110, 111.

64 Norton, *Fighting Traffic*, 2.

第二章　鍛造民主城市：科技有色眼鏡下的民主與政治參與困境

透過科技有色眼鏡所看到的民主和政治是什麼樣子？

這是我們在檢視智慧城市時必須要思考的核心問題。前一章闡述了看似屬於技術層面的問題——城市可以如何改善交通環境？城市應該如何因應新科技？——事實上是政治問題，而且最終的答案會對社會和政治造成重大影響。然而，我們還沒釐清這些新交通科技願景中的缺陷，是否也牽涉到智慧城市的其他層面。城市迎接自駕車引發的問題，是否只限於汽車和交通領域，或者更是反映出以科技為中心的世界觀更深層的問題？我們會在後文中看到，受到科技有色眼鏡影響的人在面對看似只涉及技術的議題如交通時，不僅忽略了其中的政治本質，甚至還無視於政治本身的政治本質。

許多科技專家把直接民主視為民主公民參與的巔峰，其中最常被提起的模式是新英格蘭鎮民會議（New England town meeting，譯注：美國新英格蘭鎮是新英格蘭當地政府組成的團體組織，和其他州的城市擁有相同權力，並透過鎮民會議的形式管理），也就是將鎮民集合在一起研議和進行重要決策。在科技專家眼中，美國社會之所以會從鎮民會議演變成目前的政府型態，單純是出於規模和協調的務實理由：這個國家已經變得太大（不論是地理範圍或人口數量），無法為了每次決策舉辦這類會議。

「很遺憾的是，直接民主無法擴大規模。」科技專家多明尼克・施耐（Dominik Schiener）解釋道：「形式最單純的直接民主基本上無法在較大型的社群實現。」為了實現民主，需要有多層代表的制度，但在施耐眼中，這不是理想的解決方法。「代議民主很容易擴張規模，但是無法有效地為公民的最佳利益服務。」他在文章中指出，政治人物根本不關注自己所代表的人民，而是穿梭於黨派政治組織和腐敗特殊利益交織而成的密網之中。施耐宣稱，我們被困在技術限制催生出的制度中，因為「實施層面的障礙」而無法回歸直接民主。[1]

數位科技和社群媒體似乎能突破這些障礙，並且讓更民主的管理形式得以實現。前舊金山市長葛文・紐森（Gavin Newsom）曾抱怨政府總是令人聯想到「刺耳的辯論」和「鬥爭」，並斷言：「科技讓我們現有的政府體制與人民脫節，因此現在政府必須要透過科技重新振作。」[2]馬克・祖克柏（Mark Zuckerberg）曾宣稱，Facebook會「使得與政府相關的對話更誠實和透明，進而賦予人民更多直接的權力」。[3] Napster（譯注：線上音樂服務軟體）共同創辦人及前Facebook總裁西恩・帕克（Sean Parker）則聲稱，「新媒介與新媒體……會讓政治更有效率」。[4]前美國眾議院議員湯姆・達許爾（Tom Daschle）之子納森・達許爾（Nathan Daschle）則表示科技可以將人民從政黨失能和消權（disempowerment）中解放出來，更斷言透過當代的連線能力，「我們可以在網路上複製出核心的政黨功能」。[5]

為了追求這些夢想，科技專家開發出各種應用程式來改革政治。西恩・帕克創立了線上公民參與平台「Brigade」，號稱是「全球第一個為選民打造的網路」，[6] 目標則是引發由社群媒體推動的「政治參與革命」。[7] 這款應用程式標榜「用無比簡單的方式選擇政治立場」，使用者可以選擇同意或不同意一句聲明，例如「聯邦最低薪資應該要調漲至每小時十五美元」。[8] 另一個平台「Textizen」則高舉「數位時代公共參與」[9] 的旗幟，讓使用者可以透過簡訊回應政府提出的簡單問題，例如「你最喜歡鹽湖城（Salt Lake City）的哪一點？」[10] 其中一位觀察者如此解釋：「Textize讓市政府可以即時蒐集和分析資料。」並且補充說道：「Textizen正在重塑政府和公民之間的關係。」[11] 達許爾的應用程式「Ruck.us」則是打造出線上社群網路，讓使用者可以討論時事和規劃政治活動。

在各城市之中，最常被冠上革新公民參與之名的科技就屬數位服務應用程式「311」，命名由來是許多市政府會透過這支電話號碼提供非緊急市政服務，這些應用程式的功能是以更個人化和有效率的方式提供服務，藉此改善公民參與程度。市民不再需要撥打電話到市政府洽詢服務，而是可以用智慧型手機拍下坑洞或損壞的路牌，然後直接通知市政府，市民提出的問題解決之後，會收到來自政府的更新訊息。而額外的益處就是，市政府員工再也不必在城市中到處尋找該修繕的坑洞，而是可以仰賴市民發現問題後通知。數十個市政府如巴爾的摩（Baltimore）、洛杉磯和內布拉斯加州（Nebraska）的林肯（Lincoln），都已經布署了市內專用的311

應用程式，用於回報轄區內的問題。

311應用程式的興起是基於以下的觀念：如果大眾可以成為政府的「眼和耳」，[12]提供服務的效率就會提升，對政府的信任度也會隨之上升。在Apple的App Store中，芝加哥311應用程式的早期版本提供的說明如下：「讓全體市民參與市政府的每日公務，將可以促成更有效率地運用公帑、提升透明度，並且提升芝加哥政府的信任度。」[13]根據IBM的說法，「越多數位工具有助於讓市民和政府互動更容易，市民就會對政府提供重大公共服務的能力越有信心」，該公司的一位經理更表示：「社群和行動應用程式正在徹底翻轉公民和政府之間的互動，而且是讓互動變得更好。」[14]

這些科技發展反映出眾人渴望的目標，畢竟，我們現有的代議制民主顯然不夠完美，導致許多人的權力遭到剝奪並且感到不滿。民主決策過程中的公共參與是很關鍵的制衡方法，有助於改善日漸集中的政治權力和日漸下降的公家機關信任度，而對於地方政府而言，參與度尤其重要，因為這個層級所面對的問題，多半都會直接影響到日常生活，同時也有最多直接參與的機會。公民參與除了能讓個人在制定優先目標和政策時表達意見，更是促成個人成為積極公民的重要媒介，有助於培養相關的興趣和能力來參與審議過程。從這個角度看來，公民能夠向政府表達意見是很重要的一點，無論是以個人身分或是作為公民結社的一分子，這就是集體行動的基礎，法國政治學家亞歷西斯・德・托克維爾（Alexis de Tocqueville）曾在一八四〇年將公民參與稱為民主的「免費大學院」。[15]

然而，儘管科技專家抱持著樂觀態度，並開發出時髦的新科技，他們卻發現「政治規則難以撼動」。[16] 例如，達許爾推出的平台Ruck.us在兩年內就宣告放棄原本的使命，就連帕克也承認公民參與應用程式「兵敗如山倒」。[17]

新科技顯然革新了人們溝通和聯繫的方式，那麼為何還是無法改革民主制度呢？

＊＊＊

這些科技的侷限源於其設計隱含的觀念和優先目的，例如，帕克想要讓政治更有「效率」，因此他推出的應用程式Brigade號稱「無比容易」；而施耐審視政治體制的觀點是這個體制能否「擴大規模」；在美國各地，311應用程式因為能讓政府「更輕鬆」和「更有效率」而備受關注。

基於這些價值所設計出的科技之所以失敗，並不是因為設計或立意不良，而是因為這些科技並沒有解決民主和參與背後的根本困境。透過科技有色眼鏡，我們在診斷民主決策過程和公民參與的關鍵限制時，誤把權力、政治、公眾動機和能力等障礙，當成效率低落和資訊不足的問題。

根據這種邏輯，政治的核心問題在於整合，而且可以透過創新科技解決，讓我們不必再受「愚笨」城市所苦。舉例來說，受到新興的人工智慧和 3D 列印啟發，麻省理工學院電腦科學家克里斯多福・弗萊（Christopher Fry）和亨利・李伯曼（Henry Lieberman）提議，應該要以基於「邏輯推理」的「論證民主」（Reasonocracy）取代美國的民主制度。在這種假想的政府型態中，進行決策的角色是「論證代表」（Reasonocrats），亦即「運用論證而不是權力來解決問題」的民意代表，而非由「不經思考判斷，只透過固定流程執行政府政策」的官僚主導。[18]

不過就如政治學家科瑞・羅賓（Corey Robin）所分析的，政治「是一場圍繞著社會統治的鬥爭」，其中牽涉到各種競爭利益的協調。[19] 當團體中有一半的人想追求某個目標，另一半的人卻想追求另一個目標，意見不合和失望沮喪在所難免，想在雙方立場之間斡旋的政治人物肯定會讓兩方都感到失望。而這種情況就是布魯諾・拉圖爾在書中寫到的「我們所鄙視的政治『庸俗化』，其實就是我們強迫政治人物代表自己所做出的各種妥協。」[20] 此外，在包括教育和犯罪司法等許多領域中，眾人意見相左的原因不只是權力或資源分配，根本的原因在於人人對良善和公義的社會有不同的道德想像。換言之，民主不單是由各種偏好和邏輯決策累積而成的作業。

科技專家沒有意識到這些政治現實，所以誤診了政治消權和失能的病因，也誤判了我們應該努力追求的理想。正因如此，科技專家最渴望的終極目標——高效率且無衝突的政治——根本毫無道理可言。

科技專家忽略了政治的眾多層面，而這才是他們抨擊的問題的成因，也是導致他們的解決方案有侷限的主因。最明顯的例子就是政治機構的設計和架構，政治學家馮雅康（Archon Fung）、霍利・拉松・吉爾曼（Hollie Russon Gilman）和珍妮佛・什卡巴圖爾（Jennifer Shkabatur）就指出，「關於數位科技可能為民主帶來益處的說法……過度著重在科技足以引發的新動力，但卻無視於政治系統的制度動力」。宣稱科技將會賦予大眾權力，實現直接民主，就等於是忽略了集體行動需要資源和權威，以及「政策制定者和政治人物缺乏誘因」來和大眾更深入地互動的事實。此外，馮雅康、吉爾曼和什卡巴圖爾也解釋道，儘管311這類的應用程式讓個人可以傳送資訊給政府，「卻沒有把目標放在創造更平等、包容、具代表性、審慎或強大的公民影響力以凌駕於政府」。大眾或許有了新工具可以督促市政作業，但這項工具仍然是布署在傳統互動框架之下：受管理的人民從政府機構獲得服務，卻沒有被賦予權力來更主動地參與制定公共優先目標或決策過程。事實上，正是因為311和Textizen這類擴大服務範圍的應用程式「符合現有的誘因需求和制度限制」，而不是落實改革，所以政府才如此積極地採用這些科技。[21]

另外，把政治和民主視為需要整合的問題，也等同是錯誤詮釋了眾人參與政治的動機和導致眾人無法參與政治的障礙。公民參與應用程式的宗旨是盡可能簡化公民互動，彷彿公民參與唯一阻礙的就是要花時間和鄰居及公務員面對面溝通，因此降低溝通門檻就能促成真正的民主。施耐支持這種觀點，並表示「把入門門檻降得越低越好……就更有可能滿足大量人口，國家的管理體系也會整體提升」。[22]

這種觀念和公民結社長年以來累積的經驗背道而馳：企圖透過簡化參與來改革民主註定會失敗。就如政治學家哈莉・韓（Hahrie Han）在《組織如何培養活動分子》（*How Organizations Develop Activists*，暫譯）所分析的，刻意設計成快速且便利的參與形式，無法培養出有意義的參與和公民精神。在針對公民團體的多年全國性研究中，哈莉・韓的結論指出，仰賴「交易型動員」（transactional mobilizing）是低參與度組織的通病，而注重「變革型組織」（transformational organizing）則有助於團體培養出大批訓練有素的積極參與者，進而擁有更強大的政治影響力。[23]

哈莉・韓指出交易型動員策略即是以「活動分子和結社之間的交易式交換」[24]，來詮釋參與的概念。公民團體負責組織並提供參與特定議題的機會，也許是聯絡公職當選人，或是加入抗議活動的行列，而個人則負責付出時間和精力。就這個觀點看來，助長參與度的最佳方法就是讓參與方式變得越快速、越簡單越好，而現在有了創新的數位工具可以大幅降低溝通門檻，要達成這項目標當然更加容易。

然而，當接觸到大量人群變得如此簡單，即便是高參與人數也可能淪為誤導的強度指標，大部人也許願意填寫問卷，但卻會猶豫或尚未準備好成為更積極的公民。換言之，交易型策略的目標是盡量降低在人群原本所處的範圍內接觸他們的難度，但並沒有賦予個人更多權力，或是讓他們有動力採取進一步的行動。在哈莉．韓的調查中，仰賴交易型動員的組織「變得動彈不得」，長期苦於維持參與度。[25]另外，由於公職當選人通常可以看出（並且忽略）「空口白話」的政治行動，[26]這些組織其實缺乏帶來改變的能力。

相對的，在哈莉．韓的研究中，高參與度的組織採用的是變革型組織策略，亦即「培養眾人的動機、技能和能力，以進一步發展出活動和領導精神」。[27]這些團體同樣也有運用動員策略來鼓勵眾人參與，但是著重於公民培育而不是交易：參與者會受到招募來承擔更多責任，也會被教育如何領導未來的計畫。透過這個過程，高參與度的組織引導成員反思自身努力的價值，也讓成員瞭解到自己參與了社會互動，而這就是讓成員願意持續參與的重要動機之一。另一方面，低參與度團體的參與狀況之所以每況愈下，就是因為個人缺乏目的感和集體認同感，無法長期保有動力。

公民參與應用程式就是典型的交易型動員工具：將提交要求和意見的門檻降到最低，以便將互動的數量提升到最高點，然而這些應用程式並沒有發展更深層的參與方式，或是在使用者之間建立社群。因此，公民參與應用程式和哈莉．韓研究中的低參與度團體，都陷入了相同的政治無能困境：一如這些組織受限於成員的動機和公民技能不足，以意見或服務要求為基礎的數位平台也會因為其鼓勵參與的程度有限，而陷入相同的處境。

換句話說，通報坑洞的便利性並不會讓人突然有動力去當地的學校董事會投票或是競選，也不會讓個人在政策討論中更有話語權。針對波士頓的研究發現，即時獲得服務要求回應的市民比較有可能在未來再次提出要求，但是沒有證據顯示這種效果可以轉換成其他公民行為（例如投票、加入社區團體）或是其他態度（例如更信任政府）。[28]事實上，另一項針對波士頓的分析指出，311的通報情況反映出的是超在地化（hyperlocal，譯注：意指極度集中在特定區域）的個人需求，而不是公民動機：超過八成的通報案例是發生在通報者住家的鄰近周邊。這項研究的結論是，「不應該將311中的通報行為視為投票或志願工作等活動的指標」，[29]且另一項針對紐約的類似研究也做出了相同的結論。[30]

此外，以提升公民參與為目標的交易型科技解決方案，並沒有考量到結構性的社會和政治因子會導致某些意見比較有影響力。在《世俗之音》（*The Unheavenly Chorus*，暫譯）一書中，政治學家凱·施洛茲曼（Kay Schlozman）、西德尼·維巴（Sidney Verba）和亨利·布雷迪（Henry Brady）指出「社會各個群體的政治發言差異」相當明顯且長期未解，尤其「富裕且受過良好教育的族群代表人數總是過度佔有優勢」，不論在網路上或現實生活中都是如此。[31]

這種差異的起因不僅包括最顯而易見的隔閡，例如教育、技能、金錢、時間和網路使用，個人經驗也會影響到大眾是否有能力投身公共領域。就如南希·伯恩斯（Nancy Burns）、施洛茲曼和維巴在《公領域行動的私領域根源》（*The Private Roots of Public Action*，暫譯）所點出的，美國女性相較於男性更不積極參與政治，即便距離女性首次擁有投票權已經將近一個世紀，這樣的差異有一部分是因為社會態度和機會的不平等。儘管乍看之下，這個問題和公民參與並無相關。舉例來說，男性「比女性更有可能獲得能培養公民技能的工作類型，也更有可能受到推選成為領袖」，因此，女性「比男性更不容易……對政治產生興趣、獲得充分的政治資訊或產生政治影響力」。[32]

整體人口中的部分群體不參與公民社會，是因為他們被體制排除在外。法學學家莫妮卡・貝爾（Monica Bell）觀察後發現，「有色人種貧窮社區的多數居民都直覺地感受到法律將他們排除在社會之外」，這背後正是貝爾稱之為「法律隔閡」（legal estrangement）的概念：非裔美國人不僅認知感受到自己遭到警方和法律的不公平對待，就更廣泛的層次而言，他們也「經常自認在本質上沒有地位，亦即沒有受到法律和執法者保護，是美國社會組成的邊緣族群」。在貝爾的研究中，一位青少年表示感受到自己在社會和政治上毫無權力，並聲稱「你的聲音根本不重要」。[33]

如果貧困的少數族裔社群自覺被排除在外，「不受法律保障，也無法在社會中獲得應有的地位」，[34]更遑論時不時還會遭到警方騷擾和射擊，而警方就是最常見的一群「街頭等級官僚」[35]，那麼透過應用程式聯絡政府對這些族群而言，究竟有什麼用？事實上，一項二〇一六年的研究發現，「警察失職會明顯抑制」非裔美國人向911報案的數量，這意味著系統性的消權和濫權是信任政府和公民參與的一大障礙。[36]

＊＊＊

儘管沒有任何一款應用程式能解決公民參與的種種障礙，這些應用程式的開發者卻對此毫無回應，也沒有設法解決，因而顯示出以科技為中心的觀點有嚴重侷限：創新者沒有意識到這些問題，即便有，他們也認為科技可以解決。就這個觀點而言，目光短淺地致力於讓公民參與和政府更有效率，其實是陷入了「資訊謬誤」（information fallacy），即政府有缺陷是由於來自公民觀點的資訊不足，以及基礎建設狀況不夠好，而主因是大眾接觸政府的門檻太高。只要降低這些門檻，就能為政府提供更多資訊，讓政府更有效率，發揮應有的功能。

這種觀點的問題不在於資訊本身沒有用，而是在於只用資訊來改善都市的民主制度，根本是徹底忽略了政治和權力的影響。民主的意義不只是能讓人民能用輕鬆的方式，表達需求和意見，以便有效率地取得服務，而是需要建構整個社會，好讓人人都能「維持平等地位」，追求「共同的自決目標，而且要根據全體都接受的規則，並經過平等而公開的討論」。[37]

科技有色眼鏡將政治問題（如何分配資源給各個人口群體）包裝成整合的問題（如何高效率回應選民要求），進而掩飾並加劇了不平等的現況。同時，把著重效率當作解決方法，也讓我們忽略了權力結構和市政流程如何系統性地排除和削減特定意見的重要性。這些系統性的扭曲無法透過科技矯正，只能經由改變法律和體制解決。

以提升公民參與效率為目標，更會讓扭曲問題惡化，尤其是強調透過311應用程式提升提供服務的效率，因為這等於是在向大眾暗示，政府存在的意義就是處理個人需求，無異於客服單位，於是弱化了公民精神的本質。快速修復所有坑洞的承諾並沒有考量到政府的資源有限，而這些資源通常必須要用於處理其他問題或分配給其他人口，因此，就如政治學家凱薩琳·尼達姆（Catherine Needham）所分析的，這類承諾會導致公民變成像失望的消費者一樣，降低「大眾接受公民共同責任的意願」。[38]她也寫道：「像服務消費者一樣對待公民最根本的危機在於，可能會因此養成利己主義又滿心怨恨的公民，他們對政府的期待永遠無法被滿足，也無法培養出關心公眾利益的精神，但這卻是民主參與的必要基礎，也是公共服務所需的支援。」[39]

政治學家珍妮·方坦（Jane Fountain）也強調，著重在顧客服務，其實有可能會「加劇政治不平等的問題，即便這麼做可以改善某些層面的服務產出和提供」。[40]由於客服的重點在於滿足顧客的需求和期待，權力較少且期待較低的社會團體就會被視為客服思維下等級較差的「區隔市場」，因而只能得到品質較差的服務。

以效率和客服為導向的公民參與科技隱含不平的問題，而311應用程式就是最明顯的例證，儘管這類應用程式看似價值中立，其中強調的效率其實更有利於特定族群。這些應用程式在設計時，就已經預先決定大眾可以提出的要求類型，其中最常見的分類包括坑洞、路燈、塗鴉、違規穿越馬路以及行道樹，[41]所以應用程式僅是為了需求落在這些有限分類中的使用者，簡化獲得市政服務的流程，但是卻無助於需求超出範圍的市民。以波士頓為例，有一項研究指出「黑人和西班牙裔受訪者皆表示，想要利用系統和鄰居產生連結」，而且這些社區「通報公共問題的機率較低」。[42] 因此，311 的通報分布並沒有反映在真正有需求的族群上，而是嚴重偏向居民最習慣通報問題的富裕白人社區。[43]

更根本的問題在於，儘管這些以提升效率為目標的科技號稱能賦予大眾更多權力，卻沒有提供方法讓大眾要求提升學校品質、改善公車服務，或是減少警方過度執法，也就是那些需要困難且全面（因此效率低落）的政治改革才能解決的需求。事實上，311 應用程式明顯更注重相同類型的問題，亦即「生活品質」或「破窗」（broken windows，譯注：若警方不處理破壞窗戶這類輕微的犯罪行為，將會導致整個社區的治安更加惡化）警務，導致社區在中產階級化的過程中少數族群遭到犯罪化，[44] 而這也是引發埃里克・加納（Eric Garner）死亡案的導火線（因為有居民透過 311 通報「埃里克」在其住家外販賣香菸）。[45]

311 應用程式在設計上的選擇，降低了對於統一政治實體而言，不可或缺的共同經驗和挫折感。換言之，當特定群體的需求可以迅速且便利地解決，這群人就比較無法體會其他有更嚴重問題的群體所面臨的困境。當中上層階級的白人女性可以享有毫無阻礙的流程，順利要求市政府修好家門前的坑洞，她可能會更認同市政府就等同於客服機構的觀念：由於很滿意市政府解決了問題，她會積極地要求更多服務，但是卻對以更有意義的方式與政府或社區互動不感興趣。她不會意識到許多貧困和少數族群社區中存在著更難解問題，也不會明白這些居民在試圖說服政府解決他們的困難時，面對了多麼巨大的阻力。

試想如果沒有任何311應用程式存在，完全沒有簡單的方法能請人來修理家門前的坑洞，也許她就必須透過電話聯絡公共工程部門，而她會因此得知城鎮其他地區的坑洞更嚴重，必須優先填補。這時她會開始理解到，眼前的問題雖然是她的個人經歷，卻也是共同問題的一部分：很多人家門前都有坑洞，因為政府缺乏資金進行基礎建設維修。意識到有如此繁複的作業需要進行之後，沮喪的她也許會集合社區之力組成公民團體，並和當地民意代表合作，要在下一次市政選舉時組織一場公投，目標是徵稅並用於基礎建設維修。透過這項活動，這個公民團體開始接觸到其他想要處理社區中更系統性問題的居民，例如不符需求的公車服務，以及在黑人居民佔多數的區域中學校資金不足，於是和這些居民協力倡議進行改革。

這整個過程當然比在311應用程式上通報填補坑洞的需求更耗費心力，也需要超出大部分人期望的參與度。在理想國度中，也許人人真的都只需要政府提供有效率的服務；然而在現實世界中，無論是不同群體所面臨的問題規模，或是公務員處理不同群體需求的優先順序，都存在著嚴重的不平等，因此為優勢群體提供機會簡化與政府的互動，即便這個群體本來就已經享有特權，卻明顯忽略有更重大且難解需求的群體，事實上是極為不民主的做法。

此外，把311應用程式標榜為公民參與的解決方案，反而掩蓋了城市中反民主力量真正的決定性因子，就如社會學家雅森・薩多夫斯基（Jathan Sadowski）與律師法蘭克・帕斯誇爾（Frank

Pasquale）所解釋的：「花費時間在計畫和布署一個『透過簡訊、語音、社群媒體以及其他應用程式以便市民和市政府及彼此互動的平台』，就等於是沒有把時間用在突顯富人抗稅導致的市政人力短缺問題，然而這正是智慧城市應該要透過『擴增』市府剩餘人力，來協助解決的問題。」[46]換句話說，如果有更多公共資金可以用於社會服務，就沒有必要如此急切地讓所有公家機關的效率提升。

話說回來，如果說資料邏輯和演算法有任何實際效用，那就是合理化並加劇了縮減開支。在二〇一六年的一篇社論，經濟學家雷瑪．瓦蒂亞納坦（Rhema Vaithianathan，匹茲堡〔Pitsburgh〕市政府利用瓦蒂亞納坦開發的機器學習模型，來預測兒童受虐案件[47]，並做出如此預測：「到了二〇二四年，大數據應該會將公部門裁減到難以想像的地步。」瓦蒂亞納坦提議應該用數據取代公僕，而更值得期待的是，「這些資訊和洞見將會……在理想情況下，讓人人都認同完全不帶有政治立場。」[48]瓦蒂亞納坦是透過科技有色眼鏡審視政府，因此認為市政當局的職責不過是一些機械化作業，如監督服務並蒐集關於這些服務的資訊，根據這般邏輯，強化數據就能讓政府在提升效率的同時，更符合社會效益。基於上述的立場，瓦蒂亞納坦提倡公部門應該要大幅縮減，並宣稱她的倡議不是政治論述，而是純粹的技術論述，因此「不帶有政治立場」。

科技解決方案就是如此提供了捷徑，讓我們可以迴避針對政治價值和實現方法進行有意義的溝通。一如同自駕車阻礙了我們討論如何透過都市設計和大眾運輸，來改善宜居程度和減少交通阻塞，公民參與應用程式也妨礙了我們考量到系統性的改革，而這才是能真正賦予大眾權力的方法。試圖透過科技降低公民參與的門檻，其實就是合理化沒有更具深度的方法能實質提升公民參與度，然而事實顯然並非如此：如果是公共和私人生活中的不平等問題，導致多數人不願意參與，那麼消除這些不平等就可以促進更廣泛也更扎實的參與。相較於開發應用程式讓特定群體通報塗鴉問題，廢除系統性邊緣化這些社群的措施和制度，將可以更有效地提升公民信任度和參與度。

然而，問題不只在於我們可以選擇更好的解決方案：經由科技有色眼鏡循環，公民參與應用程式改變了我們對民主的觀感和實踐方法。透過科技有色眼鏡審視民主制度時，我們會高估科技的影響力，同時忽略形塑公民參與的複雜社會和政治因子，因此只看到科技可以輕鬆解決的溝通高門檻，但卻對於其他限制因素視而不見，例如社群的組織能力以及幾乎沒有政治誘因能促進重新分配權力。於是，科技被設計成能讓市民享有順暢聯絡政府的機會，但是彼此的互動僅限於可以讓政府成為高效率服務提供者的範圍。這類科技會鞏固迷思：政府治理的問題源於整合不足；政府的核心職責是有效率地提供服務；城市生活最根本的政治問題在於處理基本的服務需求，最後徹底重塑公民和公務員的行為。由於應用程式把表達意見包裝成公民參與的主要方式，大眾可能會從此認為沒有必要組織動員、建立聯盟或是研議法律，而如此貧乏的民主和政治素養，就是建立在以科技和效率為中心的觀念之上。

當然，科技專家並沒有說錯，他們的工具確實可以降低資訊和參與門檻，任何電子郵件和社群媒體的使用者都能證實這一點。在特定情境下，例如市政當局需要整個城市各地情況的相關資訊時，市民參與確實可以提供有效的輔助。在底特律（Detroit），居民利用行動應用城市通報超過四十萬棟建物的狀況，為市政府和當地非營利組織提供精準的資料，以作為都市活化計畫的參考；[49]紐約市則是在颶風珊迪來襲之後，仰賴311系統來辨識倒下的樹木和其他問題。[50]

儘管如此，我們不該把這類互動和有意義的公民參與或公共賦權混淆，後兩者都需要建立在交流資訊共享和傳統的公民與政府關係之上。當科技有色眼鏡掩蓋了正義、公民認同和權力等議題，上述的互動形式也許會看似能解決公民參與低落的問題，但如果我們更全面地檢視公民參與的障礙，就會認同開放政府倡議者約書亞．陶伯勒（Joshua Tauberer）的說法：「政府治理的關鍵就在於權力，而權力是社會問題，不是科技問題。網站沒辦法像魔法一樣帶給人民權力。」[51]

米奇．魏斯（Mitch Weiss）在波士頓市府擔任幕僚長時，參與了首代311應用程式的研發，這段經驗讓他有類似的體會。「我們透過蒐集到的資料發現，政府信任度處於歷史新低。」他邊做鬼臉邊說：「我不認為真正的解決方法是要讓政府越來越有效率，然後像服務顧客一樣對待市民，為市民提供越來越好的顧客服務。有些我們必須針對公共領域所做的重大決策，並沒有辦法透過科技解決，所以我們需要市民來參與決策過程。如果你用科技把民眾越推越遠，他們就無法和你一起進行這些重大決策。」[52]

***

史帝夫・華特（Steve Walter）就是在此時大展身手，儘管他在波士頓市政府的職位是科技研究員，卻對玩樂的變革力量更感興趣，而不是新科技的各種功能。他用簡單的重力實驗展現出玩樂的價值：他拿起一枝筆再放開，然後看著筆墜落，著地的筆發出了嗒嗒碰撞聲。「我正在學習重力！」華特高聲歡呼：「我在玩樂的同時也在學習，這就是玩樂的效果。」[53]

遊戲和樂趣一直以來都深深影響著華特的想像力。「我們都有過徹底沉浸在遊戲中，然後覺得充滿動力的經驗」，他指出：「不過通常都是為了很傻的原因，也就是在蠢遊戲中獲勝！想想看，如果你在幫助其他人的時候，也能有相同的感受該有多好。」

有媒體和使用者設計背景的華特為市政府提供了很重要的觀點：把焦點徹底集中於市民在此生活和工作所經歷的現實情況。「都市環境是一種體驗，而不只是一個人口密集的地區。」華特如此解釋：「重點在於你如何和其他人互動，以及如何和其他一起共事。我們必須考慮到人類經驗。」華特也表示，依照這個脈絡思考，都市生活的大部分價值其實來自玩樂的能力：透過探索、質問和擴展體驗範圍來獲得意義。

玩樂向來被視為健全民主制度不可或缺的基礎，哲學家馬歇爾．博曼曾指出：「任何重視人權與民權的社會，都有責任提供適當的空間來讓這些權利得以展現、測試、受到關注、相互切磋。」[54]博曼認為，一九八三年辛蒂．羅波的熱門歌曲〈她非比尋常〉（Girls Just Want to Have Fun）[55]音樂錄影帶就展現了這些價值。在影片中，羅波和好友載歌載舞地穿過紐約市街道，他們沿途招攬旁觀者和同伴（包括黑人建築工人和古板的白人商人），打造出一場充滿歡樂的熱舞派對，顯然是向一九八六年的電影《蹺課天才》（*Ferris Bueller's Day Off*）致敬，其中遊行歌舞的橋段，更加華麗炫目且凝聚了整個城市的精神。[56]不論是羅波還是《蹺課天才》的男主角，都是透過歌舞作為玩樂的形式，達到博曼所說的「徹底翻轉了街道生活的定義，並利用結構的開放性打破種族、階級、年齡和性別的藩籬，讓各種類型天差地遠的人團結在一起。」[57]

然而，當市政府急於採用新科技，提升公民參與效率，華特發現在優先改善效率的前提下，玩樂被排除在外。儘管在他的專業領域中，多數人都看好新科技有助於鼓勵公民參與，華特卻批評這種做法「不過是提升參與人數的創新把戲」，無法讓參與過程更有意義，並賦予民眾更多權力。

藉由結合玩樂的精神和數位科技的可能性，華特希望「利用遊戲打造新型態的公民行動」。他的目標並非設計出可以獲勝的遊戲，而是要設計出一套可以促進反思、同理和學習的流程。舉例來說，在住宅區規劃流程當中，華特認為「遊戲機制可以讓其他關係人士產生更多諒解的同理心」，他如此解釋道：「我是年輕的白人男性，但在遊戲中，我可能是扮演八十歲的亞裔移民，這個角色和我本人的需求完全不同。」這樣的探索過程可以激發前所未見的體悟，並為不同群體創造出對話的機會。華特深信，遊戲過程也可以讓公民參與帶來更多的成就感，並且更有效，他如此說道：「如果整個過程經過精密設計後，變得充滿樂趣，我們就可以獲得更理想的回報。當民眾想要參與，就會付出更多心力。」

幾年前，華特找到了志同道合的合作夥伴——波士頓市中心愛默生學院（Emerson College）的公民媒體教授及校內「公民參與實驗室」（Engagement Lab）創辦人艾瑞克．高登（Eric Gordon）。高登觀察到把科技當作公民參與方式的現象越來越普遍，並開始憂心「公民參與太常被簡化成創造更多機會和政府交換服務……而不是促進公民與公民之間的連結，或有意義的意見反饋」。[58] 在高登看來，把提升公民參與效率的重點放在科技會導致「整個制度都會忽略政府有深耕對話、意義和異議的責任」[59]，他所舉的例子如下：審議是極為沒有效率的過程，但卻是健全代議民主制度的重要一環，「如果把效率視為優先價值，又要如何把審議納入我們的制度中？」[60]

為了找到這個問題的解答，高登和華特打造出「社區來計畫」（Community PlanIt，簡稱「CPI」），這款線上多人遊戲有助於推動社區內的參與、審議和決策過程。遊戲內容是以一系列為期一週的任務為架構，每一項任務都聚焦在一項特定議題上，並且由各種挑戰組成，例如回答細節問題、解決困難和創意練習。為了完成這些活動，參與者必須考量其他參與者的看法和觀點，同時要試圖在遊戲中累積點數和影響力。遊戲的最終目標並不是要迫使使用者取得特定結果，而是要提供環境，讓社區可以集合在一起進行審議。

顯然，「社區來計畫」並不是典型的公民參與科技平台，但卻成功應用在許多場合，包括二〇一一年的波士頓公立學校願景擬定過程，以及二〇一二年底特律的總體規劃流程，最後兩座城市都取得了卓越的成果，遠超出典型公民參與應用程式所產生的效益。一項研究針對CPI應用於這兩座城市的效果進行評估後發現，這款遊戲「在個人和地方社區團體之間建立並強化了信任關係」，同時也「促進了以互動形式實踐公民參與」。[61]底特律施行了多種促進公民參與的策略，作為推行長期計畫的一環，而根據參與者的表決結果，CPI被視為最能讓參與者對未來抱持希望的工具。[62]

CPI並不是採用生硬的結構來將使用者導向預先決定的結局，而是徹底發揮玩樂的精神，讓使用者可以盡情探索和審議討論。每一位使用者都會被賦予任務，也就是要回應開放式結尾的提問，而如果想要得知其他人的回應，使用者就必須先交出自己的答案。這種遊戲機制可以促進正向且深思熟慮的審議過程，其中一位參與者稱之為「在市政會議中無法做到的來回討論」。玩家也指出，這款遊戲鼓勵他們反思自己的意見，並考量其他觀點，其中一位參與者表示：「我覺得這款遊戲會迫使你去認真思考自己想說什麼，這樣才能看到其他人的意見。」

另一位參與者補充說道：「每當我發現自己是少數……我都會開始思考，為什麼其他人比較認同別的想法。」也有一位玩家提到：「我發表評論之後，會有人表示不同意。」並且繼續說道：「我其實也不知道誰才是對的，不過我覺得這會讓我仔細思考自己之前的想法。」[63]透過這些互動，玩家培養出反省自身立場的能力，也會更加信任社群。

華特認為CPI最特殊的一點在於「遊戲中的機制讓使用者可以挪作他用」，在遊戲內產生的對話，通常並不是公務員最初設想的情況。例如在麻省的一個小型城市，地方計畫委員會提出一連串的問卷題目，結果居民在對話過程中轉向一個出乎意料的話題——收垃圾。儘管這並不是遊戲的預設情境，但華特解釋說道：「這個話題一而再再而三地出現，居民就是想要討論這件事。」

「這就是體系最極致的功能，雖然遵守遊戲機制，但最終的重點在於玩出新想法，而不是這個架構本身。」華特如此分析：「你負責提供一些架構，但是要讓使用者可以把架構延伸到他們想發展的方向。」

觀察到CPI的影響力之後，高登和華特開始意識到所謂「有意義低效率」的重要性。相較於「單純的低效率」會導致系統不必要地延遲（例如低效率的鏟雪幾乎沒有任何價值），如果可以讓「公民彼此分享和交流經驗，並且擴展他們的意義範圍和觀點」，兩人如此詮釋：「低效率就會變得有意義」。有意義低效率可以實現「開放而允許玩樂的公民體系……，使用者可以依照規則探索或是對規則進行各種實驗，而不只是單純完成規定的任務」。[64]

想當然，戴上科技有色眼鏡就會無法辨別低效率是單純的還是有意義：任何低效率都不足取。高登和華特悲嘆地表示，「如果將科技應用在公民生活，只是因為科技是權宜之計、便於交易又容易利用」，那麼審議、表達異議和社區營造這類公民行動「都會有遭到排擠的風險」。此外，兩人也指出，「透過策略性管理公民可運用的自治形式和行動場域」，政府其實可以利用科技「經由外力以超越以往的效率且更大範圍地」保有掌控權。[65]

許多人以為網路和社群媒體能促成由下到上的革命，然而上述的結果卻完全相反。高登表示，改革唯一的來源是「文化轉移。我認為真正重要的是，更多人要開始認同城市體制的目的不只是提供服務，而是要打造適合居住的環境」。他也提到：「問題不只在於基礎建設和提供服務，更在於培養出重視對話與審議的文化，而這可不是單透過交易就能輕易達到的目標。」[66]

正如CPI的案例所示，有意義低效率並不需要透過科技杜絕。儘管像CPI這樣的系統無法解決所有社區所面臨的挑戰，或是賦予市民更多對公共決策的影響力，卻遠比我們過去所看到的典型應用程式更能有效促進公民參與。有意義低效率並非引導公民從事簡化且交易型的行為，而是讓公民有玩樂的空間，藉此徹底改造公民的觀念、動機和能力。從這個觀點看來，有意義低效率可以被視為足以促進變革型組織的動能。

在發展科技以打造更民主的城市時，優先重視價值與政策而非效率是極為重要的一點，而通常要透過有意義低效率的過程才能達到這個目標。就如高登和華特所解釋的，最根本的問題並不在於「我們可以如何利用科技讓公民生活更有效率」，而是「我們可以如何利用科技讓公民生活更有意義」。[67]

***

如我們先前所討論到的，科技無法脫離現實考量：儘管許多人的理想是如此，但事實上並沒有辦法單靠科技推翻體制和政治結構，相反地，科技能輔助審議過程和培養能力的程度，完全是取決於使用者是否真的能在研討公共優先目標和政策時，實際發表意見。對於試圖要改善公民參與度的城市而言，真正的困難並非布署酷炫的新科技，而是打造出能賦予大眾權力的公民空間。權力轉移不是發生在新科技讓既有流程和互動更有效率的過程中，而是當這些流程和互動的結構經過重新調整，使得社群對當地治理有更大的影響力，不論媒介是否為科技。

有一項可以讓人民真正發聲的措施，稱作參與式預算（Participatory Budgeting，簡稱「PB」），也就是政府給予市民權力來直接決定特定比例市政預算的支出方式。經由這個過程，市民與彼此和政府官員合作，研議出各種市政府可以挹注資金的計畫提案，接著透過民主表決的方式選出計畫後，市政府就可以與社群協力執行計畫。

如果是傳統的預算分配過程，大眾其實幾乎無法影響公帑的支出方式，相較之下，參與式預算代表著直截了當的權力轉移。政治學家霍利．拉松．吉爾曼（Hollie Russon Gilman）指出：「參與式預算等同於建立新的流程，讓公民和體制可以共享資訊、互動，並且進行公共決策，因此有可能強化在地的民主實踐，並改變當前市民與當地政府之間的關係。」[68]

參與式預算除了讓市民得以集體研議計畫，分配公帑來滿足社區需求，同時也創造出難得的審議和知識轉移環境，因為在大眾與政府官員合作研議市政計畫的過程中，他們可以更全面地瞭解政府的職責與限制。

經由上述的流程，公民創造出社會資本，並在社群中培養出領導能力與主動性，最後深刻理解到公共政策必須在各種需求和價值之間取得平衡。儘管參與式預算的過程難免令人感到挫折，但這些面向卻也是其優勢所在，有一位參與者表示參與式預算是「我體驗過最有成就感的公民參與模式」。[69]

話雖如此，這並不表示參與式預算很普遍或容易落實。事實上，美國一直到二〇〇九年才開始採用參與式預算（儘管這套制度最早起源於一九八〇年代的巴西），而且執行過程超乎預期地費時。為了研議和選擇計畫，公民必須參加多次會議，這是多數人無法或不願意做的事，尤其是工作時間缺乏彈性和肩負照顧小孩責任的族群，根本難以配合會議時間。吉爾曼分析，如果要經由參與式預算處理更大型的預算，並讓更多公民參與，「這套制度必須要降低耗費資源的程度」。[70]

促進資訊共享和溝通的數位工具也許可以透過簡化審議流程，大幅提升參與式預算的便利性，但是吉爾曼也提出警告，如果把改革流程的重點放在效率，可能會「削弱親身參與所帶來的承諾感，而這正是賦予審議過程意義的關鍵」。吉爾曼發現，「公民持續投入參與式預算的主因，是這項制度所具備的公民意義，而不是實質的獎勵，要透過網路達到這一點相對困難許多」。舉例來說，和公務人員合作是「過程中最有成就感的層面之一」，但在科技平台上，卻幾乎不可能複製這種互動模式，因為科技平台的目的，就是讓對話更有效率。基於相同的邏輯，用電子通訊取代集體審議，很有可能會限縮討論主題和參與者的範圍，同時也可能降低經由參與培養的社群認同感。吉爾曼主張，不論是在上述或其他層面，科技都有可能會導致參與者無法「體驗到嘔心瀝血的回報，以及獲得唯有親身參與公民對話，才能汲取的知識」，因而稀釋參與式預算的效益。[71]

吉爾曼的看法並沒有錯，我們在應用典型的公民參與科技時，例如用提升決策效率的線上平台取代親身參與的審議過程時，是該擔心這麼做有可能會減損參與式預算的價值，因為科技會把整個過程的模式從變革型轉換成交易型。畢竟就如哈莉．韓的研究所強調的，變革型組織的價值足以讓公民培養出倡議者和領導者的能力；交易型動員則可以集結眾人而發揮輔助效果，但是單靠這種模式，無法催生出長久的公民參與。參與式預算也是相同的道理：這套制度除了提供新的機制讓大眾得以影響市政決策之外，最大的價值事實上源自其中的變革型流程，因為參與者能從中認識到政府的運作方式，並強化自身能力來促成改變。吉爾曼寫到，即便參與式預算的過程令人氣餒，參與者還是會願意繼續投入，因為他們「正在鍛造的是……足以維持長期參與的集體認同感」。[72]

吉爾曼認為科技對參與式預算造成負面影響，也許只是因為公民科技通常都會極度強調提升效率，但值得注意的是，哈莉．韓並沒有徹底否定交易型模式，因為儘管這類模式無法獨立培養出高參與度的成員以維持有效的組織，卻是吸引大眾踏出第一步的重要工具。如果是能讓參與式預算更容易參與的交易型科技，可能也會是足以吸引更多大眾參與的有效工具。事實上，一項巴西研究的證據顯示，特定以提升效率為主的方法，如網路投票和即將到來活動的文字通知，確實可以在參與式預算偏向交易型的層面拓展參與人數，因此「可以作為敲門磚提供給較少參與政治或較不活躍的公民」。[73]

另一方面，高登和華特提出的有意義低效率概念，正好可以解釋吉爾曼所說的「創新（參與式預算）的自相矛盾，亦即創新既會導致部分人視為低效率的現象，同時也是奠基於這種低效率之上」。[74] 吉爾曼把參與式預算的價值，歸因於比傳統預算分配方式沒有效率，實際上就是認同有意義低效率是公民成就感的來源之一。就這個觀點看來，其中根本沒有自相矛盾：正是因為參與式預算需要歷經更多審議過程才能取得最終結果，這項制度才帶來如此明顯的變革。因此，儘管吉爾曼對於大部分公民科技有損參與式預算的看法沒錯，CPI卻證明了只要科技是以支援為目的進行開發和布署，而不是消除有意義的低效率，就可以在參與式預算偏向審議的層面上發揮輔助功能，同時也不會減損這項制度的優點。

位於加州的小型城市瓦列霍（Vallejo）發現有必要讓市內的參與式預算更容易參與之後，便開始採用上述提到的科技。二〇一五年，瓦列霍和史丹佛大學（Stanford）的「群眾外包民主團隊」（Crowdsourced Democracy Team）合作，布署用於推動線上投票的平台。二〇一七年，瓦列霍也與加州大學柏克萊分校（University of California, Berkeley）的「社會應用程式實驗室」（Social Apps Lab）聯手將參與式預算融入另一個平台「AppCivist」，以提供集中式的空間來研議提案、追蹤計畫更新以及與市政府員工溝通。

瓦列霍採用這些便利的新技術是為了鞏固而不是去除參與式預算的核心要素，就如瓦列霍的參與式預算專案經理艾莉莎・藍恩（Alyssa Lane）所強調的：「科技無法取代面對面的互動。」她也指出儘管AppCivist可以讓專案團隊研議提案，也可以讓市政府員工提出意見反饋，但多數人還是偏好親自以更人性化的對話方式完成這些事。於是，專案團隊將平台的主要用途改成記錄每次面對面會議之間的進展，讓無法參加會議的成員可以掌握進度。「我認為面對面有助於消除人與人之間的歧見」，藍恩表示：「我不認為目前有任何方式能取而代之。」[75]

當然，不論有沒有科技輔助，參與式預算都不是能解決缺乏都市公民參與和民主決策的特效藥，這種制度的耗時過程會大幅限縮可以參與的對象，也會限制制度本身的普及程度。即便是對於參與其中的人，審議也絕非易事：儘管審議過程顯然可以促進公民成就感，但無法完全避免反民主的結果。[76]此外，目前參與式預算只限於處理相對低比例且相對非政治計畫的預算分配，吉爾曼就指出，如果參與式預算的目標是「重新活化地方民主」，其審議過程「就必須涵蓋重大的預算議題，大至包含都市再開發、劃分和社會福利支出」。[77]然而，往這個方向修正會導致參與式預算需要更嚴謹的審查過程，因此難以保留這項制度原本的特色。最後，有許多重大的市政決策其實已經超出預算編列的範圍，不論是實施已核可的計畫，或是研議優先目標和立法內容。如果忽略這些無關預算的政治和權力要素，推動公民賦權恐怕會成效不彰，因為有心人士將可以把重大決策偷渡到參與式預算的審查範圍之外。

話雖如此，審慎評估後將科技融入參與式預算，等於是精準落實了適宜智慧城市所標榜的創新形式：在改善這項制度中最有價值但不便的過程時，市政府必須明確地找出科技可以也應該解決的單純低效率問題，以創造出交易型動員的機會，來吸引更多公民參與，同時也要辨別出什麼是可以促進變革型組織發生的有意義低效率，也就是不該利用科技消除的低效率現象。這兩者之間的關鍵差異太常遭到科技專家忽視：雖然所有的低效率都會阻礙民主治理，但只有單純的低效率應該被消除。有意義低效率既是民主的困境也是必備要素，這是科技愛好者所無法理解的矛盾。

儘管科技不應該消除親身參與審議的必要不便，卻可以透過資訊共享強化審議效果，也有助於提升參與者的人數與多樣性，更能經由電子表決動員社群。瓦列霍所採用的參與式預算科技和311及其他公民參與應用程式不同的是，前者是作為變革型體驗的一環，並以協助公民更深入參與為目標，而後者是在沒有考量到現實的情況下促進交易型動員。如果能在消除單純低效率的同時助長有意義低效率，就能為參與式預算去蕪存菁，讓這項制度更長久，又不會削弱其賦予大眾權力和培養公民認同感的效果。

以瓦列霍為例，採用參與式預算的目的是重建對政府的信任，因為二〇〇八年市政府破產導致市民失去信任感。「如果依照一般的預算分配流程，我們有幾項計畫根本沒辦法取得經費。」艾莉莎・藍恩表示：「但是比這些計畫更重要的是，看到特定代表和委員會成員的活躍表現，最讓我感到開心。」藍恩分享了一位男性的故事，他在參加參與式預算會議之前，從未積極與社群互動過，起初他安靜又內向，但在流程後期，這位男性提出的計畫透過參與式預算取得了經費，他也與公務員定期保持聯繫，並在後續的參與式預算會期擔任志工。「看到他的公民參與一步步進化，真的很令人感動。」藍恩這麼說：「而且有很多像這樣的故事。」

＊＊＊

現在回到本章一開始的問題，我們可以看出科技專家抱持著根本上錯誤且危險的觀念，認為民主無異於科技問題。更重要的是，現在我們可以清楚得知，前一章所探討的議題並非反映出特定的現象，例如科技專家對於汽車的看法，而是他們對科技之於社會的價值有根本的誤解。就如同自駕車，公民參與應用程式本身並沒有錯，但是深信科技可以解決長久以來的社會和政治兩難，就等於是打著光鮮亮麗的創新名號，實則助長現有的體制和不平等。

參與式預算的例子顯示出，最具影響力的創新形式其實是足以改變社會現狀和關係的計畫及政策，而不是嶄新的科技，因為後者通常只會鞏固現有的體制和關係。儘管參與式預算確實會因為規劃良好的科技而提升成效，其中真正的創新之處在於提供大眾新的權力來源，以及可以發揮這種權力的審議空間。因此，參與式預算呼應了吉爾曼所說的，「創新有很多種形式，可以是參與者組成的創新，也可以是流程架構的創新」。這種措施在智慧城市絕無可能實現，畢竟一旦把創新和科技劃上等號，主要的考量就會變成如何運用新科技讓公民參與更加個人化且有效率。正因為參與式預算並不符合追求科技就能帶來效率的標準做法，這項制度才會成為吉爾曼所謂的「二十一世紀創新的罕見典範」。[78]

適宜智慧城市的目標並不是降低形式最簡單的公民參與門檻，而是要先改革公民參與的流程，接著布署科技來改善落實情況。單靠科技本身並沒有辦法在實質上讓城市變得更民主，唯有發揮推動計畫和政策的功能，科技才能真正賦予大眾權力。這一點與前一章的結論不謀而合：採用新的交通科技之前，必須先立定都市發展目標。在後續章節，我們會繼續探討非科技創新和長期計畫如何為有效利用科技奠下基礎，並且促成適宜智慧城市的誕生。

我們也開始瞭解到，科技的社會和政治影響力多半是源於其設計和功能隱含的價值。在前一章，城市所面臨的根本挑戰是如何做足準備，迎向並善用新科技，但這一章所涉及的議題則更加隱晦且影響深遠，也就是市政府該如何研發和布署新科技。當然，開發科技時判斷哪些價值優先，就如同研議這項科技所輔助的政策和體制一樣，都是政治問題。我們不能只依賴科技來逃避這些棘手議題，而這正是下一章的核心主題。

注釋

1 多明尼克·施耐，〈流動式民主：二十一世紀的真民主〉（Liquid Democracy: True Democracy for the 21st Century），*Medium: Organizer Sandbox*，二〇一五年十一月二十三日，https://medium.com/organizer-sandbox/liquid-democracy-true-democracy-for-the-21st-century-7c66f5e53b6f。

2 Gavin Newsom and Lisa Dickey, *Citizenville: How to Take the Town Square Digital and Reinvent Government* (New York: Penguin, 2014), 13, 10.

3 馬克·祖克柏，〈來自馬克·祖克柏的Facebook公開信——全文〉（Facebook's Letter from Mark Zuckerberg— Full Text），《衛報》（*The Guardian*），二〇一二年二月一日，https://www.theguardian.com/technology/2012/feb/01/facebook-letter-mark-zuckerberg-text。

4 西恩·帕克，由安東尼·哈（Anthony Ha）引用，〈西恩·帕克：阻止《禁止網路盜版法案》堪稱是「電腦迷之春」革命〉（Sean Parker: Defeating SOPA Was the 'Nerd Spring'），*TechCrunch*，二〇一二年三月十二日，https://techcrunch.com/2012/03/12/sean-parker-defeating-sopa-was-the-nerd-spring/。

5 納森·達許爾，由（Steve Friess）引用，〈民主黨大老之子創辦Ruck.us〉（Son of Dem Royalty Creates a Ruck.us），*Politico*，二〇一二年六月二十六日，http://www.politico.com/story/2012/06/son-of-democratic-party-royalty-creates-a-ruckus-077847。

6 Brigade，https://www.brigade.com.

7 Ferenstein Wire，〈西恩．帕克暢談透過新社群網路「修復民主」的計畫〉（Sean Parker Explains His Plans to 'Repair Democracy' with a New Social Network），*Fast Company*，二〇一五年，https://www.fastcompany.com/3047571/sean-parker-explains-his-plans-to-repair-democracy-with-a-new-social-network。

8 金麥．卡特勒（Kim-Mai Cutler）與喬許．康斯汀（Josh Constine），〈西恩．帕克的Brigade應用程式進入封測，標榜用無比簡單的方式選擇政治立場〉（Sean Parker's Brigade App Enters Private Beta as a Dead-Simple Way of Taking Political Positions），*TechCrunch*，二〇一五年六月十七日，https://techcrunch.com/2015/06/17/sean-parker-brigade/。

9 Textizen，https://www.textizen.com.

10 克里斯多福．斯馬特（Christopher Smart），〈你喜歡什麼，又不喜歡什麼？——傳簡訊告訴鹽湖城〉（What Do You Like, Don't Like?— Text It to Salt Lake City），《鹽湖論壇報》（*Salt Lake Tribune*），二〇一二年八月二十日，http://archive.sltrib.com/story.php?ref=/sltrib/news/54728901-78/lake-salt-text-plan.html.csp。

11 香緹．蘭托斯（Chante Lantos-Swett），〈利用科技提升參與率：Textizen與「俄勒岡廚房餐桌」〉（Leveraging Technology to Improve Participation: Textizen and Oregon's Kitchen Table），*Challenges to Democracy*，部落格，二〇一六年，四月四日，http://www.challengestodemocracy.us/home/leveraging-technology-to-improve-participation-textizen-and-oregons-kitchen-table/。

12 湯瑪斯．M．曼尼諾（Thomas M. Menino），〈就職演說〉（Inaugural Address），二〇一〇年一月四日，第五頁，https://www.cityofboston.gov/TridionImages/2010%20Thomas%20M%20%20Menino%20Inaugural%20final_tcm1-4838.pdf。

13 吉米．戴力（Jimmy Daly），〈提供311 iPhone應用程式的十個城市〉（10 Cities With 311 iPhone Application），*StateTech*，二〇一二年八月十日，https://statetechmagazine.com/article/2012/08/10-cities-311-iphone-applications。

14 IBM，〈自助服務政府是什麼？〉（What Is a Self-Service Government?），《大西洋雜誌》（廣告），http://www.theatlantic.com/sponsored/ibm-transformation/what-is-a-self-service-government/248/。

15 Alexis de Tocqueville, *Democracy in America*, ed. Max Lerner and J.-P. Mayer, trans. George Lawrence (New York: Harper and Row, 1966), 2:522.

16 伊凡．哈爾珀（Evan Halper），〈Napster共同創辦人西恩．帕克曾誓言撼動華盛頓——那麼改變要如何成真？〉（Napster Co-founder Sean Parker Once Vowed to Shake Up Washington— So How's That Working Out?），《洛杉磯時報》（*Los Angeles Times*），二〇一六年八月四日，http://www.latimes.com/politics/la-na-pol-sean-parker-20160804-snap-story.html。

17 西恩．帕克，由格雷格．費倫史坦（Greg Ferenstein）引用，〈Brigade：Facebook共同創辦人為「修復民主」而打造的全新社群網路〉（Brigade: New Social Network from Facebook Co-founder Aims to 'Repair

Democracy'）,《衛報》,二〇一五年六月十七日,https://www.theguardian.com/media/2015/jun/17/brigade-social-network-voter-turnout-sean-parker。

18 克里斯多福・弗萊與亨利・李伯曼,《為什麼不能好好相處就好?》(*Why Can't We All Just Get Along?*),自行出版,二〇一八年,第兩百五十七、兩百六十六頁,https://www.whycantwe.org/。

19 科瑞・羅賓,由艾瑪・羅勒(Emma Roller)引用,〈勝利可能會有點棘手:科瑞・羅賓評美國保守主義之衰退〉('Victory Can Be a Bit of a Bitch': Corey Robin on the Decline of American Conservatism),*Splinter*,二〇一七年九月一日,https://splinternews.com/victory-can-be-a-bit-of-a-bitch-corey-robin-on-the-dec-1798679236。

20 Bruno Latour, *The Pasteurization of France, trans. Alan Sheridan and John Law* (Cambridge, MA: Harvard University Press, 1993), 210.

21 Archon Fung, Hollie Russon Gilman, and Jennifer Shkabatur, "Six Models for the Internet + politics," *International Studies Review* 15, no. 1 (2013): 33, 37, 42, 45.

22 Schiener, "Liquid Democracy".

23 Hahrie Han, *How Organizations Develop Activists: Civic Associations and Leadership in the 21st Century* (New York: Oxford University Press, 2014).

24 Han, *How Organizations Develop Activists*, 95.

25 Han, *How Organizations Develop Activists*, 140-141.

26 Zeynep Tufekci, *Twitter and Tear Gas: The Power and Fragility of Networked Protest* (New Haven: Yale University Press, 2017), 200-201.

27 Han, *How Organizations Develop Activists*, 153.

28 Ryan W. Buell, Ethan Porter, and Michael I. Norton, "Surfacing the Submerged State: Operational Transparency Increases Trust in and Engagement with Government," Harvard Business School Working Paper No. 14-034 (November 2013; rev. March 2018).

29 Daniel Tumminelli O'Brien et al., "Uncharted Territoriality in Coproduction: The Motivations for 311 Reporting," *Journal of Public Administration Research and Theory* 27, no. 2 (2017): 331.

30 Ariel White and Kris-Stella Trump, "The Promises and Pitfalls of 311 Data," *Urban Affairs Review* 54, no. 4 (2016): 794- 823, https://doi.org/10.1177/1078087416673202.

31 Kay Lehman Schlozman, Sidney Verba, and Henry E. Brady, *The Unheavenly Chorus: Unequal Political Voice and the Broken Promise of American Democracy* (Princeton, NJ: Princeton University Press, 2012), 6, 8.

32 Nancy Burns, Kay Lehman Schlozman, and Sidney Verba, *The Private Roots of Public Action: Gender, Equality, and Political Participation* (Cambridge, MA: Harvard University Press, 2001), 360.

33 Monica C. Bell, "Police Reform and the Dismantling of Legal Estrangement," *Yale Law Journal* 126 (2017): 2054 (abstract), 2085, 2057, 2101.

34 Bell, "Police Reform and the Dismantling of Legal Estrangement," 2141.

35 Michael Lipsky, *Street-Level Bureaucracy: Dilemmas of the Individual in Public Services,* 30th anniversary ed. (New York: Russell Sage Foundation, 2010), 3.

36 Matthew Desmond, Andrew V. Papachristos, and David S. Kirk, "Police Violence and Citizen Crime Reporting in the Black Community," *American Sociological Review* 81, no. 5 (2016): 857- 876, 857 (abstract).

37 Elizabeth S. Anderson, "What is the Point of Equality?" *Ethics* 109, no. 2 (1999): 313.

38 Catherine E. Needham, "Customer Care and the Public Service Ethos," *Public Administration* 84, no. 4 (2006): 857- 858.

39 Catherine Needham, *Citizen-Consumers: New Labour's Marketplace Democracy* (London: Catalyst, 2003), 6.

40 Jane E. Fountain, "Paradoxes of Public Sector Customer Service," *Governance* 14, no. 1 (2001): 56.

41 迪特馬．歐芬胡柏（Dietmar Offenhuber），〈設計師即是管理者：公民意見回饋系統的設計模式與分類方式〉（The Designer as Regulator: Design Patterns and Categorization in Citizen Feedback Systems），二〇一四年八月發表於芝加哥「大數據與都市資訊科學工作坊」（Workshop on Big Data and Urban Informatics）之論文。

42 Daniel Tumminelli O'Brien, Eric Gordon, and Jessica Baldwin, "Caring about the Community, Counteracting Disorder: 311 Reports of Public Issues as Expressions of Territoriality," *Journal of Environmental Psychology* 40 (2014): 324-325.

43 詹姆斯．J．費根鮑姆（James J. Feigenbaum）與安德魯．霍爾（Andrew Hall），〈高收入區域如何獲得更多市政服務：來自市政府行政資料的證據〉（How High-Income Areas Receive More Service from Municipal Government: Evidence from City Administrative Data），二〇一五年，https://ssrn.com/abstract=2631106。

44 阿布達拉．法亞德（Abdallah Fayyad），〈中產階級化社區中的犯罪化現象〉（The Criminalization of Gentrifying Neighborhoods），《大西洋雜誌》，二〇一七年十二月二十日，https://www.theatlantic.com/politics/archive/2017/12/the-criminalization-of-gentrifying-neighborhoods/548837/。

45 艾爾．貝克（Al Baker）、J．大衛．古德曼（J. David Goodman）與班傑明．穆勒（Benjamin Mueller），〈鎖頸之外：將埃里克．加納推向死亡的道路〉（Beyond the Chokehold: The Path to Eric Garner's Death），《紐約時報》，二〇一五年六月十三日，https://www.nytimes.com/2015/06/14/nyregion/eric-garner-police-chokehold-staten-island.html。

46 雅森・薩多夫斯基與法蘭克・帕斯誇爾，〈控制的光譜：智慧城市的社會理論〉（The Spectrum of Control: A Social Theory of the Smart City），《First Monday》第二十卷第七篇，二〇一五年，http://firstmonday.org/article/view/5903/4660；兩人引用史蒂芬・戈德史密斯（Stephen Goldsmith）和蘇珊・克勞福德（Susan Crawford）的著作 *The Responsive City: Engaging Communities through Data-Smart Governance* (San Francisco: Jossey-Bass, 2014), 4。

47 Virgina Eubanks, *Automating Inequality: How High-Tech Tools Profile, Police, and Punish the Poor* (New York: St. Martin's Press, 2018), 136-138.

48 雷瑪・瓦蒂亞納坦，〈大數據應大幅裁減官僚體系〉（Big Data Should Shrink Bureaucracy Big Time），Stuff，二〇一六年十月十八日，https://www.stuff.co.nz/national/politics/opinion/85416929/rhema-vaithianathan-big-data-should-shrink-bureaucracy-big-time。

49 亞當・佛瑞斯特（Adam Forrest），〈底特律透過群眾外包製圖計畫解決損壞問題〉（Detroit Battles Blight through Crowdsourced Mapping Project），《富比士》（*Forbes*），二〇一五年六月二十二日，https://www.forbes.com/sites/adamforrest/2015/06/22/detroit-battles-blight-through-crowdsourced-mapping-project。

50 紐約市長執行辦公室（NYC Mayor's Office of Operations），〈颶風珊迪回報〉（Hurricane Sandy Response），《紐約客服通訊》（*NYC Customer Service Newsletter*）第五卷第二篇，二〇一三年一月，https://www1.nyc.gov/assets/operations/downloads/pdf/nyc_customer_service_newsletter_volume_5_issue_2.pdf。

51 約書亞・陶伯勒，〈既然你想要改革民主制度〉（So You Want to Reform Democracy），*Medium: Civic Tech Thoughts from JoshData*，二〇一五年十一月二十二日，https://medium.com/civic-tech-thoughts-from-joshdata/so-you-want-to-reform-democracy-7f3b1ef10597。

52 米奇・魏斯接受班・格林採訪，二〇一七年五月十六日。

53 史帝夫・華特接受班・格林採訪，二〇一七年四月二十日。本章所有引用自華特的內容皆基於此訪談。

54 Marshall Berman, "Take It to the Streets: Conflict and Community in Public Space," *Dissent* 33, no. 4 (1986): 477.

55 辛蒂・羅波，〈她非比尋常〉（官方影片），一九八三年，https://www .youtube.com/watch?v=PIb6AZdTr-A.

56 約翰・休斯（John Hughes）執導，《蹺課天才》，派拉蒙影業（Paramount Pictures），一九八六年，遊行歌舞場景請見《蹺課天才》（一九八六年），https://www.youtube.com/watch?v=tRcv4nokK50。

57 Berman, "Take It to the Streets," 478-479.

58 Eric Gordon and Jessica Baldwin-Philippi, "Playful Civic Learning: Enabling Lateral Trust and Reflection in Game-based Public Participation," *International Journal of Communication* 8 (2014): 759。

59 艾瑞克・高登，〈公民科技與追求幸福〉（Civic Technology and the Pursuit of Happiness），*Governing*，二〇一六年，http://www.governing.com/cityaccelerator/civic-technology-and-the-pursuit-of-happiness.html。

60 艾瑞克・高登接受班・格林採訪，二〇一七年五月九日。

61 Gordon and Baldwin-Philippi, "Playful Civic Learning," 759（摘要）。

62 底特律未來城市基金會（Detroit Future City），「二〇一二年底特律策略框架計畫」（2012 Detroit Strategic Framework Plan），二〇一二年，第七百三十頁，https://detroitfuturecity.com/wp-content/uploads/2014/12/DFC_Full_2nd.pdf。CPI在底特律是以「底特律二十四小時擴大服務」（Detroit 24/7 Outreach）的名稱推出。

63 Gordon and Baldwin-Philippi, "Playful Civic Learning," 777, 772, 773.

64 Eric Gordon and Stephen Walter, "Meaningful Inefficiencies: Resisting the Logic of Technological Efficiency in the Design of Civic Systems," in *Civic Media: Technology, Design, Practice*, ed. Eric Gordon and Paul Mihailidis (Cambridge, MA: MIT Press, 2016), 254, 246.

65 Gordon and Walter, "Meaningful Inefficiencies," 244, 251.

66 高登接受格林採訪。

67 Gordon and Walter, "Meaningful Inefficiencies," 263

68 Hollie Russon Gilman, *Democracy Reinvented: Participatory Budgeting and Civic Innovation in America*

(Washington, DC: Brookings Institution Press, 2016), 14.

69 Gilman, *Democracy Reinvented*, 74.

70 Gilman, *Democracy Reinvented*, 14.

71 Gilman, *Democracy Reinvented*, 90, 86, 115, 11.

72 Gilman, *Democracy Reinvented*, 87.

73 Rafael Sampaio and Tiago Peixoto, "Electronic Participatory Budgeting: False Dilemmas and True Complexities," in *Hope for Democracy: 25 Years of Participatory Budgeting Worldwide*, ed. Nelson Dias (São Brás de Alportel, Portugal: In Loco Association, 2014), 423.

74 Gilman, *Democracy Reinvented*, 11.

75 艾莉莎・藍恩接受班・格林採訪，二〇一七年八月二十四日。本章所有引用自藍恩的內容皆基於此訪談。

76 Lynn M. Sanders, "Against Deliberation," *Political Theory* 25, no. 3 (1997): 347-376.

77 Gilman, *Democracy Reinvented*, 13-14.

78 Gilman, *Democracy Reinvented*, 116, 11.

第三章　維護公正城市：隱藏在機器學習演算法下的歧視與偏見

二〇一二年，麻省劍橋市警察局（Cambridge Police Department，簡稱「CPD」）的資料分析師在檢視近期犯罪紀錄時，發現了出乎意料的竊盜模式：每逢週二和週四下午在一間當地的咖啡店，都會有筆記型電腦和錢包失竊。單一事件也許無法做太多解讀，但一連串的事件就可以明顯證實竊盜事件是有系統地發生。分析師判斷出這種行為模式之後，便能預測下一次偷竊犯會在何時何地出現，並當場逮捕現行犯。

「我們告訴警探，週二下午四點到六點之間是最有可能的區間。」CPD犯罪分析小組（Crime Analysis Unit）指揮官丹・華格納（Dan Wagner）中尉重述那段過程：「於是警探派了一個誘餌，也就是他們的實習生，帶著後背包，且把電腦放在外面。他們在咖啡店待了一下，就看到有人偷了那台筆記型電腦，最後成功逮到犯人。」[1]

儘管聽起來直截了當，但這類模式通常不會受到注意，因為分析師很難在大型犯罪資料庫中找到模式。事實上，CPD花費數週才辨識出發生在咖啡店的連續犯行，而其中的關鍵可能只是因為有新的竊盜案通報時，那位分析師剛好想起看過類似的犯罪紀錄。華格納很慶幸咖啡店小偷受到了制裁，但他也意識到這種臨時且針對性的方法效果其實很有限，畢竟，「沒有任何犯罪分析師可以真正記住和回想起犯罪資料庫的每一筆紀錄。」

CPD犯罪分析小組成立於一九七八年，是美國國內首個犯罪分析團隊，創辦人是華格納的指導者瑞奇．塞維里（Rich Sevieri），他一路看著這個小組歷經蛻變，從利用釘在牆上的地圖和打孔卡，到運用資料庫和預測模型來分析犯罪事件。塞維里是以記者身分展開職業生涯，因此儘管數十年來與各種資料纏鬥，他仍把焦點放在「五個W」：誰（who）、發生了什麼（what）、何時（when）、何處（where）、為什麼（why）。雖然警務執法越來越著重運用資料和演算法，塞維里的分析方法依然不變：「你必須瞭解動機，也必須瞭解犯罪事件的相關情況。」

塞維里和華格納意識到，仰賴分析師手動查詢資料庫來找到犯罪模式，完全是徒勞無功的方法，於是兩人向麻省理工學院的統計學教授辛西亞．魯丁（Cynthia Rudin）求助，希望能找到自動分析犯罪趨勢的方法。儘管一系列犯罪中的事件通常都會符合犯人的犯罪手法（modus operandi，簡稱「MO」）模式，然而單靠人力或是電腦卻很難辨識這些模式。犯罪分析師可以直覺地看出哪些特徵可能意味著一連串的犯罪事件具有相關性，但是他們無法透過手動檢視過去每一項犯罪紀錄的資料來找到模式；相對的，電腦擅於解析大量的資料集，卻難以辨識出意味連續犯案的細微相關性。

塞維里認為，如果能讓機器學會「以前分析師的工作流程」，演算法就能偵測到犯罪模式，而這項作業可能要警方花上數週或數月才能完成，甚至還不一定能找到模式。透過這種方法，劍橋市警方將可以更迅速地辨識出犯罪模式，並即時阻止犯人。

魯丁得知CPD阻止咖啡店連續竊盜案的方法之後，坦言「尋找這類模式確實就像大海撈針」。[2] 身為設計電腦系統以協助人類進行決策的專家，魯丁很積極地想要幫助CPD在大海中撈到更多針，於是她和博士班學生王童（Tong Wang）開始與華格納及塞維里合作，開發出可以從多起住宅區竊盜案（這類犯行是眾所皆知地難以破案）[3] 中偵測到連續犯罪模式的演算法。

這套演算法的核心著重於辨識犯人的手法，以竊盜這種犯罪類型為例，犯人通常會表現出特定的行為模式，而且多起事件都會符合這項條件。華格納和塞維里表示，當適當的資料呈現在眼前，他們比較容易「自然而然地」看出這類模式，不過他們可能會不知道該從何看起，也可能只能消化少量的資料。另一方面，辨識模式之所以對電腦來說很困難，是因為每一個犯人的手法都是獨一無二：有些犯人會在平日早晨強行從公寓正門闖入；有些則會在週六晚上破窗而入，洗劫住家。因此，除了讓電腦學會搜尋特定模式之外，演算法也必須「臨摹犯罪分析的直覺」，並以更大規模的方式重現。[4]

在華格納和塞維里提供關鍵的見解之後，魯丁和王童開發出一套模型，可以經由兩個功能互補的階段分析一系列犯罪事件。首先，模型會學習「模式通用」的相似點，也就是所有連續犯罪事件中較普遍且概略的模式（例如在空間和時間上接近）；在第二階段，模型會利用上述的知識來辨識「模式專屬」的相似點，換句話說，就是特定連續犯罪事件中的犯案手法。[5]透過這種雙管齊下的方法，模型首先會學習人類分析師會選擇跟隨的直覺，接著再套用於大型的闖空門資料庫來偵測連續犯罪。

這套演算法所需的最後一項要件就是歷史資料庫，用於學習真正典型的連續犯罪是什麼樣貌。在塞維里的領導之下，CPD擁有全美國最全面的犯罪紀錄資料庫，其中含有過去數十年間的犯罪詳細資訊，而這些資料讓麻省理工學院開發出的模型得以從十五年間在劍橋市發生的七千件闖空門犯罪紀錄中學習，其中關於每件竊盜案的細節資料包含地理位置、星期幾、入侵方式，以及屋內是否遭到洗劫。這套演算法也會參考同一時期由分析師辨識出的五十一件連續犯罪，以深入解析連續犯罪的特殊之處。

從資料中學習之後，模型很快就展現出有助於警方調查犯罪事件的潛力。在二〇一二年，劍橋市發生了四百二十起住宅區闖空門案件，犯罪分析小組第一次執行演算法時，模型就辨識出過去的連續犯罪，而團隊當初卻費時六個月以上才得到相同的結果。

在一項回溯性分析中，這套演算法進一步展現出為警方調查提供資訊的功能，並且能夠以人類分析師無法做到的方式引出推論。劍橋市警方先前辨識出兩起發生在二〇〇六年十一月到二〇〇七年三月之間的連續犯罪，然而，演算法分析過去的犯罪案件進行之後，結果卻顯示這兩起看似獨立的連續犯罪實際上有關連。兩起連續犯罪之間相隔了一個月，發生地點也往北移了數個街口，因此劍橋市警方推測兩者是獨立事件，然而犯人的手法其實相當類似：幾乎每一次犯案都是在平日從前門強行闖入。

當華格納和塞維里看到演算法的結果，亦即這兩起連續竊盜其實同一起連續犯罪，他們認同這樣的結論。兩起連續犯罪的發生時間有間隔，可能是因為冬季假期較多人待在家裡造成的嚇阻效應；犯案地點轉移則是因為有人曾目擊犯人從屋裡搬出贓物。[6]如果CPD當初能掌握這些資訊，警方就能在新發生的連續犯罪繼續擴大之前辨識出模式，並加以防堵。「如果你不及早阻止連續犯罪，」塞維里回想當時並表示：「事態就會變成像現在這樣。」

＊＊＊

劍橋市的演算法採用了一套稱為「機器學習」的技術，這種預測性分析的方法的強大之處，在於可以探勘大量的資料集，並檢驗複雜的趨勢，進而辨識出調查人員難以發覺的模式。隨著產生和儲存的資料量急速增加，能運用這些資料做出明智決策的能力，也變得愈加珍貴。

想想看Gmail是如何監控你收到的來信以偵測垃圾郵件：每當你收到一封電子郵件，Gmail都會評估其中的內容來判定這封信是正常郵件（所以應該要傳送到你的收件匣）或是垃圾郵件（所以應該要傳送到垃圾郵件資料夾）。雖然工程師可以預先設定特定的規則，來歸納垃圾郵件的特性，例如內容含有「限時優惠」這類用詞以及至少兩個以上的拼字錯誤，不過機器學習演算法卻可以經由分析過去的電子郵件，來偵測到更細微、複雜且可以用於分辨垃圾郵件的模式。

一般的機器學習演算法仰賴的是「訓練資料」，也就是由過去範例所組成且經過分門別類的資料。以垃圾郵件篩選工具為例，訓練資料會是由電子郵件所組成的資料庫，其中的資料則會透過人工分別標示為「垃圾郵件」或「非垃圾郵件」。接下來，Gmail的工程師會定義每一封電子郵件的屬性，也就是所謂的「特徵」（features），讓演算法作為判斷信件是否為垃圾郵件的依據，在這個例子中，相關的特徵可能會是電子郵件的用詞、電子郵件的發送位址（例如寄件人是否在收件人的聯絡人清單中？）以及使用的標點符號類型。之後，Gmail便會利用機器學習演算法來歸納這些特徵和兩種標籤之間的關係，透過「擬合」（fitting）這種數學最佳化的過程，演算法將可以判定各個特徵和垃圾郵件訊息的相關性有多高。最後演算法會產出一套公式，也就是所謂的模型，具備分類新範例的功能，現在每當你收到電子郵件，Gmail就會套用先前學習的規律。模型在評估電子郵件的過程中，就是在判定內容比較接近訓練資料中垃圾郵件或非垃圾郵件，進而衡量電子郵件是正常內容的可能性有多高。

當然，垃圾郵件篩選工具只是機器學習應用的冰山一角。能夠駕駛汽車、打敗西洋棋和撲克牌比賽世界冠軍，以及識別人臉的軟體背後，全都是機器學習演算法。

機器學習的功能就是從複雜的模式中找出意義，並且預測後續的難以掌握的事件，而這一點導致許多人認為，幾乎所有問題都可以仰賴資料和演算法解決。基於這種思維，創業家及《Wired》雜誌編輯克里斯・安德森（Chris Anderson）在二〇〇八年宣稱，大數據象徵「理論的終結」。[7] 如果有足夠的資料能預測將來，誰還需要費心去理解各種現象？

不過從劍橋市的例子看來，這種說法根本和事實背道而馳。塞維里曾提到要試圖「臨摹犯罪分析師的直覺」，因為演算法必須理解人類分析師用於審視犯罪模式的理論。當然，演算法不需要完全仿效相同的思考過程，畢竟機器學習的強大之處，就在於能夠運用不同於人類的方法來詮釋大量資料集，然而模型必須仰賴人類設定基本的執行框架，例如要考量哪些資訊以及追求哪些目標，否則將會一無是處。麻省理工學院的模型之所以能成功，正是因為魯丁和王童仰賴華格納和塞維里的專業知識，才能解開犯罪分析師的思維之謎，這套演算法所套用的假設包括哪些資訊有用（是星期幾而不是溫度），以及如何詮釋這些資訊（比起發生於週五和週六的兩個案件，發生於週二和週三的兩個案件更具有關聯性）。

儘管以資料為基礎的演算法看似和世界相關的理論或假設無關，事實上演算法向來都是反映出創建者的信念、優先目標和設計偏好，就連垃圾郵件篩選工具也不例外。整個形塑過程從Gmail的工程師挑選讓演算法學習的訓練資料時，就已經開始，為了確保演算法學會規則，而規則要能精準套用至可能出現的每一種電子郵件內容，訓練資料中的電子郵件範例必須要精準標示，並能夠等比例代表垃圾郵件篩選工具將來會評估到的電子郵件。如果在Gmail選擇的訓練資料中垃圾郵件的數量過多，垃圾郵件篩選工具將會高估電子郵件是垃圾郵件的可能性。此外，為演算法挑選特徵時，也需要一點直覺，也就是電子郵件中的哪些屬性比較適合用於辨別垃圾郵件。如果Gmail的工程師只知道一種可以辨識垃圾郵件的指標，但忽視了另一種，他們打造出的功能就只能偵測到他們看過的垃圾郵件類型，而無法阻擋其他類型。

最後，Gmail必須決定這款經過最佳化的垃圾郵件篩選工具要達成什麼目標，是要抓出每一封垃圾郵件，還是優先阻擋部分類型的垃圾郵件？假設Gmail的工程師認為釣魚電子郵件（試圖誘騙收件者提供敏感資訊如密碼）是最惡劣的垃圾郵件，可能就會將篩選工具設計成最適合抓出這類郵件，然而這款篩選工具可能就會比較不擅於辨識其他類型的垃圾郵件，例如發薪日貸款的垃圾廣告。在這樣的計算過程中，Gmail必須考量偽陽性（把正常電子郵件標示為垃圾郵件）和偽陰性（讓垃圾郵件出現在收件匣）之間的得失。如果過度注重避免偽陽性，Gmail收件匣就會塞滿垃圾郵件；而相對的，如果過度注重避免偽陰性，Gmail則可能會誤把重要訊息過濾掉。這項決定是模型能否成功的關鍵：二〇一八年三月發生在亞利桑那的車禍中，Uber自駕車撞上一位女性並導致其身亡，就是因為自駕車的軟體被調整成過度忽視偽陽性（以避免自駕車對塑膠袋這類障礙物過度反應）。[8]

當我們對於這類設計決策的考量不夠周全，就等於是冒險放任演算法做出不精確或不公平的決定。儘管多數人都在談論機器學習有預測未來的能力，但這種技術預測的其實是過去。

Gmail之所以可以有效偵測到垃圾郵件，是因為演算法知道以前的垃圾郵件是什麼樣貌（而這就是訓練資料的價值所在），並推斷目前的垃圾郵件也是相同的樣貌。機器學習模型內建的核心假設，就是在過去與特定結果相關的特性，將會在未來導致相同的結果。

預測過去的最大問題，就在於過去的紀錄可能有違道德。資料反映出的是其產生當時的社會情境，因此一段充滿系統性歧視的國家歷史就會產出反映這些偏見的資料：當雇主偏好白人應徵者而不是能力相當的非裔美國人應徵者，或是偏好男性而不是能力相當的女性，[9]還有當女性和非裔美國人就會被剝奪經濟和教育機會，最終累積而成的資料會呈現出社會表象，讓人錯誤推測白人或男性基於某些根本的原因，就是比較有能力、有學識而且有前途。換句話說，仰賴源自不公正社會的資料而沒有批判性地思考，會導致在判斷某個族群與生俱來的特質時，誤把歧視的產物視為中立的事實。

就篩選垃圾郵件而言，這一點可能不成問題，畢竟收到垃圾信件只不過是惱人的小事而已，然而當演算法必須做出更重大的決定，訓練資料包含偏見可能會造成嚴重的後果。

一九七〇年代，位於倫敦的聖喬治醫學院（St. George's Hospital Medical School）開發出篩選申請者的電腦程式。由於大約會有兩千名申請者爭取稀少的一百五十個名額，如果程式能夠簡化挑出接受面試學生的過程，顯然極具吸引力。於是在幾乎整個一九八〇年代，都由這套程式執行學校的初步審查，並篩選出值得聖喬治醫學院面試的申請學生。然而在一九八八年，英國種族平等委員會（U.K. Commission for Racial Equality）針對這套演算法的使用進行調查，結果發現演算法並不公正：由於採用這套電腦程式，聖喬治醫學院偏頗地拒絕了數百名學業成績足以進入面試階段的女性和少數族群。[10]

演算法並不是自動學會這種偏見：綜觀聖喬治醫學院的歷史，入學委員會長期以來都是基於種族和性別歧視做出錄取決定。當錄取演算法參考的是由過去錄取決定組成的訓練資料，就會推論出聖喬治醫學院認為女性和少數族裔比較不如人。換言之，演算法沒有學會辨識出學業表現最符合資格的學生，而是學會辨識出最類似過去學校錄取對象的申請者，事實上，這套演算法和院內遴選委員會之間的相關性高達百分之九十，這也是為何當初聖喬治醫學院認為這套遴選演算法會很有用。

時至今日，還是有許多人犯下相同的錯誤，仰賴機器學習來做出重大決策，最後卻發現模型的預測帶有偏見。例如在二〇一四年，亞馬遜公司開始研發機器學習演算法來輔助決定僱用哪些應徵者，而不過一年後，亞馬遜就決定放棄這項計畫，因為公司發現這套模型不合理地對男性應徵者比較有利。[11]

* * *

相信機器學習可以改善警察執法的可不只劍橋市警察局；科技政策律師大衛・羅賓森

（David Robinson）指出，機器學習已經變得有如神話一般，好像足以解決任何問題：「很多人深信只要加上電腦，任何事都可以有大幅改善。」他也補充說道，全美國的警察單位很自然地會有這種想法：「我們何不也在城市難解的社區安全問題上施展一點這種魔法？」[12]

科技公司開始在市場大量推出可以執行「預測性警務」的工具，其中最廣為使用的就是 PredPol。這款軟體可以基於過去的犯罪紀錄，分析犯罪在地區間的擴散方式，並預估犯罪未來在空間上的演變，進而預測下一次犯案地點。PredPol 的公司將這些提供給警方的預測結果以互動式地圖的形式呈現，分布在地圖上的紅色正方形（表示五百英呎乘以五百英呎的面積）是用於標示預測將會有高犯罪率的地點。公司的設想是，如果警方多花一點時間注意這些地區，將可以更有效地防止犯罪，逮捕犯人。

「廠商積極地想要營造出特定印象，也就是他們的系統將會運用科技改善現況。」羅賓森如此分析。PredPol 大動作傳播宣稱其軟體有效的案例研究，其引用的內容為「追蹤採用 PredPol 的社區後，證實犯罪紀錄有下降趨勢」。[13] 根據法律學者及《大數據警務的崛起》（*The Rise of Big Data Policing*，暫譯）作者安德魯．費格遜（Andrew Ferguson）的解釋，預測性警務之所以對於警察部門具有吸引力，是因為這種方式所提供的「『解答』看似不會觸動敏感的種族問題，以及因為太過人為的執法方式而產生的種族對立」。他也補充說道：「比處理世世代代累積下來的經濟和社會疏忽、幫派暴力以及教育體制大規模的經費不足，採用黑盒子式又有未來感的解決方案顯然容易得多。」[14]

因此，由於對歧視執法的不滿日漸增長，其中包括多次警方高調射殺非裔美國人的事件，以及對警察制度系統性改革的支持聲浪迅速高漲，預測性警務被視為「絕頂聰明的概念」，可以透過客觀、科學化的評估，在「在犯罪發生前加以阻止」。在一次訪談中，在PredPol擔任多年遊說代表的前警局分析師表示：「雖然這聽起來很像科幻小說的情節，但其實更接近科學事實。」[15]

然而到目前為止，當我們觀察到這種對科技的強烈信心，也就是顯而易見的科技有色眼鏡現象，我們都應該要保持懷疑，並且提出幾個必要的疑問：這項科技真的可以達到其標榜的目標嗎？這種科技解決方案所隱含的價值是什麼？我們把這項議題當作科技問題的同時，忽略了什麼？

針對預測性警務工具進行全面評估之後，結果顯示這些工具其實是誇大其詞。二〇一六年由羅賓森主導的研究「發現幾乎沒有證據可以證實當今的系統，確實達到其宣稱的效果」，這份研究報告因而斷定：「預測性警務只是行銷詞彙。」[16]事實上，PredPol大肆宣傳的眾多統計結果其實是報喜不報憂的數字，並把犯罪率的自然浮動詮釋為PredPol有效降低犯罪數字。[17]有統計學家甚至直言，這種分析「根本毫無意義」。[18]

蘭德公司（RAND Corporation，政策智庫）的研究員約翰・霍利伍德（John Hollywood）評估過數種預測性警務工具，認為預測性警務的優點「充其量只能說是微乎其微」，並指出如果要預測特定的犯罪，「我們必須把預測的精準度改善一千倍」。[19] 霍利伍德曾在路易斯安那州（Louisiana）針對預測性警務的應用進行分析，這也是該領域唯一的獨立研究，結果發現預測性警務計畫對於犯罪的影響「在統計學上並不顯著」。[20]

即便劍橋市警察局的華格納和塞維里也有意運用機器學習預防犯罪，他們仍對PredPol抱持批判的態度。「這是一款在適當時機推出的適當產品。」塞維里如此解釋：「因為警方正在尋找快速便利的解決方法。」華格納則指出主要的可議之處，在於PredPol仰賴「過於簡化」的模型，「並沒有考量到犯罪模式」。例如，PredPol的假設是，特定地點的犯罪發生率會在附近剛出現犯案行為後突然飆升，接著才漸漸下降；因此在週三下午發生闖空門案件之後，PredPol會預測下一次犯罪有較高的機率發生在週三晚上，而不是週四下午。然而，華格納認為事實並非如此：「很多案件都是屬於連續犯罪，其中有特定的模式。」一連串發生在平日下午闖空門案件，表示下一次犯案可能會發生在下一個平日午後，而不是當天的午夜。

預測性警務模型更直截了當令人憂心的一點是，模型在預測犯罪可能發生地點時，會不會產出帶有種族歧視的結果。預測性警務的支持者堅稱軟體本身一定會公正無私，因為軟體的基礎是資料和演算法。根據芝加哥市前資料長布雷特．戈德斯坦（Brett Goldstein）的說法，芝加哥採用預測性警務的初步結果「完全沒有受到種族差異影響」，因為所有的預測都是基於「多重變因的方程式」。[21]洛杉磯警察指揮官尚恩・馬凌諾斯基（Sean Malinowski）則用「客觀」一詞來形容**PredPol**，因為軟體是以資料為本。[22]無獨有偶，日立公司的犯罪製圖軟體總監也公開表示，程式本身「並不會依據種族進行判斷，只會依據事實」。[23]

然而，犯罪學家卡爾・克拉克斯（Carl Klockars）在其著作中寫到，關於特定議題的「事實」，在這個範例中指的就是犯罪統計數據，是眾所皆知地「難以衡量真正的犯罪等級」。克拉克斯解釋，由於「警察有絕對的權力決定是否要將事件通報為犯罪」，警方的數據「會反映出警察機關投入多少資源偵查」特定類型的犯罪，而不是呈現出整個社會的實際犯罪程度。[24]換言之，看似是犯罪相關的事實，其實大部分都是有關警方活動和優先目標的事實。

長年以來，警方過度針對都市中的少數族群社區進行監視和逮捕，導致累積數十年的犯罪資料反映出這種歧視性對待。[25]警方頻繁地在黑人住宅區巡邏，並握有何時及以何種原因逮捕他們的極大決定權。[26]警察從未在白人社區看過、採取行動或甚至特別注意的各種事件，在黑人住宅區全都被記錄成犯罪事件。[27]

這也是為何雜誌《新探索》（*The New Inquiry*，暫譯）的「白領犯罪預先警示系統」（White Collar Crime Early Warning System）堪稱是絕妙的諷刺作品，《新探索》利用類似預測性警務工具的技術方法開發出一套模型，用於預測金融犯罪可能的發生地點。[28]以芝加哥為例，大部分的犯罪地圖都顯示熱點大量分布於南部與西部的黑色和棕色人種社區，而白領犯罪的熱點則分布於商業中心「洛普區」(The Loop)以及白人佔多數的北部。這類地圖及其背後運用演算法主動追擊金融犯罪的概念，實在是太具有突破性，令人不得不深思刑法體系和機器學習改革結果經常遭到忽視的層面：我們認為必須要針對特定犯罪類型加強監控和執法，這種觀念有部分實際上是源於社會秩序中隱含的種族和階級歧視。[29]

因此，即使機器學習演算法的編碼本身並沒有種族偏見，但其學習的資料卻會反映出社會和體制的偏見。就如我們在第二章所觀察到的，311應用程式上的通報率差異會導致錯誤的結論，也就是整個城市的坑洞動集中在富裕白人住宅區。聖喬治醫學院的錄取演算法也是相同的道理，過去帶有偏見的流程累積而成的資料，會產生同樣帶有偏見的預測結果。由此看來，儘管預測性警務理應是中立的工具，事實上卻會過分強調黑人社區的犯罪程度，導致原本就已經遭到不合理針對的族群和地點有更高的見警率。

然而，由於這樣的結果是根據資料產出，依照預測派遣警力通常會被視為客觀而非政治性的決策。如果只從表面詮釋預測性警務的建議，在過去出動警力掃蕩特定住宅區會被視為基於種族而做的決策，現在卻成了有科學根據的客觀做法。正因如此，數據倫理學家雅各・麥特卡爾夫(Jacob Metcalf)寫道，原先判定逮捕對象是一種「價值決策」，卻「因為演算法黑盒子式的『客觀性』而變得中性」。[30]這種中性化的過程可能會引發惡性回饋循環，進而合理化、甚至強化系統性的偏見。

人權資料分析團體（Human Rights Data Analysis Group）在奧克蘭（Oakland）進行的分析證實，預測性警務可能會導致上述的分歧。儘管地方的公共健康統計數字顯示，毒品犯罪在奧克蘭隨處可見，但研究卻發現，「因毒品遭到逮捕的案件比較容易發生在非常特定的地點——從警方資料看來，犯罪不成比例地大量發生在非白人和低收入居民較多的地區」。[31] 這份研究的作者根據PredPol的方法開發出一套演算法，來判定預測性警務可能造成的影響，而結論是如果奧克蘭警方有使用PredPol，「針對性的警方執法幾乎會全數集中在較低收入的少數族群社區」。[32]

話雖如此，也許有科技層面的機制可以用於避免帶有偏見的預測結果。傑瑞米・海夫納（Jeremy Heffner）身為PredPol競爭對手HunchLab的產品經理，很努力想要回答這個顯而易見的問題：如果犯罪資料所反映的偏見使得預測性警務帶有歧視，是否有任何方法能讓這類模型變得公正？「PredPol在宣傳他們採取的方法優勢時，強調的其中一點就是他們只使用犯罪資料，因此不可能會產出有偏見的結果，但在我看來這毫無道理可言。」海夫納直言：「如果說系統存在任何偏見，問題一定就是出在犯罪資料本身。」[33]

海夫納採取了多重步驟來避免HunchLab出現前述的偏見，他主要將重點放在限制使用受到警察獨斷影響的資料。海夫納提供的例子如下：「當警察沿著街道巡邏，他們不太可能會通報新的搶劫或殺人案件，比較可能會通報新的破壞公物或穿越馬路案件。」這表示相較於與破壞公物有關的資料，與殺人案有關的資料比較不會反映出偏見，因此比較不會產出有偏見的預測結果。此外，HunchLab在開發「風險空間模型」也考量到諸多其他因素，包括星期幾、酒吧的地點、甚至是月亮週期，目標是產出更精確的犯罪評估結果。

儘管海夫納試圖開發出公正的預測系統值得稱許，但HunchLab還是強調「智慧」警務有其侷限。預測性警務的問題不只在於預測結果可能帶有偏見，還有這類工具仍是遵循傳統的犯罪定義，並且假設警方執法是最合適的處置方式。把焦點放在模型的技術規格上（例如準確度和偏頗程度），其實會忽視更重要的考量因素，也就是演算法支持的政策和措施。就這個觀點而言，只想透過科技進步改善社會結構，反而會錯失批判性評估和系統性改革政治體制的機會。

即便是以最公平且不受種族影響的方式，派遣警力到各社區，警方的固定行動流程——懷疑嫌疑、攔截與搜身、逮捕——實際上和預測性警務主要試圖解決的偏見執法脫不了關係。就連HunchLab把其建議的行動稱為「任務」，都是在強化鼓吹「戰士思維」這種危險的警察敘事，[34]等於是把每一次巡邏都當作危險任務，並把每一個人都當作潛在罪犯。遵循不公正的政策和措施時，即便是看似公平的方法，也會造成歧視性的影響。

現在來看看蘭德公司在路易斯安那州什里夫波特（Shreveport）進行預測性警務測試時，發生了什麼情況：當巡邏中的住宅區被識別為高犯罪率，許多員警會出乎意料地變換策略，把值勤重點放在「利用輕微罪犯和犯行來蒐集情資」。警察會更頻繁地攔下他們認為「有違規行為或是行動可疑」的對象，就為了查看這些人的犯罪紀錄，如果他們有前科紀錄，便會遭到逮捕。[35]

不論什里夫波特所用的模型是否精準且公平地辨識出犯罪可能的發生地點，最後都導致警方在關注區域的活動和懷疑程度增加。雖然這種反應並非當初預期的結果，但也不令人特別驚訝，畢竟預測性警務的目標就是辨識出犯罪將會發生的地點，這使得員警在高犯罪率區域巡邏時，會做好「極度警覺」的準備，因此把人人都視為潛在罪犯。[36]再考量到有充分證據顯示，攔截與搜身這類執法涉及種族偏見[37]，不難想像因為違規或行為可疑而遭到警方盤查的對象，多半會是年輕的有色人種男性，因而造成監禁率和警方與社區之間的衝突節節上升。

由此可見預測結果和政治之間的交互關係：無論預測性警務演算法能否精準而公平地辨識出高犯罪率地點，這項工具都不會指揮員警該採取什麼應對行動。政府選擇把處理大多數社會失序問題的責任交給警方，而警方選擇以高漲的懷疑及戰士思維深入這些社區；因此，看似是影響演算法開發和應用的技術決定，必然會和我們追求理想社會的相關政治決策交織在一起。就如同我們有必要評估和重新思考整體的警察體制，評估和重新思考演算法之於警務的角色也同樣有其必要性。因為假如市政府真的能預測下一次的犯罪地點，何不運用社會服務和當地社區以及可能的受害者合作，來改善這些住宅區的情況呢？[38]為什麼目前唯一的應對方式就是派遣警力到社區，看到犯罪後再懲罰違法者？

「智慧」警務的支持者通常都會太過注重最佳化現有的措施，以至於無法回答——甚至無法問出——關鍵的問題，也就是預測結果產生之後該採取什麼行動。警察執法並不是遏止犯罪並協助社區唯一或是最有效的方法；事實上，就如警察學者大衛·貝利（David Bayley）所分析的，「現代生活最不為人知的祕密之一」就是「警察無法防止犯罪」。[39] 例如，二〇一七年的一項研究發現，主動警務「可能反而會導致嚴重的犯罪活動」，而「限制主動警務則可以減少大型犯罪」，這表示最常見（且歧視性）的警方措施其實根本難以達到其所標榜的目標，亦即降低犯罪率。[40]

＊＊＊

雖然警方擁有方法和權力來嚇阻和懲罰特定的犯罪活動，但他們並沒有做好充分準備來面對各種會越來越常遇到的問題：遊民、精神疾病與毒品危機、教育程度低落與工作機會缺乏的孤立社區，這些問題其實應該要改以其他方式介入，才能比較有效地解決。

「理論上，我不覺得有任何人會反對找出犯罪發生地點，並做出應變。」美國公民自由聯盟（American Civil Liberties Union，簡稱「ACLU」）的約翰·崔斯諾夫（John Chasnoff）表示：「但什麼才是適當的應變？原本的假設是：我們預測犯罪會發生在這裡，接著就派警察出動。但如果你運用同樣的資料，但派送的是各種資源呢？」[41]

堪薩斯州位於堪薩斯市都會區（Kansas City Metro Region）的詹森郡就是採用這種做法。故事開始於幾十年前，一九九三年郡保安官、首席法官和地方檢察官分別向郡長要求經費，以建立新的記錄管理系統，但郡長不願意為了三個版本不同但幾乎一樣的軟體支出經費，於是他要求三方整合出可以滿足各自需求的單一記錄管理系統。[42]

最後郡長的願望成真了：三個單位合作打造出單一整合的資訊管理系統，結合了所有犯罪案件的資料，從登記到緩刑結束的資訊全都集中在同一處。在二〇一七年，詹森郡也將公共服務資料整合至同一個系統。

此外，詹森郡費時數年研議出政策，為受心理疾病所苦的個人優先提供整合式治療。在二〇〇八年，詹森郡組成跨政府的刑事司法諮詢委員會（Criminal Justice Advisory Council），以評估地方的刑法體制，找出社會服務的漏洞。委員會首先提出的計畫之一，就是僱用心理健康的專業人士，並賦予他們協助警方處理涉及心理問題事件的職責。二〇一一年這項計畫成功在詹森郡的其中一座城市實施後，稍微降低了心理病患的入獄登記統計數字，轉介至相關服務的案件則增加超過三分之一，於是這項計畫在二〇一三年擴展到另一座城市。[43]短期之內，詹森郡的所有城市都開始撥出適當的預算，以僱用符合資格的心理健康專業人士，並將他們納入警察部門。[44]

二〇一五年，詹森郡的成功經驗引起了白宮的關注。時任美國科技部首長（Chief Technology Officer，簡稱「CTO」）資深顧問的琳恩·奧弗曼（Lynn Overmann）決定透過遴選組成司法管轄區聯盟，以推行剛起步的「資料驅動司法計畫」（Data- Driven Justice Initiative），並希望詹森郡加入。這項計畫的目標是運用資料協助解決刑法體制中的危機：患有心理疾病但未接受治療的族群，因為犯下輕微且非暴力的罪行而被關進當地監獄，這類事件發生的頻率高得嚇人。三分之二的入獄犯人患有心理疾病，三分之二有藥物濫用失調症狀，還有將近一半深受長期健康問題所苦，[45]而囚禁這些人每年要耗費數十億公帑。

有這麼多患有心理疾病的人口最後入獄的一大原因，就是大多數的社區缺乏必要的服務和協調作業，來應對這些族群的多重脆弱性，例如藥物成癮和無家可歸等問題。即便有許多機構投入資源在這些族群身上，卻是以零星的方式進行，無法充分協助並穩定這些個人的狀況。[46]因此，奧弗曼指出：「美國最大型的心理健康設施通常就是我們的地方監獄。」[47]然而，仰賴警方和監獄並不是恰當的做法，這無異於在系統性且複雜的問題貼上懲罰性的OK繃，就如一位郡保安官所說的：「這種問題不是靠著逮捕和監禁就能解決。」[48]

奧弗曼經過第一手觀察後發現，社區無法照顧到最脆弱的一群居民。她的職業生涯從在邁阿密（Miami）擔任公設辯護人開始，當時她「從組織內部看到刑法體制是多麼無能，無法對受心理疾病所苦的患者伸出援手」。奧弗曼表示儘管她的許多客戶患有心理疾病，「他們卻沒有管道取得必要的心理健康相關服務，因此這些客戶通常最後都只能入獄服刑數週，甚至數個月」。[49]在邁阿密，患有心理疾病的受刑人所受到的待遇實在太過糟糕，以至於美國司法部於二〇一一年抨擊此狀況「不人道且違憲」。[50]年輕的奧弗曼清楚地學到了一課：「整個體制都崩壞了。」[51]

為解決這些問題，邁阿密改革了對待心理病患的方式。邁阿密達德郡警察局（Miami-Dade Police Department）發現患有嚴重心理疾病的患者少於一百人，但在四年期間卻耗費了將近一千四百萬美元的服務成本，於是警局訓練員警和911緊急專線派遣人員在遇到患有心理疾病的民眾時，該如何緩解情況。[52]由於警察局將執法重點放在人道對待，以及將患者從監獄轉移至社會服務，當地的入獄人數下降了四成，如此大幅的人數縮減讓郡政府每年省下一千兩百萬美元，甚至可以關閉整個監獄設施。[53]

奧弗曼在邁阿密累積工作經驗之後，進入白宮科技政策辦公室（White House Office of Science and Technology）服務，她透過這個平台，協助全國各地的社區將犯下輕微罪行的心理病患，轉移到刑法體系之外，改為接受治療。奧弗曼的目標是在有心理問題和犯罪紀錄的族群牽扯到刑法制度之前，主動為他們提供充分協調的社會服務。

奧弗曼明白成功與否大部分是取決於是否能蒐集到精確且功能性的資料，理論上，判斷哪些人曾經遭到逮捕又接受過心理治療並非難事，只要結合兩種資料集，觀察哪些姓名同時出現在兩者之中即可。然而在現實中，即便是像這樣的第一步——合併來自當地政府的不同類型資料集——也是出乎意料地困難。市政機關所蒐集的資料通常是用於內部行政工作（例如追蹤建築執照和派遣救護車），而不是用於分析。各個部門都極為注重自身的特定職責，並沒有顧慮到跨部門的資料集共享，因此，每個部門的紀錄都是分別存放在獨立空間，建檔和維護的方式則依各部門的特定目標而有所不同。這些官僚體制對資料整合造成的障礙，會導致各機關在協調服務時，出現莫大的盲點：負責刑法制度的人員「不知道有多人經篩檢後確診有心理疾病」，而行為健康臨床醫師則是「從來都無法得知客戶是否入獄」。[54]最後的結果就是，政府機關無法確實照顧到脆弱人口的需求。

整合資料集的重要性正是詹森郡如此適合試行「資料驅動司法計畫」的關鍵，詹森郡在過去數十年來的決策催生出全國首個統一的刑法資訊管理系統，更將這些資訊與民政資料整合，因此擁有大多數司法管轄地區所缺乏的重要資訊。

二〇一六年，詹森郡與芝加哥大學（University of Chicago）的「資料科學公益」（Data Science for Social Good Conference）計畫合作執行一項野心十足的專案：辨識出哪些有心理健康問題和需要治療的個人，在未來數年會遭到逮捕。如果能掌握到這項資訊，詹森郡就能夠提供積極的社會服務，幫助患有心理疾病的居民不再進一步涉入刑法體系。最終目標不只是減少入獄人數，而是徹底避免個人遭遇到可能導致入獄的危機。

為了達成這項目標，芝加哥大學的團隊開發出一套專門的機器學習模型。詹森郡的資料含有十二萬七千人的詳細紀錄，而資料科學家與詹森郡商討之後，歸納出兩百五十二種特徵（包括年齡、刑事起訴紀錄，以及過去一年間參與心理健康計畫的次數），有助於預測未來的逮捕發生狀況。團隊也根據個人近期是否遭到逮捕將資料中的所有人分類，並運用這些有標籤的訓練資料發出預測模型，可以用於判定每個人在未來幾年遭到逮捕的機率。[55]

這套演算法能夠辨識出數種趨勢，並藉此推斷哪些心理疾病患者可能遭到逮捕。其中最值得注意的是，最高風險的個人每次都相隔很長一段時間才與健康服務有所互動，這表示倉促中斷社會服務會大幅增加個人觸犯刑法的風險。基於以上的分析結果，模型可以自動偵測出哪些人正落入這種行為模式，進而協助詹森郡在這些人陷入危機之前，採取行動。

有一項回溯性分析研究，顯示出這套模型可以對詹森郡的弱勢人口提供諸多幫助。根據辨識結果在二〇一五年最有可能遭到逮捕的兩百人之中，有一百〇二人確實在當年入獄。如果詹森郡當初有積極地向這些高風險人口伸出援手，半數的犯人也許就不會淪落到入獄。這套預測性方法的影響力會相當深遠：避免這一百〇二人登記入獄，可以讓他們免於共計十八年的服刑時間，而額外的益處則是可以為整個郡省下約二十五萬的支出。[56]史蒂夫．約德（Steve Yoder）是與芝加哥大學合作這項專案的詹森郡資料專家，他坦承起初很懷疑是否真的有這麼多人是因為心理問題而經常入獄，不過開始仔細檢視資料之後，他震驚地發現在模型列出的名單中，同一個人在過去六個月有六次入獄紀錄。

「對於我們這些不會天天有這種經歷的人而言，這種事根本難以想像。」約德如此解釋。然而，再次確認統計數字之後，他體認到問題真的非常嚴重：「這是真實存在的問題，數字背後是活生生的人經歷這一切。天啊，這裡正在發生危機，而且真的亟需處理。」[57]

詹森郡採用這套模型以輔助社會服務供給的過程中，與芝加哥大學合作預測高風險的個人，而且頻率是每個月而不是每年。在此同時，「資料驅動司法計畫」也繼續擴展，在歐巴馬總統任期結束之際，這項計畫重新落腳在蘿拉和阿諾德基金會（Laura and John Arnold Foundation）。[58]從洛杉磯、鹽湖郡（Salt Lake County）、紐奧良（New Orleans）到哈特福（Hartford），全美超過一百五十個司法管轄區都開始整合先前分散各處的資料集，以提供更積極且有效的社會服務。[59]

「我相信這個方法沒錯。」約德表示：「我真心認為我們甚至還沒探索完資料的冰山一角。」

* * *

詹森郡的成果之所以如此斐然，有一部分是因為這個計畫是基於同理心，就如詹森郡的刑法協調專員羅伯特・沙利文所說的：「人在一生中會遇到各式各樣複雜的問題，而有時候觸犯刑法就是因為這些狀況。」這樣的認知促使政府機關做出實質的改變，而不只是單純把可預見的後果視為必然的結果，詹森郡運用預測結果來引導預防性的干預措施，進而扭轉可能的後果。「我們不希望任何人最後走到和刑法體系有任何瓜葛的地步。」沙利文表示：「這就是為什麼我們對這項預測性技術抱有很高的期待。」

詹森郡的觀念和透過科技有色眼鏡看到的世界觀形成強烈對比，後者認為唯一可能促成的社會變革，就是運用資料和演算法來讓警察執法更有效率。就如PredPol在官方網站所解釋的，這項技術的核心宗旨就是協助警察部門「更有效地分配他們有限的資源」，[60] 依照上述的邏輯，智慧城市就只是在傳統方法加上科技以逮捕罪犯，並降低犯罪率。

然而，打造公正的城市需要的不只是為了高效率預防犯罪而最佳化一般的警務措施。舉例來說，警務這項作業會有多重且將經常相互衝突的目標，無法簡化成數字或公式。「警力的成效很難用真正有意義且全面的方法衡量。」大衛．羅賓森如此分析：「警方要努力維持合法性、努力嚇阻犯罪，努力調查已發生的犯罪事件，努力在建立社會秩序同時避免侵犯他們保障的民眾的生活。因此，犯罪率完全稱不上是衡量警察部門成效的全面指標。」

在沒有考量到警務複雜性的情況下，預測性模型可能會是災難一場。就如同最佳化交通車流的演算法忽視了行人的需求，針對降低犯罪率最佳化的預測性警務模型，也會忽略警方的其他責任，以及社區所追求的其他目標。另外，就像垃圾信件過濾工具把重點放在阻擋釣魚郵件之後，會難以鎖定其他類型的垃圾郵件，犯罪預報系統把重點放在毒品犯罪，而不是白領犯罪的情況下，等於是不公平地把少數族群社區當作大而顯眼的箭靶。唯有仿效詹森郡所做的努力，以同理心全盤瞭解是哪些因素導致個人觸犯刑法，以及思考可以採用哪些對應策略，演算法才會真正有助於打造出更公正的城市。

然而，工程師不但沒有發想出更全面的方法來理解這個世界的複雜性，反而只選擇性採信符合模型中簡單假設的社會願景。以理查德・貝克（Richard Berk）為例，這位賓州大學（University of Pennsylvania）的統計學及犯罪學教授的整個職業生涯都在研究運用資料分析犯罪，他的多項計畫內容都是經由預測哪些犯人有可能再犯，以協助法官決定假釋對象。貝克以生動的用詞描述這項任務：「現在有達斯・維達（Darth Vaders，譯注：電影《星際大戰》中的頭號反派）和路克・天行者（Luke Skywalkers，譯注：電影《星際大戰》中的正派角色），但我們不知道誰是誰。」[61]最終目標就是分辨出誰是維達，而誰又是天行者。

儘管這段描述有助於解釋演算法的運作方式，但實在是太過簡化社會現況，你有遇過達斯・維達嗎？我們之中有誰是路克・天行者？這個世界無法一分為二成想要摧毀宇宙的一群人以及冒著生命危險拯救宇宙的另一群人。在無意中，貝克所選用的譬喻突顯出這種簡化思維的謬誤，就如一位評論家所寫的：「貝克一定沒有徹底看完《星際大戰》系列。達斯・維達並不是百分之百的邪惡反派，他也曾經是個天真無邪的小男孩，只是在成長過程中遭遇了一些困境。」[62]貝克沒有去探究為何人會做出某種決定，或是為何會落入某種困境，也沒有試圖將這些人推向正途，而是假設人性不是本善就是本惡，所以我們的任務就只是要找出該受懲罰的對象。這樣看來，我們唯一的選擇就是遵守演算法所定義的二元劃分標準。

貝克最野心勃勃的計畫之一，就是預測新生兒會不會在十八歲以前犯罪，評估的資料包括嬰兒的居住地區和父母身分。[63]他選擇在挪威展開這項計畫，不過如果將相同的方法套用在美國，幾乎可以確定這套機器學習模型會以合理的準確度，分辨出哪些人將來可能遭到逮捕，而哪些人則不會。畢竟，根據美國政府的報告統計，二〇〇一年出生的男嬰中，每三個黑人就有一人會在人生的某個階段入獄，相較之下，每十七個白人只有一人會坐牢。[64]有了這些赤裸裸的統計數據，我們不需要尖端的演算法也能預測可能遭到逮捕的對象。話雖如此，只因為我們可以預測特定的結果，並不表示我們應該把這樣的結果視為無可避免或是符合公義。上述模型可以預測出嬰兒將來的犯罪可能性，所反映出的其實是社會明顯缺乏公平正義，而不是特定族群與生俱來的天性。非裔美國人被排除在政府就學和住房貸款專案之外，並因為毒品戰爭（war on drugs，譯注：美國政治專有名詞，用於表示美國聯邦政府為防制毒品而採取的行動）而被送入監獄，更遑論許多其他不公平的對待，這些都不過是上個世紀的事。[65]

因為上述措施而導致在教育、財富和犯罪方面的嚴重不平等，其實並非無可避免，而是社會制度所導致。因此，宣稱演算法可以在人出生之時就找出未來罪犯，無異於是把現狀當作自然且合理的社會狀態，事實上就是把追求平等和社會正義視為沒有必要。

二〇一二年IBM推出的「區域警戒系統」（Domain Awareness System）廣告，也是在描繪類似的觀念。廣告隨著兩名在夜間開車穿過城市街道的白人男性展開，兩人顯然分別是警察和搶匪，警察說了一段開頭如下旁白：「過去我以為自己的工作就是逮捕犯人、追查惡棍，而現在我對工作的觀念改變了。我們會分析犯罪資料、找出模式，並判斷應該派遣巡邏警力的地點。」接著，憑藉警車上電腦的建議，這位警察即時抵達便利商店，阻止了未遂竊嫌的行動。[66]

儘管這段故事很吸引人，ＩＢＭ的廣告卻突顯出預測性警務軟體不僅奠基於過度簡化警務和犯罪，同時也在強化這種觀念。廣告中警察的前兩段話點出了社會的規則：社會上有犯罪的壞人，而警察（代表著「好人」）的職責是逮捕這些壞人。這段故事呈現出另一種版本的達斯·維達對上路克·天行者的場景，完全沒有用背景故事（因為顯然沒有需要）來解釋雙方是如何變成現在的角色。由此看來，ＩＢＭ的廣告不僅徹底誇大演算法的能力，畢竟沒有任何一種系統能大規模預測犯罪，並達到稱得上是精確的水準，更忽略了影響犯罪和警務的社會及政治背景。這則廣告所描繪的社會中，沒有貧窮、沒有種族隔離、沒有攔截與搜身，事實上，因為其中的角色都是白人，內容完全沒有種族互動。最後，觀眾只被灌輸了膚淺且有害的結論：由於有「壞人」的存在，犯罪是無可避免的現象，只有握有必要資訊的警察才能防止犯罪。

科技有色眼鏡循環鞏固的正是這種糟糕的邏輯。第一點，我們把警務視為只要單純布署員警，就能遏止犯罪的科技問題，因此我們沒有評估目前的警方措施，是否適用於解決社會失序的問題，而是採用預測性警務演算法，來針對警方的行動稍做調整。由於科技有色眼鏡把資料和演算法包裝成客觀的技術，預測性警務這類的科技方法，也被視為價值中立的社會問題對應方式。此外，為了合理化這類膚淺模型沒有（因為無法）反映出社會的複雜全貌，我們把社會理論調整成符合模型所呈現的世界觀。於是，警察部門和法庭的固有觀念更加根深蒂固：用二分法把人分為善良或邪惡，並把監禁當作處理犯罪的唯一做法。

在這種思維之下布署的機器學習，只會淪為對社會正義（在最好的情況下）無效或（在最壞的情況下）造成反效果的工具。讓我們再回想一下劍橋市警察局用於偵測闖空門案件的演算法，這個案例的目標和IBM廣告所呈現的犯罪預防方法不謀而合，也可說是呈現出警方採用犯罪預測軟體之後最理想的情況，畢竟更有效率地調查並預防竊盜案可以造福許多人。CPD採用的資料全部都是與闖空門有關，而這些向警察通報或由警察記錄的資訊相對而言比較可靠。另外，CPD演算法的主要功能是回溯性分析和鎖定模式偵測，和PredPol這類軟體大相逕庭，因為後者的目的是透過指示巡邏地點，以協助員警主動預防犯罪。「進入住宅區，然後攔檢每一個人根本就是完全錯誤的方法。」丹・華格納指出：「問題在於警務和使用的工具。」

然而，即便是CPD的演算法，也遇到和其他預測性警務計畫相同的困難，也就是已經解決的問題和亟需解決的問題之間，有明顯的差距。由於許多人把焦點放在科技上，他們認為警務問題是源於缺乏未來犯罪發生的時間與地點相關資訊，而這個問題（至少在理論上）可以透過新科技解決。不過，就如同艾力克斯・維塔萊（Alex Vitale）在《警務的終結》（*The End of*

Policing）一書所指出的：「問題不在於警察的訓練、多元性或方式……問題就在於執行警務本身。」維塔萊回溯警務的起源到當代的歷史之後，提出以下的結論：「不論本身抱持著什麼樣的善意，美國警察的功能就是工具，經由體制創造出對於窮人、社會邊緣人和非白人族群不公正的環境，進而維護沿襲已久的不平等現象。」[67]城市需要的不是擁抱新科技來改善警察的能力，而是從根本重新思考警察的定位、措施和優先目標。

只要落入警方手中，就算是不偏頗也非懲罰性的演算法，也有可能會遭到扭曲或濫用。無論科技最原始的功能為何，仍難免受到使用的人和機構影響。除非城市能夠扭轉警察的核心功能和價值，否則就算是再公平且精確的演算法，在警察手中也可能加劇歧視和不公正的問題。

以芝加哥為例，為降低暴力行為所研發出的演算法在警方的控制之下，反而變成監控和定罪的工具。社會學家安德魯・帕帕克里斯托（Andrew Papachristos）針對槍枝暴力如何在社群網路上群聚進行研究[68]，並根據研究結果呼籲社福組織應該及早辨識出遭槍擊風險最高的族群，以防範未來的暴力事件，減緩後續衝擊。基於這項發現，芝加哥警察局開發出一套演算法，可以用於辨識最有可能涉及槍枝暴力的族群，而儘管警方原先宣稱這份〈戰略目標名單〉（Strategic Subjects List，簡稱「ＳＳＬ」）的目的是預防暴力犯罪，後來卻大量用於監視作業，且大多數人認為成為監視目標的有色人種比例高得不合理。[69]蘭德公司的評估結果顯示，ＳＳＬ「對於減少槍枝暴力沒有明顯成效」；相對的，列入ＳＳＬ的個人反而被芝加哥警察局視為「嫌疑人」，更有可能遭到逮捕。[70]帕帕克里斯托也批評警方以這種方式利用他的研究結果，並在《芝加哥論壇報》投書寫道，「由警方主導的計畫存在著根本的危險性，其中一種危險就是這類方法在某種程度上都會變成以犯罪人為中心。」[71]

適宜智慧城市必須避免機器學習落入警方手中，並且發展出非懲罰性而是復歸式的方法，來處理社會失序問題，亦即延續〈資料驅動司法計畫〉所開創的路線。華格納所提倡的正是這種變革，他指出：「刑法制度最終會把人送進監獄，但監獄不是能有效治療他們的地方，他們需要的是心理健康或藥物濫用相關的服務。」儘管華格納很肯定演算法有其優點，但他也呼籲我們一定要更批判性地思考如何運用這項技術：「我認為運用社群網路辨識出暴露在槍擊風險的族群還是有其價值，不過，芝加哥警局沒有真正善用這種方法，而是把SSL用來加強監控嫌犯，根本沒有辦法真正避免這些人扣下板機或遭到槍擊。如果他們當初可以用相同的工具和社區建立更理想的合作關係，結果應該會非常不同。」

* * *

智慧城市所宣稱的諸多進步發展，都是建立在資料分析和機器學習演算法之上，而且還標榜有益於普世大眾，然而這些技術卻無法超脫過去或目前的政治。

首先，用於開發這些模型的資料並不代表不可動搖的事實，事實上，其中包含的資訊是反映出社會制度造成的結果，而且這些資料也會受到通報及蒐集措施的影響。從311應用程式和警方資料的例子可以看出，通常我們以為資料呈現的是一回事（坑洞和犯罪），其實真正呈現的是另一回事（申請服務的傾向和警方活動）。由於機器學習必須仰賴歷史資料，我們應該要審慎思考預測性演算法究竟提供了什麼預報，在將這項技術應用於影響直接的市政工作前，也應該三思。

比資料隱含偏見更根本的問題是演算法隱含政治，因為儘管設計演算法看似是技術性工作，過程中所做的決策，卻可能對社會和政治造成巨大影響。有太多案例顯示，宣稱效率是價值中立的演算法，其實是反映出現有制度和權力結構的優先目標。正因為優先重視降低犯罪率的警方效率，而不是其他目標如運用社會服務改善社區福利，理應保持中立的模型會進一步鞏固警察當前的功能，也就是應對社會失序問題的適當手段。如果要說研發模型的過程中涉及政治決策，這正是典型的政治決策。由此看來，預測性警務之所以可能造成歧視性影響，不只是因為演算法本身可能帶有偏見，也因為這項工具被用於讓原本就帶有歧視的體制更有效率。

與其急著採用機器學習，我們更應該自問：在預測性演算法的輔助之下，我們應該追求什麼樣的目標？我們該採取什麼行動來應對演算法產出的預測結果？我們可以如何改善社會和政治環境，以直接降低我們想要預測的問題的發生率？當然，並不是所有機器學習的應用方式都一定會偏頗、帶有惡意或毫無效果，但是要從這項技術中獲得好處，就一定需要眾人討論，包括如何設計演算法，以及應該運用演算法達成什麼目標，而且我們必須以政治而不是技術用語來進行對話。

雖說刑法體系一向都會涉及爭議性且複雜的政治決策（更遑論市政管理的其他層面），但運用科技來進行這些決策尤其危險，因為我們會誤以為這些是技術問題，所以不需要經過政治審議。此外，科技有色眼鏡讓我們盲目地把科技視為唯一的變因，導致我們看不見還有其他選擇，可以改革科技宣稱要改善的政策和措施。當預測性警務被譽為新穎的科學執法方式，焦點就不再是我們理應做出的困難抉擇，例如警方應該把什麼視為優先目標，以及他們在社會應該扮演什麼角色。正因如此，安德魯．費格遜指出：「預測性警務系統提供了看似可以革新過去濫權問題的方法，事實上仍是在合理化現有的舉措。」[72]

當傳統的措施披上演算法這般具有未來感的面紗，就可以被操作成看似更創新且吸引人，但實則不然。如果我們透過科技有色眼鏡看世界，就會誤以為把新科技應用在舊做法等同於進步，然而，制度性的警方歧視以及社會服務的審議方式都沒有簡便的科技解方，我們需要更根本的改革。詹森郡的計畫之所以有效，並不是因為發現了全新且無懈可擊的演算法，來大幅改善既有的警察執法方式，而是因為郡政府研議出應對心理健康問題的策略，並建立通知介入所需的資料基礎架構，更投入充分的資源讓介入措施發揮效果。羅伯特．沙利文並沒有急於採用預測性警務系統，以獲得其所宣稱的快速解決方案，而是強調改善刑法和心理健康制度，需要

「多年漸近式且步驟明確的流程」。第五章將會更全面地討論到，看似由科技驅動的社會進步，其實正是仰賴這類長期規劃的方案和非技術性的政策改革。

不過在此之前，下一章會進一步深究為何在政府體系中運用資料和演算法，基本上就是政治計畫，而非技術層面的問題，也會檢討城市應該如何負責任地管理這些技術，以確保技術是用於促進民主和平等。

注釋

1 丹・華格納與瑞奇・塞維里（Rich Sevieri）接受班・格林採訪，二〇一七年三月二日，麻州劍橋市。本章所有引用自華格納與塞維里的內容皆基於此訪談。

2 辛西亞・魯丁接受班・格林採訪，二〇一七年二月十八日。

3 黛博拉・藍・魏塞爾（Deborah Lamm Weisel），〈獨戶住宅竊盜案件〉（Burglary of Single-Family Houses），美國司法部，社區警務辦公室（Office of Community Oriented Policing Services），《問題取向警務指南系列第十八卷》（*Problem-Oriented Guides for Police Series No. 18*），二〇〇二年，http://www.popcenter.org/problems/pdfs/burglary_of_singlefamily_houses.pdf。

4 華格納和塞維里接受班・格林採訪。

5 Tong Wang et al., "Finding Patterns with a Rotten Core: Data Mining for Crime Series with Cores," *Big Data* 3, no. 1 (2015): 3-21, http://doi.org/10.1089/big.2014.0021.

6 Wang et al., "Finding Patterns with a Rotten Core," 16-17.

7 克里斯・安德森，〈理論的終結：巨量資料導致科學方法式微〉（The End of Theory: The Data Deluge Makes the Scientific Method Obsolete），《Wired》雜誌，二〇〇八年六月二十三日，https://www.wired.com/2008/06/pb-theory/。

8 埃穆爾・埃弗拉提（Amir Efrati），〈Uber調查發現死亡車禍主因可能為軟體設定忽略路上障礙物〉（Uber Finds Deadly Accident Likely Caused by Software Set to Ignore Objects on Road），The Information，二〇一八年五月七日，https://www.theinformation.com/articles/uber-finds-deadly-accident-likely-caused-by-software-set-to-ignore-objects-on-road。

9 有關比較非裔美國人與白人的研究，請參考Marianne Bertrand and Sendhil Mullainathan, "Are Emily and Greg More Employable than Lakisha and Jamal? A Field Experiment on Labor Market Discrimination," *American Economic Review* 94, no. 4 (2004): 991-1013。有關比較女性與男性的研究，請參考*Ernesto Reuben, Paola Sapienza, and Luigi Zingales, "How Stereotypes Impair Women's Careers in Science," Proceedings of the National Academy of Sciences* 111, no. 12 (2014): 4403-4408。

10 Stella Lowry and Gordon Macpherson, "A Blot on the Profession," *British Medical Journal* 296, no. 6623 (1988): 657- 658.

11 傑佛瑞・達斯汀（Jeffrey Dastin），〈亞馬遜放棄歧視女性的祕密人工智慧招募工具〉（Amazon Scraps Secret AI Recruiting Tool that Showed Bias Against Women），路透社（Reuters），二〇一八年十月九日，https://www.reuters.com/article/us-amazon-com-jobs-automation-insight/amazon-scraps-secret-ai-recruiting-tool-that-showed-bias-against-women-idUSKCN1MK08G。

12 大衛・羅賓森接受班・格林採訪，二〇一七年二月二十一日。除非特別註明，本章所有引用自羅賓森的內容皆基於此訪談。

13 PredPol，〈證實犯罪率降低之結果〉（Proven Crime Reduction Results），二〇一八年，http://www.predpol.com/results/。

14 安德魯．G．費格遜，〈大數據警務的吸引力〉（The Allure of Big Data Policing），*PrawfsBlawg*，二〇一七年五月二十五日，http://prawfsblawg.blogs.com/prawfsblawg/2017/05/the-allure-of-big-data-policing.html。

15 「絕頂聰明的概念」（A brilliantly smart idea）：吉蓮．泰特（Gillian Tett），〈製作犯罪地圖——抑或是挑起仇恨？〉（Mapping Crime— or Stirring Hate?），《金融時報》（*Financial Times*），二〇一四年八月二十二日，https://www.ft.com/content/200bebee-28b9-11e4-8bda-00144feabdc0；「在犯罪發生前加以阻止」（stop crime before it starts）：喬爾．魯賓（Joel Rubin），〈在犯罪發生前加以阻止〉（Stopping Crime before It Starts），《洛杉磯時報》，二〇一〇年八月二十一日，http://articles.latimes.com/2010/aug/21/local/la-me-predictcrime-20100427-1。扎克．弗林德（Zach Friend）接受採訪的節目為珍妮弗．格蘭姆（Jennifer Granholm）所主持的「戰情室」（The War Room），Current TV，二〇一三年一月十六日，上傳影片名稱為〈聖塔克魯茲犯罪分析師扎克．弗林德於Current TV分析PredPol〉（PredPol on Current TV with Santa Cruz Crime Analyst Zach Friend），二〇一三年，https://www.youtube.com/watch?v=8uKor0nfsdQ。關於扎克．弗林德與PredPol之間的關係，請參考達爾文．邦德－古拉漢（Darwin Bond-Graham），〈一網打盡將來的犯罪：警察執法的未來不過是高明的品牌包裝〉（All Tomorrow's Crimes: The Future of Policing Looks a Lot Like Good Branding），《SF Weekly》，二〇一三年十月三十日，http://www.sfweekly.com/news/all-tomorrows-

crimes-the-future-of-policing-looks-a-lot-like-good-branding/。

16 大衛・羅賓森與羅根・凱普克（Logan Koepke），〈陷入模式〉（Stuck in a Pattern），*Upturn*，二〇一六年，https://www.teamupturn.org/reports/2016/stuck-in-a-pattern/。

17 提姆・庫欣（Tim Cushing），〈預測性警務公司利用錯誤數據與合約規範的誘騙推銷手法宣傳未經證實的「成功案例」〉（Predictive Policing' Company Uses Bad Stats, Contractually-Obligated Shills to Tout Unproven 'Successes'），*Techdirt*，二〇一三年十一月一日，https://www.techdirt.com/articles/20131031/13033125091/predictive-policing-company-uses-bad-stats-contractually-obligated-shills-to-tout-unproven-successes.shtml。

18 菲利浦・史塔克（Philip Stark），柏克萊加州大學統計系主任，引用自Bond- Graham, "All Tomorrow's Crimes"。

19 約翰・霍利伍德，引用自瑪拉・維斯滕達爾（Mara Hvistendahl），〈「預測性警務」真的能在犯罪發生前加以阻止嗎？〉（Can 'Predictive Policing' Prevent Crime Before It Happens?），《科學》（*Science*），二〇一六年九月二十八日，http://www.sciencemag.org/news/2016/09/can-predictive-policing-prevent-crime-it-happens。

20 Priscillia Hunt, Jessica Saunders, and John S. Hollywood, *Evaluation of the Shreve-port Predictive Policing Experiment*, RR-531-NIJ (Santa Monica, CA: RAND Corporation, 2014), 33.

21 布雷特・戈德斯坦，引用自Tett, "Mapping Crime— or Stirring Hate?"。

22 尚恩・馬凌諾斯基，引用自賈斯汀・喬凡諾（Justin Jouvenal），〈警方使用軟體預測犯罪，是找到『神器』抑或歧視少數族群？〉（Police Are Using Software to Predict Crime. Is It a 'Holy Grail' or Biased against Minorities?），《華盛頓郵報》（*Washington Post*），二〇一六年十一月十七日，https://www.washingtonpost.com/local/public-safety/police-are-using-software-to-predict-crime-is-it-a-holy-grail-or-biased-against-minorities/2016/11/17/525a6649-0472-440a-aae1-b283aa8e5de8_story.html。

23 達林・利普斯科姆（Darrin Lipsomb），引用自傑克・史密斯（Jack Smith），〈《關鍵報告》成真——且針對少數族群而來〉（Minority Report' Is Real— And It's Really Reporting Minorities），*Mic*，二〇一五年十一月九日，https://mic.com/articles/127739/minority-reports-predictive-policing-technology-is-really-reporting-minorities。

24 Carl B. Klockars, "Some Really Cheap Ways of Measuring What Really Matters," in *Measuring What Matters: Proceedings from the Policing Research Institute Meetings* (Washington, DC: National Institute of Justice, 1999), 191.

25 請參考Michelle Alexander, *The New Jim Crow: Mass Incarceration in the Age of Color-blindness* (New York: New Press, 2012).

26 請參考Peter Moskos, *Cop in the Hood: My Year Policing Baltimore's Eastern District* (Princeton, NJ: Princeton University Press, 2008).

27 請參考See Jeffrey Reiman and Paul Leighton, *The Rich Get Richer and the Poor Get Prison: Ideology, Class,*

and Criminal Justice (New York: Routledge, 2015)。.

28 山姆・拉文（Sam Lavigne）、布萊恩・克利夫頓（Brian Clifton）與法蘭西斯・曾（Francis Tseng），〈預測金融犯罪：強化預測性警務軍火庫〉（Predicting Financial Crime: Augmenting the Predictive Policing Arsenal），《新探索》，https://whitecollar.thenewinquiry.com/static/whitepaper.pdf。

29 請參考Paul Butler, *Chokehold: Policing Black Men* (New York: New Press, 2017).

30 雅各・麥特卡爾夫，〈惡性回饋循環之倫理評論〉（Ethics Review for Pernicious Feedback Loops），Medium: Data & Society: Points，二〇一六年十一月七日，https://points.datasociety.net/ethics-review-for-pernicious-feedback-loops-9a7ede4b610e。

31 Kristian Lum and William Isaac, "To Predict and Serve?," *Significance* 13, no. 5 (2016): 17.

32 克里斯蒂安・林（Kristian Lum），〈預測性警務導致警方偏見惡化〉（Predictive Policing Reinforces Police Bias，人權資料分析團體，二〇一六年，https://hrdag.org/2016/10/10/predictive-policing-reinforces-police-bias/。

33 傑瑞米・海夫納接受坩・格林採訪，二〇一七年三月十八日。本章所有引用自海夫納的內容皆基於此訪談。

34 HunchLab，〈新一代預測性警務〉，https://www.hunchlab.com；阿莫里・穆爾加多（Amaury Murgado），〈培養戰士思維〉（Developing a Warrior Mindset），《警察誌》（*POLICE Magazine*），二〇一二年五月二十四日，

http://www.policemag.com/channel/patrol/articles/2012/05/warrior-mindset.aspx。

35 Hunt, Saunders, and Hollywood, "Evaluation of the Shreveport Predictive Polic-ing Experiment," 12。

36 尼克・歐麥利（Nick O'Malley），〈預測與服務：執法的未來〉（To Predict and to Serve: The Future of Law Enforcemen），《雪梨晨鋒報》（*Sydney Morning Herald*），二〇一三年三月三十日，http://www.smh.com.au/world/to-predict-and-to-serve-the-future-of-law-enforcement-20130330-2h0rb.html。

37 Sharad Goel, Justin M. Rao, and Ravi Shroff, "Precinct or Prejudice? Understand-ing Racial Disparities in New York City's Stop-and-Frisk Policy," *Annals of Applied Statistics* 10, no. 1 (2016): 365-394.

38 Ben Green, Thibaut Horel, and Andrew V. Papachristos, "Modeling Contagion through Social Networks to Explain and Predict Gunshot Violence in Chicago, 2006 to 2014," *JAMA Internal Medicine* 177, no. 3 (2017): 326-333, https://doi.org/10.1001/jamainternmed.2016.8245.

39 David H. *Bayley, Police for the Future* (New York: Oxford University Press, 1996), 3.

40 Christopher M. Sullivan and Zachary P. O'Keeffe, "Evidence That Curtailing Proactive Policing Can Reduce Major Crime," *Nature Human Behaviour* 1 (2017): 735, 730 (title).

41 約翰・崔斯諾夫，引用自莫里斯・查馬（Maurice Chammah），〈維持未來治安〉（Policing the Future），*The Verge*，二〇一六年，http://www.theverge.com/2016/2/3/10895804/st-louis-police-hunchlab-predictive-policing-

marshall-project。

42 羅伯特・沙利文（Robert Sullivan）接受班・格林採訪，二〇一七年三月二十一日。本章所有引用自沙利文的內容皆基於此訪談。

43 全美郡級協會（National Association of Counties），〈心理健康與刑法案件研究：堪薩斯州詹森郡〉（Mental Health and Criminal Justice Case Study: Johnson County, Kan），二〇一五年，http://www.naco.org/sites/default/files/documents/Johnson%20County%20Mental%20Health%20and%20Jails%20Case%20Study_FINAL.pdf；〈其他九座城市加入詹森郡的共同應變人員計畫〉（Nine Additional Cities Join Johnson County's Co-responder Program），新聞稿，堪薩斯州詹森郡，二〇一六年七月十八日，https://jocogov.org/press-release/nine-additional-cities-join-johnson-county's-co-responder-program。

44 沙利文接受班・格林採訪。

45 〈資料驅動司法計畫〉，《資料驅動司法教戰守則》（*Data-Driven Justice Playbook*），二〇一六年，第三頁，http://www.naco.org/sites/default/files/documents/DDJ%20Playbook%20Discussion%20Draft%2012.8.16_1.pdf。

46 The Data- Driven Justice Initiative, "Data- Driven Justice Playbook".

47 琳恩・奧弗曼，〈啟動資料驅動司法計畫：打破監禁循環〉（Launching the Data-Driven Justice Initiative: Disrupting the Cycle of Incarceration），歐巴馬政府，二〇一六年，https://medium.com/@Obama WhiteHouse/

launching-the-data-driven-justice-initiative-disrupting-the-cycle-of-incarceration-e222448a64cf。

48 彼得・庫圖良（Peter Koutoujian），引用自〈米德爾塞克斯警方研議資料驅動司法計畫〉（Middlesex Police Discuss Data-Driven Justice Initiative），*Wicked Local Arlington*，二〇一六年十二月三十日，http://arlington.wickedlocal.com/news/20161230/middlesex-police-discuss-data-driven-justice-initiative。

49 Overmann, "Launching the Data- Driven Justice Initiative".

50 托馬斯・E・佩雷斯（Thomas E. Perez）〈邁阿密達德郡監獄調查〉（Investigation of the Miami-Dade County Jail），美國司法部民權司（U.S. Department of Justice, Civil Rights Division），二〇一一年八月二十四日，第十頁，https://www.clearinghouse.net/chDocs/public/JC-FL-0021-0004.pdf。

51 Overmann, "Launching the Data- Driven Justice Initiative".

52 白宮新聞祕書辦公室，〈現況簡報：啟動資料驅動司法計畫：打破監禁循環〉（FACT SHEET: Launching the Data-Driven Justice Initiative: Disrupting the Cycle of Incarceration），二〇一六年六月三十日，https://obamawhitehouse.archives.gov/the-press-office/2016/06/30/fact-sheet-launching-data-driven-justice-initiative-disrupting-cycle。

53 Overmann, "Launching the Data- Driven Justice Initiative".

54 威爾・恩格爾哈特（Will Engelhardt）等人，〈行為健康與刑法體制的資訊共享〉（Sharing Information

between Behavioral Health and Crim-inal Justice Systems〉，州政府司法中心委員會（Council of State Governments Justice Center），二〇一六年三月三十一日，第三頁，https://csgjusticecenter.org/wp-content/uploads/2016/03/JMHCP-Info-Sharing-Webinar.pdf。

55 Matthew J. Bauman et al., "Reducing Incarceration through Prioritized Interventions," in *COMPASS'18: Proceedings of the 1st ACM SIGCAS Conference on Computing and Sustainable Societies* (2018)。

56 Bauman et al., "Reducing Incarceration through Prioritized Interventions," 7；芝加哥大學資料科學與公共政策中心（Center for Data Science and Public Policy），「資料驅動司法計畫：辨識多重公共體系的經常性使用者以提供更有效的早期協助」（Data-Driven Justice Initiative: Identifying Frequent Users of Multiple Public Systems for More Effective Early Assistance），二〇一八年，https://dsapp.uchicago.edu/projects/criminal-justice/data-driven-justice-initiative/。

57 史蒂夫・約德接受班・格林採訪，二〇一七年三月二十七日。本章所有引用自約德的內容皆基於此訪談。

58 蘿拉和阿諾德基金會，「蘿拉和阿諾德基金會延續歐巴馬政府推動的資料驅動刑法計畫」（Laura and John Arnold Foundation to continue data-driven criminal justice effort launched under the Obama Administration），新聞稿，二〇一七年一月二十三日，http://www.arnoldfoundation.org/laura-john-arnold-foundation-continue-data-driven-criminal-justice-effort-launched-obama-administration/。

59 全美郡級協會，〈資料驅動司法：打破監禁循環〉（Data-Driven Justice: Disrupting the Cycle of Incarceration），

二〇一五年，http://www.naco.org/resources/signature-projects/data-driven-justice。

60 PredPol，〈預測性警務的運作方式〉（How Predictive Policing Works），二〇一八年，http://www.predpol.com/how-predictive-policing-works/。

61 理查德．貝克，於克雷格．阿特金森（Craig Atkinson）執導之《不要抗拒》（*Do Not Resist*），Vanish Films，二〇一六年。

62 多明尼克．格里芬（Dominic Griffin），〈《不要抗拒》揭露警方軍隊化並握有前所未有的搜查與動亂執法權力〉（'Do Not Resist' Traces the Militarization of Police with Unprecedented Access to Raids and Unrest），《巴爾的摩城市報》（*Baltimore City Paper*），二〇一六年十一月一日，http://www.citypaper.com/film/film/bcp-110216-screens-do-not-resist-20161101-story.html。

63 約書亞．布魯斯汀（Joshua Brustein），〈訓練電腦找出未來罪犯的男人〉（This Guy Trains Computers to Find Future Criminals），《彭博》（*Bloomberg*），二〇一六年，https://www.bloomberg.com/features/2016-richard-berk-future-crime/。

64 湯馬斯．P．博奇薩爾（Thomas P. Bonczar），〈美國人口入獄盛行率，一九四七至二〇〇一年〉（Prevalence of Imprisonment in the U.S. Population, 1974-2001），美國司法統計局特別報告（Bureau of Justice Statistics Special Report），二〇〇三年八月，第一頁，https://www.bjs.gov/content/pub/pdf/piusp01.pdf。

65 關於美國政府專案的分析，請參考Richard Rothstein, *The Color of Law: A Forgotten History of How Our Government Segregated America* (New York: Liveright, 2017)。關於毒品戰爭的分析，請參考Alexander, *The New Jim Crow*。

66 IBM，〈預測性分析：警方運用分析數據降低犯罪率〉（Predictive Analytics: Police Use Analytics to Reduce Crime），二〇一二年，https://www.youtube.com/watch?v=iY3WRvXVogo。

67 Alex S. Vitale, *The End of Policing* (London: Verso, 2017), cover, 28。

68 Andrew V. Papachristos and Christopher Wildeman, "Network Exposure and Homicide Victimization in an African American Community," *American Journal of Public Health* 104, no. 1 (2014): 143-150。

69 傑瑞米．傑諾（Jeremy Gorner），〈有鑑於犯罪率高漲，芝加哥警方鎖定最有可能成為犯人與被害者的名單〉（With Violence Up, Chicago Police Focus on a List of Likeliest to Kill, Be Killed），《芝加哥論壇報》，二〇一六年七月二十二日，http://www.chicagotribune.com/news/ct-chicago-police-violence-strategy-met-20160722-story.html。

70 Jessica Saunders, Priscillia Hunt, and John S. Hollywood, "Predictions Put into Practice: A Quasi-Experimental Evaluation of Chicago's Predictive Policing Pilot," *Journal of Experimental Criminology* 12, no. 3 (2016): 366, 355.

71 安德魯・V・帕帕克里斯托，〈芝加哥警察局的關鍵抉擇：名單中是犯罪者或潛在受害者？〉（CPD's Crucial Choice: Treat Its List as Offenders or as Potential Victims?），《芝加哥論壇報》，二〇一六年七月二十九日，http://www.chicagotribune.com/news/opinion/commentary/ct-gun-violence-list-chicago-police-murder-perspec-0801-jm-20160729-story.html。

72 Ferguson, "The Allure of Big Data Policing"。

第四章　建設負責城市：侵犯民眾的隱私和自主權

在本書前文，我們已經探究過科技的社會影響力是如何受到本身功能之外的因素形塑：社會和政治環境會對科技能產生的效益造成限制，而不同的人可以運用類似的科技達成徹底不同的目的，還有機器學習模型根據資料產出的分析結果，其實是反映出長久以來的偏見與歧視。在忽視這些因素的情況下，科技有色眼鏡思維所提倡的智慧城市科技，反而會造成意外且負面的社會後果。

這一章會在討論中加入另一項要素：科技的技術和政治安排，亦即所謂的架構。與架構相關的問題已經不限於科技的目的與輸出——這種演算法應該具備什麼功能？是否精確？——同時也要考量到科技的結構：這種技術應該要以何種方式達到目標？誰應該負責掌控？我們應該如何支付？

這些問題的答案可能會衍生出巨大的衝擊，科技形塑社會和政治關係的方式，可能會比其表面上提供的功能造成更嚴重的後果。因此，在開發和應用新科技時，我們一定要如政治理論學家朗頓．溫納所主張的，「嚴格審視以特定形式打造技術系統背後所隱含的社會契約」、「隨著我們的社會不斷採用新的社會科技系統，無異於是回答了政治哲學家曾對人類事務合理秩序所提出的一些關鍵疑問。」溫納在著作中寫道：「正如柏拉圖和亞里斯多德曾問：政治社會的最佳型態為何？」現在我們應該要問：「什麼型態的科技才符合我們想要打造的社會？」[1]

不論我們有沒有意識到，當今布署在城市中的科技都扮演了關鍵的角色，足以定義下個世紀的社會契約。目前而言，智慧城市的架構根本稱不上是民主：許多技術是建立在蒐集未經查證的個人資料之上，並且使用不透明且經常是有專利的演算法，進行攸關人生的決策。在決策過程中，這些技術造成巨大的資訊和權力不對稱，比較有利於政府和企業，而不是遭到追蹤和分析的大眾，因此助長了社會的無力感和屈從感。由此看來，智慧城市就是用於強化監視、企業獲利和社會控制的隱藏版工具。

市政府如此熱切地想運用新科技，就必須扮演好稱職的守門員和公僕角色，以適當的科技架構維護平等和基本權力。適宜智慧城市不需要接受智慧城市所需的各種妥協，畢竟以更民主的方式運用科技確實可行。

＊＊＊

人人都有高速網路可用已經成為民主社會的必備條件，如果沒有網路，就算不是不可能也難以應徵工作、獲得醫療服務以及與其他人互動。然而，由於網路訂閱的價格居高不下，許多低收入的個人和家庭無法負擔穩定的寬頻網路服務。以底特律為例，有四成的居民沒有寬頻網路可用；[2]紐約市則是有二成三的居民面臨相同問題。[3]

二〇一六年，紐約市看似找到解決這種數位落差的方法，而且適用於所有城市：LinkNYC，這項計畫透過設置超過七千五百個網路連線的服務亭在全市各處（截至二〇一八年十一月，已設置一千七百四十二個服務亭），為市民提供免費的Wi-Fi。[4]紐約市長比爾・白思豪（Bill de Blasio）在啟用這項計畫時表示：「LinkNYC讓我們往目標又邁進了幾步，也就是建立公平的起跑點，以及為紐約市民提供二十一世紀最重要的工具。」其中最令人訝異的，莫過於提供這項服務不會花費市政府任何一毛錢；事實上，紐約市預估這項計畫將可以為全市帶來超過五億美元的收入。[5]

就像眾多的智慧城市技術一樣，這似乎是可以解決重大社會問題的慈善的科技方案；但在表象之下，在LinkNYC的架構之中潛伏著更危險的現實。

LinkNYC帶來的益處和資金聽起來美好到不真實，那麼這項計畫的資金到底從何而來？服務亭的所有者和營運者是Sidewalk Labs，也就是Alphabet（Google的母公司）的子公司之一，其規劃透過蒐集每一位服務使用者的資料來賺取收益。Sidewalk創辦人及執行長丹・多克托爾洛夫（Dan Doctoroff）在二〇一六年向大眾宣告，公司預期會「因為這項服務大賺一筆」。[6]

LinkNYC服務亭配備了可以蒐集大量資料的感測器，包括所有連接到Wi-Fi網路的裝置資料：不只是所在地點和作業系統，還有裝置的MAC位址（裝置的唯一識別碼，用於輔助裝置連接至網路）。[7] Sidewalk Labs宣稱這類資料純粹是「技術資訊」，而不是其蒐集的「個人可識別資訊」，如使用者姓名和電子郵件（使用者需要輸入這些資料才能註冊以使用網路）。[8] 上述的分類方法符合傳統的隱私權標準，判斷的關鍵在於是否有個人可識別資訊（personally identifiable information，簡稱「PII」），例如姓名、地址和社會安全號碼等，本身可以用於辨識個人的特徵。包含PII的資料會被視為敏感資訊，但不含PII的資料則不會。[9]

在人類眼中，這顯然是合理的區分方式，畢竟MAC位址是十二字元長的英數字串，看起來就如同無法解讀，只能由機器處理的冗長文字。話雖如此，即便資料不包含姓名又難以理解，也不代表其中不含個人資訊。確實，一個單一的資料點——電話在特定時間和特定地點的MAC位址——不太可能會洩漏個人的身分，或是任何關於這個人的敏感資訊，但是當數百萬個資料點在蒐集後與現代的分析技術結合，這類資料就可以用於追蹤人的移動模式，並推論出其生活的種種細節。

這種資料累積之後就會變得相當敏感，儘管每一筆紀錄單獨看來都很無害，因為人類的行為就是如此出奇地獨特，而大規模蒐集資料可以擷取出這些獨特之處。電腦科學家伊維斯－亞歷山大．德蒙鳩斯伊（Yves- Alexandre de Montjoye）主導的研究分析了兩個資料集，包含超過一百萬人的手機地點追蹤和信用卡交易資訊，最後證實上述的現象確實存在。[10] 即使這兩個資料集之中都沒有PII，只包含匿名的個人ID（和MAC位址原理相同）、地點和時間，德蒙鳩斯伊明確指出還是可能透過資料辨識出個人，進而瞭解這些人的行為。值得注意的是，只要取得四個某人曾經所在時間地點的資料點，就能分別辨識出超過九成的人。

德蒙鳩斯伊的分析確實解釋了細碎行為資料對隱私權造成的風險，但過去就已經有例證顯示，理應是匿名的資料有可能會洩漏大量的個人資訊。事件發生在一九九七年，麻州州長威廉·韋爾德（William Weld）釋出州政府員工的醫療紀錄做為研究用途，並保證這些資訊是匿名狀態；然而數天後，韋爾德收到一封信件，內容是他本人的醫療紀錄，完全是從釋出的資料中篩選整理而成。[11]這封信來自當時還是麻省理工學院研究生的坦婭·斯威尼（Latanya Sweeney），她透過比對匿名醫療紀錄和公開的選民名單，並且整理出同時存在於兩個資料集中的資訊（例如出生日期），最後辨識出韋爾德的個人檔案。[12]

許多其他類型的資料集也具有類似的「再識別」（reidentification）風險，例如在二〇一三年，紐約市政府公布了本應是匿名的當地計程車行程資料，結果一位資料科學家分析了這些行程的乘車起點和終點，並從模式中辨識出曼哈頓脫衣舞俱樂部的常客姓名。[13]用同樣的方式也可以得知誰去清真寺祈禱、加班到深夜、造訪同志酒吧，或是接受化療。另一位資料科學家則是運用倫敦自行車共享程式的類似行程資料，彙整出多名個人的移動模式，進而推理出這些人的居住和工作地點。[14]

然而，危險的不只是看似匿名的資料可能會洩漏個人的身分和行為，當資料和人工智慧結合，更有可能推論出大量隱藏在資料集中的個人資訊。舉例來說，只要有你去過哪裡的詳細資訊，機器學習演算法就可能預測出你認識的對象以及下一個造訪地點。[15]演算法可以根據個人在**Instagram**發布相片的頻率，偵測出個人是否憂鬱，[16]而看似是規律行為的資料如**Facebook**按讚數，也可能透漏出個人的性向認同、種族、政治立場，甚至是雙親的婚姻狀態。[17]

演算法具備的能力足以利用理應是匿名且無害的資料，辨識和得知關於個人的資訊，這突顯出**LinkNYC**其實明顯侵犯了大眾的隱私權，也揭開讓這項服務成真的關鍵性手法：**Sidewalk Labs**所謂的「技術資訊」表面上看來是匿名資料，事實上卻比公司大方承諾要保護的「個人可識別資訊」更加敏感。換言之，根據一位隱私權律師的說法，**LinkNYC**隱私權政策的目的是「讓你相信公司有所承諾，但實際上是讓公司得以恣意妄為」。[18]背後的目的當然是利潤：資料越是詳細，**Sidewalk Labs**越能從中獲利。意識到這些隱私權風險之後，許多紐約市民開始對**LinkNYC**產生疑慮，[19]紐約公民自由聯盟（New York Civil Liberties Union）執行長直言：「免費公共**Wi-Fi**可以說是這座城市的珍貴資源，但是如果牽涉到太多個人資訊，紐約市民有權知道。」[20]

在《數位個人》（*The Digital Person*，暫譯）一書中，隱私權學者丹尼爾．索羅維（Daniel Solove）強調如此氾濫的蒐集資料和隨之而來的資訊，對於社會有兩大威脅。其中最明顯的危機就是監視無所不在，因為政府和企業得以觀察個人的每一個舉動、揭開不為人知的事，或甚至是抓到每一個闖紅燈的人，這種恐懼觸動了因為「老大哥」（Big Brother）形象而深植人心的隱私權文化印象，也就是喬治・歐威爾（George Orwell）在一九四九年出版的小說《一九八四》（*1984*）中所描繪的集權政府：老大哥觀察每一個國民生活中最隱私的細節，就連最微不足道的異議都會施以懲罰，藉此控制整個社會的行為。索羅維沿用歐威爾的典故寫道，我們在思考隱私權時通常會遵循「保密典範」（secrecy paradigm）：當某人的祕密遭到窺探或曝光，就表示隱私受到侵犯，並（經由「寒蟬效應」）導致大眾開始自我審查或是承受後果。[21]

《一九八四》所呈現的恐懼，精準地描繪出為何隱私權是維護公民自由的關鍵，「政府長久以來都在祕密監視活動分子，目的是壓制異議聲量，而現在我們可以看到相同的做法再次上演，因為在這個時代幾乎人人都留下了大量的數位足跡。」民權活動家德雷伊・麥克森（DeRay McKesson）如此解釋。[22] 例如一九六〇年代的美國聯邦調查局（FBI）會特別監視民權活動分子如馬丁・路德・金恩（Martin Luther King, Jr.，譯註：主張以非暴力的公民抗命方法爭取非裔美國人的基本權利，被視為美國進步主義的象徵），作為威嚇或騷擾的手段。[23] 這段歷史顯然正在重新上演，因為聯邦和地方執法人員長期都在追蹤抗議警察暴力的「黑人的命也是命」（Black Lives Matter）運動參與者的身分和活動。[24]

然而，老大哥不足以解釋隱私權日漸低落的每一種風險，正如我們先前看到的，當今蒐集到的一大部分資料是既不隱密也不非法，甚至不尷尬的資訊；事實上，許多個別的資料點都看似無意義且匿名。正因如此，「保密典範」已經無法解釋個人的自行車共享行程或Facebook按讚數經過蒐集、累積和分析之後，會造成什麼樣的傷害。就如索羅維所解釋的，目前許多資料的用途「目的不在於壓迫個體性，而是要解析並加以利用。」[25]

索羅維認為當代的資料蒐集和運用行為，和另一部二十世紀小說的主題多有呼應：法蘭茲．卡夫卡（**Franz Kafka**）在一九二五年出版的《審判》（*The Trial*）。書中主角約瑟夫．K在三十歲生日這一天醒來，發現有兩名男子出現在他的房間，宣告他遭到逮捕，卻沒有說明他犯下什麼罪行或執法的是什麼單位。小說描繪約瑟夫徒勞無功地試圖揭發神祕法庭的真面目，以及自己有什麼資料遭到掌握，最後他在三十一歲生日那天，遭到法庭人員殺害，終究無法得知這些人的真正本質。索羅維的詮釋是：「《審判》精準地描寫出當大型官僚組織可以掌握個人生活中的大量細節，個人只會剩下無助感、挫敗感和脆弱。」從這個觀點看來，這部小說「準確地呈現出資料庫創造出的權力關係具有什麼樣的規模、特性和影響力。」[26]

和約瑟夫一樣，現代大眾對於哪些個人資料被蒐集、誰擁有這些資料，以及資料如何被利用，幾乎一無所知或是沒有控制權。隨著政府和企業蒐集的資料越來越多，隱私的定義也越來越不符合任何單一片段資訊所洩漏的祕密，而更近似於透過大量相對較不敏感的資料可能推論出的結果，以及這些推論所賦予的力量。舉例來說，Facebook可以校準網站上的動態消息演算法，來影響使用者的心情和投票機率；[27]交友網站OkCupid可以修改檔案契合分數，來影響特定個人找到約會對象的機會；[28]而醫療保健服務則可以因為得知個人近期造訪過罹患癌症相關的網站，而拒絕拒絕承保。[29]

儘管資料蒐集無所不在，因為隱私權日益低落而受到最嚴重衝擊的，其實是窮人和少數族群。儘管大多數低收入的個人比起較富裕的個人更關心隱私權問題，他們卻缺乏隱私權設定和政策的相關知識，無法充分降低自身遭到追蹤的程度。[30]再加上種族正義運動如「黑人的命也是命」的活動分子淪為監視對象，以及未列冊的移民面臨遣返等案例，少數族群比較容易因為政府的辨識和追蹤，而必須承受最嚴重的後果。

此外，社經地位最低的人口通常不得不接受政府的監管，以換取社會服務，而社福單位運用電子福利轉帳（Electronic Benefits Transfer，簡稱「EBT」）卡來追蹤受補助者的行為，則是越來越普遍也越來越深入。一如政治學家維吉尼亞．厄班克斯（Virginia Eubanks）所分析的，這些科技手段「大幅限制了客戶的自主性、機會和流動性」。[31]

這種束縛式的監管，向來都是政府服務的特色之一，在其二〇一一年出版的著作《濟貧官》（*Overseers of the Poor*，暫譯）中，政治學家約翰．吉利姆（John Gilliom）記錄了獲得社會福利的族群是如何受到政府密切監視，方法包括無窮無盡的文書作業以及和詐欺控制專員面談，以確保受補助者符合服務資格且遵守眾多規定。例如政府嚴格限制阿帕拉契地區（Appalachia）地區「社福母親」的日常生活規範，根據吉利姆針對這個族群的研究，政府緊盯不放的態度導致了「厭煩和屈辱」，進而「妨礙這些母親發揮滿足家庭需求的能力」。這些女性被迫在遵循限制性的規則的同時，又要遊走在這些規則邊緣才能生存下去，因此她們經歷的監視並非隱私遭到侵犯且公開，而是失去「個人生活原有的大部分自主權和控制權」，其中一位社福母親甚至表示：「沒錯，你身在社福制度的每一刻，就和坐牢沒兩樣。」[32]

貧窮人口和少數族群也最容易在面對私部門時，因為缺乏隱私權而受到傷害，由於企業越來越頻繁地根據從個人線上行為和社群網路採集的資料，來針對個人進行決策，社經地位較低的族群可能會不公平地被排除在信用、工作、住房和醫療體系之外，但同時企業卻可以規避掉反歧視法。[33]低薪的工作環境可以監視員工的鍵盤敲擊次數、所在位置、電子郵件和線上瀏覽活動，藉此偵測出未受罰的行為，最後構成開除的理由。[34]由資料仲介所彙整出的檔案（例如「受苦中的長者」和「都市邊緣人」），則可以讓企業精準地針對容易成為掠奪式貸款和詐騙受害者的對象下手。[35]

因此，就如政治學家厄班克斯在二〇一八年的著作中所指出的，這些侵犯隱私的行為和演算法為「AI」這個縮寫賦予了新的意義：不是「人工智慧」（artificial intelligence），而是「自動化不平等」（automating inequality）[36]。

* * *

智慧城市意味著政府和企業的資料蒐集行為大幅擴張，從路燈到垃圾桶等各種日常物品都內嵌感應器、攝影機、軟體和網路連線，創造出所謂的「物聯網」（Internet of Things），讓城市中所發生一切的相關資料，都可以透過極為精準的方式蒐集。這些資料可以用於促成有益於大眾的結果：減少塞車、改善基礎建設以及節省能源，然而，其中也包含了城市中每一個人行為的詳細資訊。

智慧城市科技讓市政府可以無比輕易地辨識和追蹤個人，路燈上的感應器和其他型態的「智慧」基礎建設（例如LinkNYC服務亭）都能追蹤附近連線到網路的裝置，因此能夠一路追蹤人在城市中的行蹤。攝影機搭配可以辨識人臉或物件的軟體，則會造成更多監視方面的威脅，以洛杉磯為例，自動車牌辨識系統（automatic license plate readers，簡稱「ALPR」）每週記錄了三百萬輛汽車的位置，而系統所蒐集的資訊經常為美國移民及海關執法局（Immigration and Customs Enforcement，簡稱「ICE」）所用。[37] 推動警方穿戴隨身攝影機的想法獲得許多人支持，因為這被視為有助於向警方問責的工具，然而，這也可能導致警方對公共空間的監視更加普遍：由於隨身攝影機的製造商開始研發臉部辨識軟體以分析錄影內容，再加上美國僅一處警察局有管理隨身攝影機的政策，能夠「明確限制生物識別技術的用途」，[38] 這項工具很有可能會在短期內成為警方隨身攜帶的配備，並用於追蹤平民百姓的一舉一動、辨識抗議活動的參與者，以及掃描人群來找出通緝犯。[39]例如奧蘭多（Orlando）警方就是以類似方式運用科技：以Amazon的臉部辨識服務，來即時監視出現在交通攝影機影片中的每一個人。[40]

另一方面，對急於把資料蒐集範圍從瀏覽器擴展到實體空間的企業而言，智慧城市簡直是美夢成真。許多企業原本就擁有足以限縮個人自主權和利用人群的知識和影響力，但如果讓像Sidewalk Labs這樣的公司稱心如意，智慧城市科技將會大幅增加這些公司能蒐集到的資料數量和範圍，在Wi-Fi kiosks服務亭、垃圾桶和路燈裝設攝影機和MAC位址感應感測器的企業，也將可以從記錄個人行為取得以前難以獲得的分析結果。更遑論還有來去無蹤的資料仲介，這些業者在大眾不知不覺也並未同意的情況下，大範圍地蒐集和分享資料，因此某間企業的資料很容易就落入其他公司的手中。[41]

一旦這些智慧城市科技設置完成，在實務上就不可能有人躲得過追蹤。許多人為線上企業大量資料蒐集的行為辯解，認為使用者有拒絕配合的選項：如果你不希望關於自己的資料被蒐集，可以不要使用會蒐集資料的網站或應用程式。然而，如果沒有電子郵件、搜尋引擎、智慧型手機和社群媒體，就幾乎等於無法溝通、旅行或找到工作，因此這根本是不合理的選項。在新興的智慧城市中，每個街角都設有感應器和攝影機，別忘了，紐約可是架設了超過七千五百個LinkNYC服務亭，上述的說法只會導向更加違背常理的結論：如果想避免遭到追蹤，只能遠離公共空間。

於是都市居民處於一種進退兩難的困境：一方面，迴避現代科技不僅意味著放棄線上的公告和對話管道，也代表失去獲得政府透過分析資料來配給的服務。[42]舉例來說，如果市政府利用MAC位址感應器來分析人的活動，並根據分析結果決定公車站的設置地點，那麼沒有智慧型手機（以及為了避免遭到追蹤而關閉手機）的人口需求就會被忽視。另一方面，使用智慧型手機和其他無線技術的人口，則必須要承受遭到追蹤的後果；而在架設攝影機以辨識個人的地方，即便摒棄棄個人數位科技產品也難逃淪為追蹤對象。

會因為上述情況而受到最嚴重傷害的就是都市貧窮人口，而這群人原本就已經是最容易在線上被追蹤的對象[43]：當富裕的紐約市民不希望LinkNYC追蹤自己，可以放棄使用免費Wi-Fi，選擇使用個人行動數據方案但較低收入的市民，卻沒有除了免費Wi-Fi之外的選擇（畢竟，LinkNYC的主要目標就是提供網路給無法負擔者使用），也必須接受自己成為追蹤對象以換取使用網路的機會。因此，接受智慧城市中無所不在的資料蒐集行為，並相信主動不使用是合理選擇這種迷思之後，無可避免的結果就是催生出「新型態的社會階級制度：階級較高的市民可以免於受操弄和控制的恐懼，而階級較低的市民則必須繼續放棄自己的隱私權，才能在當前盛行的經濟體系中繼續運作，在這個過程中，他們會漸漸失去掌控自身命運的能力。」[44]

正因如此，智慧城市等於是提供了全新的監視和剝削工具給社福單位、警察、雇主、資勞仲介，和其他利用資料控制都市窮人生活的組織。單親媽媽可能會在遭到演算法標記後，失去社福補助，只因為她在一場示威活動中被隨身攝影機拍到且辨識出身分；黑人青少年可能會被列為警方的監視對象，只因為他連接的公共Wi-Fi點通常都是有犯罪紀錄的人在使用；年長的男性可能會淪為掠奪式貸款的獵物，只因為近期自動車牌辨識系統記錄到他的汽車駛出拖吊場。

智慧城市中的資料蒐集行為會對平等、自主權和社會正義造成嚴峻的風險，這意味著市政府必須面對新的挑戰，並承擔新的責任。除了決定要蒐集哪些資料做為市政用途之外，市政府也必須扮演守門員的角色，應對急於踏入資料蒐集新領域的私人企業。許多類似LinkNYC的智慧城市計畫都是由政府和民間合作，執行方法是政府取得來自企業的技術之後，提供全新或改良的服務。對於政府來說，和企業合作的好處，是可以運用難以在內部開發出來的私部門技術；而對於企業來說，與市政府的合作關係，帶來了罕見且極為有價值的機會，能夠在公共空間四處設置蒐集資料的感應器。因此，市政府必須審慎思考新服務的益處是否如此值得，以至於要允許企業對大眾蒐集不知多少資料。如果並非如此，那麼政府就必須找到方法在從新科技中獲得益處的同時，避免這些代價產生。

話雖如此，即便市政府是為了公益目的蒐集資料，或是信任提供技術的私人廠商，敏感資訊還是有可能會經由各種方式曝光在大眾眼前，或洩漏給意圖不良的組織，市政府也不得不處理這類棘手的問題。一旦資料蒐集完成，就很有可能被公開和濫用，一如洛杉磯自動車牌辨識系統的資料與ICE共享的例子所示，即便是在政府內部，特定單位蒐集的資料最終還是可能會用作他途，而能夠蒐集更細碎敏感資訊的科技，更是放大了這些風險。

過去十年來，許多市政府都採納了「開放資料」計畫，也就是在線上釋出市政資料集，目的是讓政府更透明、更負責，同時也促進公民創新。這些計畫促成了數千個資料集在全國各城市公開，奠定了運輸應用程式[45]、用於瞭解市政預算的使用者友善應用程式[46]，以及無數場程式設計馬拉松的基礎。然而，由於市政單位所蒐集的資料大多數都和市民有關，開放資料難免時不時會洩漏敏感的個人資訊。在釋出開放資料的同時，市政府等於是在無意中透露了性暴力受害者以及在夜晚攜帶大筆現金者的身分[47]，還有市民的醫療資訊和政治傾向[48]。儘管市政府可以採取其他策略來降低這類曝光的風險，但仍必須在開放資料的運用（越多詳細資料意味著越高的透明度，也可以用於達成越多目標）和風險（越多詳細資料含有越多敏感資訊）之間，維持緊繃的平衡，而隨著市政資料的蒐集作業規模擴增，這樣的兩難問題只會更加棘手。[49]

就算市政府並非主動公開資料，通常也沒有太多措施能防止握有的資訊曝光在大眾眼前。聯邦與州政府的《公開紀錄法》是為落實政府透明負責而設計的法令，規定政府必須在有民眾要求時，公開其掌控的資料，而雖然這些法條有豁免條件以避免敏感資訊曝光，法規本身過時的PII和保密架構卻嚴格限制了這類豁免的範圍。正因如此，當市政府蒐集和儲存理應是匿名的大眾行為資料，等於是坐擁日益增加的大量資訊，而且很容易曝光導致個人敏感資訊流出。典型的案例：紐約市的計程車行程資料被用於分析並推論出脫衣舞俱樂部常客的身分，但這些資料原本是為了回應公開紀錄的申請而釋出，後來又被申請者張貼在網路上供所有人使用。[50]

最後（不論是企業或政府都應該擔心這一點），蒐集和儲存的任何資料都有可能因為駭客和安全性漏洞而暴露。二〇一七年，網路駭客竊取了四萬名加州歐申賽德（Oceanside）居民的姓名、住址和信用卡資訊，並用於未授權的網路購物；[51]在前一年，Uber遭駭事件造成五千七百萬名使用者的個人資訊（包括姓名、電子郵件地址和電話號碼）外洩；[52]此外，裝設在無數物聯網設施上的全新感應器，可以蒐集有關都市環境的詳細資料，但卻極其不安全。[53]對於科技安全學家布魯斯・施奈爾（Bruce Schneier）而言，這類案例等於是推翻了現在盛行的「所有資料都是好資料，而且越多越好」之迷思，因此，他提出相反的意見：「資料是有害的資產，儲存資料更是危險的行為。」[54]

於是，布署新科技的迫切需求正以前所未有的力道，將市政單位推上都市生活管理者的角色，這些單位必須決定哪些資料可以蒐集，而又有誰可以取得（同時還要考慮到一旦資料蒐集完成，就有可能洩漏給他人）。正因如此，市政府所面對的不只是技術層面的判斷，例如該如何執行市政服務，而是與政治密切相關且會決定未來都市生活樣貌的決策。市政府是否要增加對居民的控制，並在沒有公開對話的前提下，把類似的控制權交給企業？或者市政府會確保透過科技建立的社會契約，能讓民眾有權生活在一個免於被企業及政府實體監視和操控的城市？

由此看來，LinkNYC令人驚訝的地方，並不在於Google的關係企業願意提供免費服務以換取使用者資料，畢竟運用這類資料獲利就是這些企業的基本商業模式，而是紐約市竟然允許企業這麼做，並用大眾的隱私權交換此種被當地報紙形容為「愚蠢的」改變。[55]正如媒體理論學家及《朝著Google公車丟石頭》（*Throwing Rocks at the Google Bus*，暫譯）的作者道格拉斯・洛西科夫（Douglas Rushkoff）所說的，LinkNYC提出的是「我們其實不需要的惡魔交易」。[56]

＊＊＊

在智慧城市中促成反民主社會契約的威脅，可不只日益擴張的資料蒐集作業，正如我們在前一章所看到的，市政府愈加頻繁地運用演算法通報警方和社會服務等核心功能，以紐約市為例，演算法被用於分發學生就讀學校、評鑑教師、偵測醫療詐騙以及預防火災。[57]而雖然這些演算法看似精密，事實上既不是萬無一失，也絕非價值中立：不論是作為演算法基礎的訓練資料或是運用技術的方式，都可能存在著偏見。

然而，雖然演算法通報的決定可能會影響人的一生，審查演算法的設計和衝擊卻出奇地困難。芝加哥的「戰略目標名單」就是個明顯的例子：芝加哥警察局接到無數通電話之後，仍然拒絕公開演算法的運作方式，以及名單的考量因素等詳細資訊，[58]因此，警察會未先告知就現身在民眾住家，也從未解釋出動原因。[59]

正因如此，市政單位採用演算法會為都市民主帶來龐大的陰影：普遍而言，市政府很少或根本不會向大眾仔細說明演算法的開發或是運作方式，也鮮少釋出主控演算法的原始碼或是用於學習的資料，一般民眾可能根本不知道政府有使用演算法。

在許多案例中，市政用的演算法都處於不公開狀態，因為研發者和所有者其實是私人企業，保密才能保有財務利益。由於公家單位一般而言都缺乏自行開發演算法的資源和技術專業，通常會與企業簽約以取得演算系統，而儘管仰賴科技專家開發演算法確實有其價值，這種新型態的合作關係，卻也把決策權力轉移到大眾無法看見的地方。

在保密協議和營業祕密廣泛定義的保障之下，[60]科技公司可以防止運用其服務的政府透露任何有關工具本身或用途的資訊。這些企業包括Intrado（開發出「Beware」，也就是警察局用於計算民眾「威脅指數」的軟體）以及Northpointe（開發出「COMPAS」，可預測個人未來涉入犯罪活動可能性的演算法，該公司近期更名為Equivant）。[61]即便是《公開紀錄法》，也難以有效管轄到這些專利演算法，舉例來說，兩名律師向十一處據報有使用PredPol的警察局提出公開紀錄申請，希望得知PredPol相關資訊，但只有三處警察局回應，而且沒有任何一份資訊能充分解釋演算法本身或其布署方式。[62]

因此，政府可能會在毫不透明的情況下，做出關於人民的重大決策，而人民卻無法得知這些決策是如何產生或有是否符合正當程序。以艾瑞克・路米斯（Eric Loomis）的案子為例，二〇一三年他在威斯康辛州（Wisconsin）的拉克羅斯市（La Crosse）遭到逮捕，因為他駕駛的車輛和一宗槍擊事件有關。路米斯針對拒捕逃跑認罪，於是州政府使用Northpointe公司的COMPAS演算法來執行判刑流程，當路米斯被判六年刑期，法官如此解釋：「政府採用的風險評估工具指出你的再犯風險極高。」[63] 由於Northpointe宣稱這套演算法是營業祕密，路米斯無法獲准評估演算法是如何產出上述的預測，他對法官使用這套不透明的系統提出異議，但卻徒勞無功。

如果像路米斯這樣的案件越來越常見，索羅維的《審判》比喻就會顯得像是預言。一如卡夫卡筆下的約瑟夫・K在面對審判時，既不明白自己的罪行，也不知道起訴方是誰，路米斯的判刑結果是受到演算法的影響，但不論是他本人或是法官都沒有置喙的空間。

這種仰賴演算法的決策過程隱藏著更深層的危機，也就是當政府採用像COMPAS的專利演算法，等於是賦予沒有獲得選票授權且不須對人民負責的系統開發商大量權力，可以左右市政措施和優先目標。我們在第三章就探討過演算法會如何受到以下判斷的影響：該採用什麼資料、該考量什麼輸入因子，以及該如何平衡偽陽性和偽陰性之間的得失，而演算法所產生的效果，當然也會受到影響。這些看似是技術層面的選擇會對公共政策造成影響，隨著政府越來越常根據私人企業開發的演算法進行決策，這些決策也會越來越偏向這些企業在演算法中注入的價值和觀念。舉例來說，Northpointe選擇預測個人的未來犯罪機率，等於是用犯罪風險的思維來看待刑法判決，其中還牽涉到公訴和種族的因素。[64]

Northpointe在開發COMPAS時所做的關鍵決定之一，就是如何確保預測結果沒有種族偏見。純粹就技術層面而言，要產出無偏見的預測其實比預期的複雜，因為開發者必須從多個「公正性」的技術準則中做選擇。Northpointe的目標是達到所謂的「校準預測」(calibrated predictions)，亦即模型對黑人和白人被告的預測要同樣精準，表面上看來這確實是合理的選擇。然而，在二〇一六年，獨立調查媒體平台ProPublica揭露COMPAS將黑人誤判為「高風險」的機率是對白人的兩倍，因此有可能導致黑人被告在原因不明的情形下，被判更長也更具懲罰性的刑期，[65]而這可以看作是COMPAS有種族偏見的證據。也許Northpointe當初應該要改成最佳化「平衡類別」(balanced classes)，亦即演算法會分別針對黑人和白人被告產出同等的偽陽性機率。如果是這種做法，就能解決ProPublica所提出的問題，但代價卻是衍生出另一個問題：新的演算法會無法產出校準的預測結果(亦即針對某一個群體的預測會比針對另一個群體更精準)。為了要對兩個群體做出公平的預測，但兩個群體中發生需關注現象(這裡指的是再犯率)的機率，卻不太同等，上述的取捨是無法避免的抉擇，同時做到校準預測和平衡類別是不可能的任務。[66]

這個例子的重點不在於COMPAS比較重視校準預測是錯誤選擇，事實上這兩種定義公平性的選項，並沒有孰優孰劣的問題，而許多政策決定也確實都牽涉到類似的複雜取捨。重點在於，這項決策是出自Northpointe的員工之手，完全沒有參考公部門官員或廣大民眾的意見，然而這項決策卻會影響到採用COMPAS的所有司法管轄區，影響擴及刑法制度的根本層面，進而影響到民眾的人生。

所以，仰賴市政相關的演算法會大幅改變研議和實施政策的方式。在過去，儘管這類決策並非全然透明和權責清楚，但至少會被視為政治議題，需要有民主的討論、監督和正當理由。由電腦系統（尤其是私人企業研發的系統）做出的決定，等於是迴避了上述的責任。從諸多案例中可以發現，大眾對於演算法的決策，完全無從發表意見或行使任何控制權，而在某些情況下，民眾根本不知道有演算法這回事。即便民眾確實提出意見，關於演算法該如何設計的問題還是通常會被視為技術問題，最好留待「專家」處理。

當政府採用不透明且無法問責的演算法，隨之而來的危機會因為智慧城市科技加劇資料蒐集行為而加倍。過去無法取得的個人資料變得容易蒐集之後，大部分的這類資訊都可能被納入演算法，而演算法則會影響到刑期和其他重大決策。智慧城市的法庭在審理案件時，各種因素如在哪裡打發時間、在外到多晚才回家，以及是否有參與特定抗議活動，這些你可能從未想過會被蒐集，且肯定也從未同意他人蒐集的資料，都會影響判刑結果。

眼看各種層面的危機漸漸現形，有城市果敢嘗試改變布署演算法的方式。二〇一七年八月，紐約市議員詹姆斯・瓦奇卡（James Vacca）提出一項法案，要求市府單位公開所有已採用演算法的原始碼，包括用於鎖定社會服務對象、施加罰則、以及通知警方行動的演算法。[67]

瓦奇卡從事與紐約市政府相關的職務已將近四十年，相當清楚大眾缺乏管道監督演算法。過去多年來，他多次試圖瞭解用於指揮警察和消防部門的演算法，但全都功敗垂成。[68]在一次提案聽證會中，瓦奇卡說明了自己提出這項法案的動機：「我深信大眾有權知道政府在運用演算法做決策，也有權知道這些決策的制定方式。」他指出：「例如，當教育局用演算法把孩子分發到不同的高中，有個孩子被分配到第六志願，那麼他和全家都有權知道，演算法是如何決定這個孩子要就讀第六志願。他們得到的說明不該只有因為演算法做出最有效率的學校分發決定，所以學生會被分配到特定學校，究竟最有效率的定義是什麼？又是誰決定的？」[69]

瓦奇卡的法案最終版本在二〇一七年十二月經市議會通過，並在二〇一八年一月由市長白思豪簽署生效，等於是部分實現他最初的願景。這項法案促使「自動化決策系統工作小組」的組成，目的是審查市政單位運用演算法的方式，這個小組會建議各單位採取能達到以下目標的程序：讓政府使用演算法的相關資訊更加透明公開；判斷哪些演算法需要受到監督；為民眾提供瞭解演算法決策的機會；以及評估演算法是否對特定群體有不公平的影響。此外，工作小組也會以公開報告的形式，將以上建議交給市長。[70]

儘管這項新法仍有許多不足之處，畢竟工作小組只能提供建議，沒有太多實質權力能促使資訊公開，尤其是面對亟欲保護營業祕密的企業，[71]但新法確實是有建設性的開始，樹立了能夠規範市政府為如何開發和布署演算法負責的政策里程碑。同樣重要的是，瓦奇卡的努力有助於扭轉大眾的觀念，不再把演算法視為不可挑戰的神諭，而是受到社會影響且可能出錯的政治決策一環，這樣的轉變，正是發展適宜智慧城市的必要條件。

* * *

在面對演算法以及資料蒐集時，市政府的決策必須建立在民主審議的基礎上，才能提供民眾實質的發聲管道，並發揮對開發、採納和布署這類技術的影響力。也許有點違反直覺，但朝著上述的目標努力，其實會有助於而不是阻礙科技應用，也會進而改善適宜智慧城市的生活。

芝加哥的陣列物聯網（Array of Things，簡稱「AoT」）就突顯出大眾參與之於保護隱私的重要性。AoT是芝加哥市政府、芝加哥大學以及阿岡國家實驗室（Argonne National Laboratory）合作（於二〇一四年展開）的產物，功能是做為「城市的『健康追蹤器』」[72]，而整個AoT最終會由數百個裝設在芝加哥各處的感應器組成，用於追蹤環境狀況如空氣品質、行人和車流量，以及溫度。舉例來說，針對某個有高速公路穿過的住宅區，市府人員希望能參考資料來得知哪些地方最需要樹木，而公車站又應該設置在哪裡，藉此降低兒童的氣喘罹病率。[73]

表面上看來，AoT很類似LinkNYC：大規模布署感應器以蒐集大量資料。如果沒有多少市民相信政府能以負責的方式蒐集和管理資料，AoT很有可能會引起大眾反彈。不過，芝加哥在布署感應器網路時，採取了和紐約非常不同的方式：感應器的設計可以避免蒐集到敏感個人資訊，同時又能直接讓民眾參與其中，因此，民眾不僅可以瞭解這項技術如何運作，也能集體研議出優先目標。就這方面而言，這正是AoT在擁有權和執行方式上的一大優點：LinkNYC是由私人企業管理，因此就是為了賺取最多利潤而打造，而AoT則是由政府和學術機構經營，因此會著重在追求公眾利益而非收益。

芝加哥市政府讓保障大眾隱私權成為AoT架構的重要元素，在研議布署AoT的初步計畫時，市政府召集由當地隱私權和安全性專家組成的委員會，針對系統蒐集和儲存資料的方式進行獨立監督。接著，市政府又組織了公開會議，向更廣大的芝加哥市民說明AoT如何運作、這項計畫如何保護隱私，以及感應器可以如何改善生活環境。[74]芝加哥市政府在制定管理AoT的政策時，為徹底納入大眾對隱私的各種考量，也公開了AoT隱私權政策的草案供民眾評論，結果收到超過五十則詢問留言，市政府不但一一公開回應，也將這些意見納入管理這項計畫的最終版隱私權政策。[75]

上述的延伸服務有助於芝加哥市政府瞭解大眾對隱私的擔憂，並且負起責任處理這些疑慮。舉例來說，市民的一大擔憂是感應器鏡頭所拍攝的影像，可能會被用於追蹤個人的長時間動向。雖然追蹤並不是市政府的本意，蒐集影像原本的用意是要（經由電腦視覺軟體的分析）取得交通量，但鏡頭所記錄的影像確實有可能遭到濫用。蒐集這類影像可能會違反大眾對隱私權的期待，也會導致市民反對整個 AoT 計畫的聲浪高漲。

為了採取應對措施，芝加哥政府設計出一套全面的解決方案，採用所謂的「資料蒐集最小原則」（data minimization），亦即只蒐集和儲存達成計畫目標所需的最少量資訊。資料蒐集最小原則有幾種不同的實施形式；最常見的兩種策略是徹底忽略無關特徵（例如不蒐集個人的所在位置），並且刻意將資料以不精準的格式儲存（只用郵遞區號記錄個人的位置）。[76]由於芝加哥市政府需要的只有能從影像中推算出的交通量，其實並不需要儲存錄下的影像片段，因此將 AoT 感應器修改成計算出交通量後，只傳輸數值到計畫伺服器進行保留，接著立刻刪除相關影像。[77]

芝加哥的 AoT 發展，證明了城市可以如何結合公共參與和資料蒐集最小原則，實現在適宜智慧城市布署尖端科技的願景。透過採納民眾意見並隨之調整 AoT 的應用，芝加哥確保以新技術為媒介的社會環境，不僅是經過民主程序決定，也是大眾所期望的結果。當民眾表達疑慮，AoT 團隊就會找方法蒐集所需的資料量，而且就止步於此，如此一來，市政府就可以達到分析的目的，同時不違反市民的意志或是侵犯市民的隱私權。如果不是遵循這些做法，整個計畫就可能會因為民意反對而窒礙難行。

在芝加哥研發AoT的同一年，西雅圖學到了慘痛的教訓，終於理解到為何在布署新科技時，保護隱私權是必要措施。二〇一三年十一月，西雅圖市政府在美國國土安全部（Department of Homeland Security）兩千七百萬美元的經費奧援之下，架設了由感應器和攝影機組成的網路，用於監測港口的可能威脅。然而，市民幾乎對這項新技術的安裝和用途一無所知，因此，當他們注意到無線感應器似乎可以透過記錄個人無線裝置的動向來追蹤個人，擔憂很快就隨之而來。面對民眾對新感應器用途的質疑，西雅圖警察局的回應是警方「不方便回答政策方面的問題，因為目前尚未有相關政策」，導致民眾的緊張情緒更加惡化，因為這種說法等於是在暗示市政府對個人隱私漠不關心，也沒有採取必要的預防措施來避免過度監視。[78] 隨著爭議越演越烈，即便一再聲明感應器其實無法追蹤民眾的裝置，警察局最後還是中止了這項計畫。[79]

這場一團糟的測試「其實是很珍貴的教訓」，西雅圖技術長邁克．馬特米勒（Michael Mattmiller）如此評論這段經驗。[80] 一部分是由於不太熟悉新技術和隨之而來的風險，西雅圖市政府並沒有思考科技的架構是否符合大眾的優先目標。馬特米勒指出：「對於那些沒有科技運作方式和潛在隱私權侵犯問題相關知識的人來說，很容易只把重點放在科技帶來的成果，而不是取得成果的方式。」此外，如果在布署科技時，公共推廣不足，會導致市政府不夠瞭解大眾有多麼重視自身隱私權。目前只針對PII進行規範的隱私權法規早已過時，社會對隱私的觀念卻繼續進化，同時因為有新科技，取得越來越大量的資料並不困難，但沒有任何可靠的規範能讓市政府得知究竟什麼程度的資料蒐集才合理。由此看來，西雅圖因為大眾對侵犯式的資料蒐集產生疑慮，而中止新的科技計畫，其中所隱含的訊息變得顯而易見：如果沒有透過科技專業、穩固的隱私權政策以及社會對話來處理隱私風險，就不可能運用涉及資料蒐集的技術，來改善市政措施和都市生活。

為盡快「走出對民眾犯下的種種錯誤」，馬特米勒組成了「隱私權顧問委員會」(Privacy Advisory Committee)，成員包括當地的科技專家、律師和社區代表。委員會的任務是表達民眾重視的優先目標和對資料蒐集的相關疑慮，並引導市政府擬定出能夠保護隱私的措施。經過一系列的公開會議，委員會制定出六大「隱私權原則」(Privacy Principles)，集體確立透明、負責且最低資料蒐集的承諾，作為市政府蒐集和使用個人資訊的準則。[81] 接著在二〇一五年，委員會也協助市政府擬定符合上述原則且完善的隱私權政策。[82] 馬特米勒表示，透過這一連串的努力，隱私權顧問委員會「如實確保我們的隱私權計畫有社區參與，並採取最佳做法」。

西雅圖的隱私權政策有一項關鍵要素，也就是每當市政府提出涉及蒐集個人資料的新計畫，就必須委任執行「隱私權衝擊評估」(Privacy Impact Assessment)。市政府必須先進行風險效益分析，衡量計畫的潛在效用與對個人隱私的潛在威脅，這項規定的目標是主動鎖定並減緩可預期的風險，而不會阻礙計畫發展，因此，市政府能夠在提升大眾福祉與負起保護公民自由的責任之間，取得平衡。這類評估有助於西雅圖確保提出的計畫符合「隱私權原則」，而通常有需要調整之處都是資料蒐集、儲存和分享的方式，以達到減少蒐集資料以及避免敏感資訊曝光的目標。

馬特米勒也強調，有必要教育市府員工瞭解隱私權風險和降低風險的方式。為協助各部門辨識和防範隱私權侵犯問題，市政府會在各個市政部門提名一位員工為「隱私權冠軍」，由這些員工負責統籌「隱私權衝擊評估」，並協助同僚認識符合市府隱私權原則的最佳實務做法。當馬特米勒和其團隊需要告知市府員工近期進展或新的隱私權風險，隱私權冠軍也會協助將這些資訊傳播到各部門。後來在二〇一七年，西雅圖僱用了隱私長，進一步透過制度強化對隱私權的承諾，成為全美國最先設立有權管理全市隱私權職位的城市之一。[83]

西雅圖採用這些措施意味著，下一次市政府準備要應用必須蒐集大眾資料的新科技時，將會以審慎且負責的方式進行。於是，當西雅圖交通部（Seattle Department of Transportation，簡稱「SDOT」）決定布署一千個感應器，測量交通車流和各地之間的旅行時間，就是驗收成果的時機了。SDOT希望透過追蹤市內各地的無線裝置（經由裝置的MAC位址），來找出有助於減緩塞車的模式，而在過去政府人員從未成功取得過這種資料。

有了新擬定的隱私權計畫作為準則，西雅圖市政府能夠謹慎且公開地衡量新科技的成本與效益。首先，馬特米勒及其團隊諮詢了SDOT和科技廠商，確保改善交通的代價不會是過度監視；接著，確認過這項科技潛藏的隱私風險之後，團隊要求廠商落實最低資料蒐集原則，讓廠商不易透過所蒐集的資料辨識和追蹤任何個人。此外，這一次市政府不再像之前布署港口的安全性網路一樣，只在幕後默默籌備，而是主動告知大眾這項措施的內容和背後原因。馬特米勒向民眾公開這項科技計畫，並如此解釋：「如果你習慣使用Google地圖，並希望從地圖上的紅、黃、綠線得知交通情況，讓地圖幫你重新規劃路線繞過塞車路線，那麼我們就必須蒐集資料來通知地圖，而且我們認為這是最不會侵犯隱私的方式。如果你無法接受這種做法，你可以前往這個網站選擇退出計畫，這樣一來我們就會略過從你的手機蒐集資訊。」

透過降低最明顯的隱私風險，並向市民解釋計畫目的，市政府成功獲得大眾支持而沒有引起民怨，馬特米勒指出：「直截了當地說明你這麼做的價值，透明公開地談論隱私權威脅，並證明你如何採取行動解決這些威脅，就能成功建立信任感。」

話雖如此，單靠市政府的誠信作為並不足夠，必須要將大眾對市政科技的監督納入制度。為賦予大眾更多權力來控制市政府蒐集和運用資料的方式，西雅圖在二〇一七年實施《監督監視行為條例》。這項法案要求每一個部門在採用任何監視技術之前，一定要舉辦公開會議，並取得市議會許可，目的是向大眾說明政府如何使用監視技術，以及評估所有監視技術對隱私與平等的衝擊。[84]因此，這條法規可以確保西雅圖市政府取得並布署監視技術（無論是硬體或軟體）的決策，是經過大眾和民選代表的嚴格審議，而不是常見於其他美國城市的不透明決策。例如在二〇一六年，地方報社報導西雅圖警察局持續使用社群媒體監控軟體長達兩年，卻從來沒有告知過市民。[85]類似事件也發生在紐奧良，警方使用預測性警務演算法達數年，但是採購過程卻完全沒有公開，甚至連市議員也毫不知情。[86]全美有數十個城市（從密西西比州〔Mississippi〕的哈蒂斯堡〔Hattiesburg〕到奧克蘭）加入西雅圖的行列，力抗這股趨勢，開始通過或擬定類似的監視條例[87]，等於是將智慧城市蛻變為適宜智慧城市最關鍵的策略，往前推進一大步。

芝加哥和西雅圖都體認到看似是關於資料蒐集的技術決策，實際上卻是大規模牽涉到公民自由和社會正義的問題，兩座城市也證明了適宜智慧城市確實可以在運用科技提供新穎服務和提升日常生活品質的同時，鞏固民主社會契約。這些成就推翻了科技有色眼鏡的觀念，因為後者誤把隱私和創新視為只有二擇一的選擇。根據這種世界觀，要變得智慧就意味著要透過蒐集和分析資料以改善效率，而如果保護隱私和自由會導致蒐集的資料量減少，那麼智慧城市就必須是沒有隱私或自由的生活環境。

相對地，在適宜智慧城市中，隱私權是維持自由平等的必要人權，而保護隱私其實會促進而非阻礙新科技的應用。在歐巴馬總統任內擔任白宮行政管理和預算局（White House Office of Management and Budget）隱私權資政的馬克．格羅曼（Marc Groman）如此分析：「如果有資源充足、功能健全的隱私權計畫，這項計畫就能推動創新……並且讓各單位有空間跨足到新科技。」[88]

由於智慧城市追求的是最高效率，蒐集的資料當然是越多越好；所謂的愚笨城市則不會蒐集任何資料；而適宜智慧城市唯有在獲得大眾支持以及建立隱私保護政策之後，才會開始蒐集資料。對於適宜智慧城市來說，問題不只是「應該蒐集什麼樣的資料」或者「應該蒐集多少資料」，而是「要如何從資料獲得助力，但又在不違反民眾期待或權利的情況下，達成政策目標」。

＊＊＊

二〇一四年，波士頓市長辦公室新城市動力組織（Mayor's Office of New Urban Mechanics）的共同創辦人及共同主席奈哲爾・雅各（Nigel Jacob），接到一通來自當地工程師的電話。「我一直在研究全市的停車問題，結果答案其實非常簡單！」他興奮地對雅各說。這位工程師開發出巧妙的解決方案，可以將尋找路邊停車位的難度（以及因為找車位導致的壅塞狀況）降到最低：一款可付費保留停車位的應用程式，使用者在離開住家之前先預定車位，接著車位會出現金屬擋柱來佔住空間，直到使用者抵達。「這其實就是資源分配的問題。」工程師這麼解釋。[89]

雅各直言，不論在實務上是否可行，這項讓尋找停車位更容易的解決方案都搞錯重點了：「在我們的討論過程中，我們釐清了個人並沒有權利佔有公共空間，這是社會契約的問題。我們開始討論到這個議題之後，他就漸漸理解到情況沒那麼簡單。」如果提升停車效率的做法，是允許個人佔據公共空間，那麼雅各絕不會採納。雅各故事中的工程師可以說是代表了許多科技專家的典型思維：著重於提升一部分人的效率和便利，卻沒有審慎思考達成這些目標所採用的方式，把效率當作目標似乎就能合理化任何手段，或甚至是讓手段（及其副作用）顯得無關緊要。雅各坦承，市政府常常會落入這種邏輯，而沒有考量到其他層面的影響。「我們有一長串為了解決某個問題購入技術結果卻沒用的紀錄，因為我們沒有去思考特定架構背後的政治因素。」他感到可惜地說。

如果市政當局不去思考購入技術的真正運作方式，研發技術的企業就可以徹底掌控技術架構，接著，當市政府布署這項技術，其中的設計決策就會影響到大眾、企業和政府之間的社會契約。隱藏在讓城市變「智慧」的偽裝之下，企業販售著會蒐集敏感資料且把大眾矇在鼓裡的科技，因為這正是企業能增加獲利的關鍵，並讓外界誤以為其產品只能以這種方式發揮功能，此外，政府通常會在不公開任何相關資訊的情況下，布署這項技術。

然而，這樣的結果其實並不是因為新科技有其條件而不可避免，這其實是開發和掌控這項技術的企業所期望的政治安排。不過，就如芝加哥和西雅圖的例子所示，確實有替代且更民主的架構可用：密集布署感應器以改善都市生活的同時，可以不必蒐集和濫用大量的個人資訊。基於相同的道理，紐約市所成立的演算法工作小組，以及西雅圖等城市實施《監視行為監督條例》，等於是為其他城市開創一條清楚的路線，要扭轉淪為黑箱城市的趨勢。

市政府必須接受市民賦予的權力和責任，作為大眾個人資訊的守門員，以及大眾隱私的守護者。適宜智慧城市並不會單純地把每一種新科技都視為來自科技天堂的恩賜，而是會稱職扮演好上述的新角色，去思考可能的技術設計風險，並杜絕有助於警察監視和企業濫用行為的架構。

市府領導階層在採用企業開發的技術時，考慮的層面不能只侷限於這項工具所能達到的效果，並要運用自身影響力進行協商，為隱私權和透明公開原則制定出更民主的政策。畢竟，比起城市需要科技的程度，科技公司更需要城市。市政當局也許可以從新工具和軟體獲得知識和效率，但現在我們已經瞭解到，效率並不是都市蓬勃發展最關鍵的要素；另一方，企業則是需要會購買產品的消費者。考量到這樣的互動關係，城市顯然有機會確立其打造市場的角色，可以同時以個人和集體的形式，左右智慧城市科技的方向。正是體認到這樣的權力，二〇一七年由二十一位資料長組成的聯盟發表了一套準則，適用對象是開發開放資料入口平台的企業，也有五十位市長向聯邦通信委員會（Federal Communications Commission）提交聯合公開信，表達對網路中立性的支持。[90]巴塞隆納（Barcelona）在這方面也是值得注意的先驅，市政府和多家大型科技廠商重新擬定合約，以提升民眾對個人資料的所有權和控制權。[91]

如果市政府不採取以上的行動，科技公司將可以繼續取得不透明且不須負責的私人權力，凌駕於一般市民之上。目前，Uber和Sidewalk Labs這類企業已經握有比市政當局更多的都市環境資料，而Northpointe這類公司開發出的演算法則已經用於進行有高度影響力的決策。此外，隨著研發智慧城市技術的企業累積更多投資和獲利，對於經費有限的市政當局也將會更有影響力：LinkNYC這類智慧城市計畫之所以讓市政府難以抗拒，有部分是因為後者缺乏資源，以至於難以自行提供公共服務。如果要讓二十一世紀的都市居民有權生活在適宜智慧城市，並對於科技的生產和用途擁有實質的民主控制權，那麼市政府就必須確立其高於私人企業的權力地位，並取得必要的資源達成目標，同時要讓自身更符合民主制度。

迅速成為智慧城市也許可以激發出新洞見和效率，但付出的代價卻是催生出會蒐集個人資料且進行不透明決策的城市，這無異於讓政府和企業掌握莫大的權力來控制個人，而貧窮人口和少數族群將會成為受到最大衝擊的市民。確實，在市政府的諸多責任之中，包含提供高效服務和審慎運用經費，然而盲目地追求可以推動這些目標的科技，卻沒有全面思考後續的影響，簡直就是嚴重的失職。一如我們在前文看到的例子，新科技的益處多半不切實際，而且不周全的布署方式，可能會導致新科技製造的問題比解決的還多。

話雖如此，市政府其實可以兼顧謹慎運用科技以及保護市民的責任。我們會在下一章看到，科技能夠在市政創新中發揮關鍵作用，並提升都市福祉，不過前提是要有實質的制度和政策改革引導科技達到理想的成果。

注釋

1 Langdon Winner, *The Whale and the Reactor: A Search for Limits in an Age of High Technology* (Chicago: University of Chicago Press, 1986), 55, 49, 52。

2 塞西莉亞・姜，〈底特律失業居民深陷數位落差困境〉（Unemployed Detroit Residents Are Trapped by a Digital Divide），《紐約時報》，二〇一六年五月二十三日，https://www.nytimes.com/2016/05/23/technology/unemployed-detroit-residents-are-trapped-by-a-digital-divide.html。

3 勒蒂夏・詹姆士（Letitia James）與班・卡略歐斯（Ben Kallos），〈紐約市數位落差現況簡報〉（New York City Digital Divide Fact Sheet），新聞稿，二〇一七年三月十六日。

4 LinkNYC，「找到連結」（Find a Link），https://www.link.nyc/find-a-link.html。

5 紐約市長辦公室，「市長白思豪宣布啟動全球最大最快的免費市立Wi-Fi網路：LinkNYC計畫」，二〇一六年二月十八日，http://www1.nyc.gov/office-of-the-mayor/news/184-16/mayor-de-blasio-public-launch-linknyc-program-largest-fastest-free-municipal#/0。

6 丹・多克托爾洛夫，引用自尼克・品圖（Nick Pinto），〈Google將紐約市付費電話改造為「個人化宣傳引擎」〉（Google Is Transforming NYC's Payphones into a 'Personalized Propaganda Engine'），《鄉村之聲》（*Village Voice*），二〇一六年七月六日，https://www.villagevoice.com/2016/07/06/google-is-transforming-

nycs-payphones-into-a-personalized-propaganda-engine/。

7 LinkNYC，〈隱私權政策〉，二〇一七年三月十七日，https://www.link.nyc/privacy-policy.html。

8 LinkNYC，〈隱私權政策〉。

9 Paul M. Schwartz and Daniel J. Solove, "The PII Problem: Privacy and a New Concept of Personally Identifiable Information," *NYU Law Review* 86 (2011): 1814-1895。

10 關於手機地點追蹤的分析，請見De Montjoye et al., "Unique in the Crowd"；關於信用卡交易的分析，請見Yves-Alexandre de Montjoye et al., "Unique in the Shopping Mall: On the Reidentifiability of Credit Card Metadata," *Science* 347, no. 6221 (2015): 536-539。

11 埃莉卡．克拉萊奇（Erica Klarreich），〈數據中的隱私權：保障資料的新方式〉（Privacy by the Numbers: A New Approach to Safeguarding Data），《量子雜誌》（*Quanta Magazine*），二〇一二年十二月十日，https://www.quantamagazine.org/a-mathematical-approach-to-safeguarding-private-data-20121210/。

12 Latanya Sweeney, "Simple Demographics Often Identify People Uniquely" (Carnegie Mellon University, Data Privacy Working Paper 3, 2000)。

13 安東尼．託卡（Anthony Tockar），〈與明星共乘：紐約市計程車資料集中的乘客隱私權〉（Riding with the Stars: Passenger Privacy in the NYC Taxicab Dataset），*Neustar Research*，二〇一四年九月十五日，https://

research.neustar.biz/2014/09/15/riding-with-the-stars-passenger-privacy-in-the-nyc-taxicab-dataset/。

14 詹姆斯・西鐸（James Siddle），〈我知道你去年夏天在哪：倫敦公共自行車資料將你的行蹤公諸於世〉（I Know Where You Were Last Summer: London's Public Bike Data Is Telling Everyone Where You've Been），*The Variable Tree*，二〇一四年四月十日，https://vartree.blogspot.co.uk/2014/04/i-know-where-you-were-last-summer.html。

15 關於認識對象的分析，請見Nathan Eagle, Alex Sandy Pentland, and David Lazer, "Inferring Friendship Network Structure by Using Mobile Phone Data," *Proceedings of the National Academy of Sciences* 106, no. 36 (2009): 15274-15278；關於下一個造訪地點的分析，請見Lars Backstrom, Eric Sun, and Cameron Marlow, "Find Me If You Can: Improving Geographical Prediction with Social and Spatial Proximity" (paper presented at the *Proceedings of the 19th International Conference on World Wide Web, Raleigh, NC*, April 2010)。

16 Andrew G. Reece and Christopher M. Danforth, "Instagram Photos Reveal Predictive Markers of Depression," *EPJ Data Science* 6, no. 15 (2017), https://doi.org/10.1140/epjds/s13688-017-0110-z。

17 Michal Kosinski, David Stillwell, and Thore Graepel, "Private Traits and Attributes Are Predictable from Digital Records of Human Behavior," *Proceedings of the National Academy of Sciences* 110, no. 15 (2013): 5802-5805。

18 伊本・莫格林（Eben Moglen），引用自Pinto, "Google Is Transforming NYC's Payphones"。

19 Pinto, "Google Is Transforming NYC's Payphones"。

20 多娜・李柏曼（Donna Lieberman）引用自「紐約公民自由聯盟」（New York Civil Liberties Union），「市內公共Wi-Fi引發隱私權疑慮」（City's Public Wi-Fi Raises Privacy Concerns），二〇一六年三月十六日，https://www.nyclu.org/en/press-releases/nyclu-citys-public-wi-fi-raises-privacy-concerns。

21 Daniel J. Solove, *The Digital Person: Technology and Privacy in the Information Age* (New York: NYU Press, 2004)。

22 德雷伊・麥克森，引用自傑西卡・蓋恩（Jessica Guynn）。〈美國公民自由聯盟：警方使用Twitter、Facbook追蹤抗議人士〉（ACLU: Police Used Twitter, Facbook to Track Protests），《今日美國》（*USA Today*），二〇一六年十月十二日，https://www.usatoday.com/story/tech/news/2016/10/11/aclu-police-used-twitter-facebook-data-track-protesters-baltimore-ferguson/91897034/。

23 迪亞・卡雅利（Dia Kayyali），〈監視的歷史與黑人社區〉（The History of Surveillance and the Black Community），電子前哨基金會（Electronic Frontier Foundation），二〇一四年二月十三日，https://www.eff.org/deeplinks/2014/02/history-surveillance-and-black-community。

24 關於聯邦執法人員的分析，請見喬治・約瑟夫（George Joseph），〈獨家：聯邦單位自佛格森事件以來定期監視「黑人的命也是命」活動〉（Exclusive: Feds Regularly Monitored Black Lives Matter Since Ferguson），The Intercept，二〇一五年七月二十四日，https://theintercept .com/2015/07/24/documents-show-department-

homeland-security-monitoring-black-lives-matter-since-ferguson/；關於地方執法人員的分析，請見妮可・奧沙（Nicole Ozer），〈警方擴大使用社群媒體監視軟體，活動分子正遭到數位狙擊〉（Police Use of Social Media Surveillance Software Is Escalating, and Activists Are in the Digital Crosshairs）*Medium: ACLU of Northern CA*，二〇一六年，*https://medium.com/*ACLU_NorCal/police-use-of-social-media-surveillance-software-is-escalating-and-activists-are-in-the-digital-d29d8f89c48。

25 Solove, *The Digital Person*, 34。

26 Solove, *The Digital Person*, 38, 37。

27 關於Facebook和心情的分析，請見Adam D. I. Kramer, Jamie E. Guillory, and Jeffrey T. Hancock, "Experimental Evidence of Massive-Scale Emotional Contagion through Social Networks," *Proceedings of the National Academy of Sciences* 111, no. 24 (2014): 8788-8790；關於Facebook和投票的分析，請見Robert M. Bond et al., "A 61-Million-Person Experiment in Social Influence and Political Mobilization," *Nature* 489, no. 7415 (2012): 295-298。

28 克里斯蒂安・拉德（Christian Rudder），〈我們對人類做實驗！〉（We Experiment On Human Beings!），*The OkCupid Blog*，二〇一四年，https://theblog.okcupid.com/we-experiment-on-human-beings-5dd9fe280cd5。

29 凱西・約翰遜（Casey Johnston），〈因為那筆貸款遭到拒絕？很快你可能就得感謝線上蒐集來的資料了〉（Denied for That Loan? Soon You May Thank Online Data Collection），*ArsTechnica*，二〇一三年，https://

arstechnica.com/business/2013/10/denied-for-that-loan-soon-you-may-thank-online-data-collection/。

30 Mary Madden et al., "Privacy, Poverty and Big Data: A Matrix of Vulnerabilities for Poor Americans," *Washington University Law Review* 95 (2017): 53-125。

31 Virginia Eubanks, "Technologies of Citizenship: Surveillance and Political Learning in the Welfare System," in *Surveillance and Security: Technological Politics and Power in Everyday Life, ed. Torin Monahan* (New York: Routledge, 2006), 91。

32 John Gilliom, *Overseers of the Poor: Surveillance, Resistance, and the Limits of Privacy* (Chicago: University of Chicago Press, 2001), 6, 129, 1。

33 John Podesta et al., *Big Data: Seizing Opportunities, Preserving Values* (Washington, DC: Executive Office of the President, 2014)。

34 〈工作場所祕密監視的興起〉（The Rise of Workplace Spying），《週刊報導》（*The Week*），二〇一五年七月八日，http://theweek.com/articles/564263/rise-workplace-spying。

35 聯邦貿易委員會（Federal Trade Commission），資料仲介業者：有責與透明法提案〉（Data Brokers: A Call for Transparency and Accountability），華盛頓特區：聯邦貿易委員會，二〇一四年。

36 Virgina Eubanks, *Automating Inequality: How High-Tech Tools Profile, Police, and Punish the Poor* (New York:

St. Martin's Press, 2018)。

37 有關「三百萬」的分析，請見傑森・亨利（Jason Henry），〈洛杉磯警方、郡保安官每週掃描超過三百萬個車牌〉（Los Angeles Police, Sheriff's Scan over 3 Million License Plates A Week），《聖蓋博谷論壇報》（*San Gabriel Valley Tribune*），二〇一四年八月二十六日，https://www.sgvtribune.com/2014/08/26/los-angeles-police-sheriffs-scan-over-3-million-license-plates-a-week/；有關ICE的分析，請見愛波・格拉瑟（April Glaser），〈庇護城市提供ICE追蹤地圖〉（Sanctuary Cities Are Handing ICE a Map），*Slate*，二〇一八年三月十三日，https://slate.com/technology/2018/03/how-ice-may-be-able-to-access-license-plate-data-from-sanctuary-cities-and-use-it-for-arrests.html。

38 公民與人權領導者會議（The Leadership Conference on Civil and Human Rights），〈警察隨身穿戴式攝影機：政策成績單〉（Police Body Worn Cameras: A Policy Scorecard），二〇一七年十一月，https://www.bwcscorecard.org。

39 阿瓦・考夫曼（Ava Kofman），〈即時臉部辨識技術造成威脅，警方隨身攝影機將淪為監視機器〉（Real-Time Face Recognition Threatens to Turn Cops' Body Cameras into Surveillance Machines），*The Intercept*，二〇一七年三月二十二日，https://theintercept.com/2017/03/22/real-time-face-recognition-threatens-to-turn-cops-body-cameras-into-surveillance-machines/。

40 馬丁・卡斯特（Martin Kaste），〈奧蘭多警方測試使用Amazon即時臉部辨識服務〉（Orlando Police Testing

Amazon's Real-Time Facial Recognition），美國公共廣播電台（National Public Radio），二〇一八年五月二十二日，https://www.npr.org/2018/05/22/613115969/orlando-police-testing-amazons-real-time-facial-recognition。

41 請見Federal Trade Commission, *Data Brokers: A Call for Transparency and Accountability*。

42 Jonas Lerman, "Big Data and Its Exclusions," *Stanford Law Review* 66 (2013): 55-63。

43 Madden et al., "Privacy, Poverty and Big Data"。

44 羅斯．加利克（Ross Garlick），〈隱私權不平等的時代即將來臨，看起來並不值得期待〉（Privacy Inequality Is Coming, and It Does Not Look Pretty），*Fordham Political Review*，二〇一五年三月十七日，http://fordhampoliticalreview.org/privacy-inequality-is-coming-and-it-does-not-look-pretty/。

45 舊金山市郡，〈應用程式：交通運輸〉（Apps: Transportation），舊金山資料庫（San Francisco Data），二〇一八年，http://apps.sfgov.org/showcase/apps-categories/transportation/。

46 費城，「開放預算」（Open Budget），http://www.phila.gov/openbudget/。

47 關於性暴力受害者的分析，請見安德亞．皮特森（Andrea Peterson），〈為何六名通報性暴力的受害者姓名遭到達拉斯警方公布於網路〉（Why the Names of Six People Who Complained of Sexual Assault Were Published Online by Dallas Police），《華盛頓郵報》，二〇一六年四月二十九日，https://www.washingtonpost.

com/news/the-switch/wp/2016/04/29/why-the-names-of-six-people-who-complained-of-sexual-assault-were-published-online-by-dallas-police/。關於攜帶大筆現金者的分析，請見克勞蒂亞．瓦格斯（Claudia Vargas），〈市政府於持槍許可相關貼文訴訟取得和解〉（City Settles Gun Permit Posting Suit），《費城詢問報》（*Philadelphia Inquirer*），二〇一四年七月二十三日，http://www.philly.com/philly/news/local/20140723_City_settles_gun_permit_suit_for__1_4_million.html。

48 關於醫療資訊的分析，請見Klarreich, "Privacy by the Numbers"。關於政治立場的分析，請見伊森．齊爾（Ethan Chiel），〈為何華盛頓市政府在網路上任意公開發布每一位華盛頓選民的住址〉（Why the D.C. Government Just Publicly Posted Every D.C. Voter's Address Online），*Splinter*，二〇一六年六月十四日，https://splinternews.com/why-the-d-c-government-just-publicly-posted-every-d-c-1793857534。

49 Ben Green et al., "Open Data Privacy: A Risk-Benefit, Process-Oriented Approach to Sharing and Protecting Municipal Data," *Berkman Klein Center for Internet & Society Research Publication* (2017), http://nrs.harvard.edu/urn-:HUL.InstRepos:30340010。

50 Green et al., "Open Data Privacy," 58-61。

51 菲爾．戴爾（Phil Diehl），〈惡意軟體導致市政府資料洩漏〉（Malware Blamed for City's Data Breach），《聖地牙哥聯合論壇報》（*San Diego Tribune*），二〇 七年九月十二日，http://www.sandiegouniontribune.com/communities/north-county/sd-no-malware-letter-20170912-story.html。

52 賽琳娜・拉森（Selena Larson），〈Uber遭大規模駭客攻擊：目前已知資訊〉（Uber's Massive Hack: What We Know），CNN，二〇一七年十一月二十二日，http://money.cnn.com/2017/11/22/technology/uber-hack-consequences-cover-up/index.html。

53 Bruce Schneier, *Click Here to Kill Everybody: Security and Survival in a Hyper-connected World* (New York: W. W. Norton, 2018)。

54 布魯斯・施奈爾，〈資料是有害資產，為何不趕緊脫手？〉（Data Is a Toxic Asset, So Why Not Throw It Out?），CNN，二〇一六年三月一日，http://www.cnn.com/2016/03/01/opinions/data-is-a-toxic-asset-opinion-schneier/index.html。

55 Pinto, "Google Is Transforming NYC's Payphones"。

56 道格拉斯・洛西科夫，引用字Pinto, "Google Is Transforming NYC's Payphones"。

57 關於分發學生就讀學校的分析，請見阿爾文・羅思（Alvin Roth），〈為何紐約市高中入學程序並非百分之百合理〉（Why New York City's High School Admissions Process Only Works Most of the Time），*Chalkbeat*，二〇一五年七月二日，https://www.chalkbeat.org/posts/ny/2015/07/02/why-new-york-citys-high-school-admissions-process-only-works-most-of-the-time/；關於評鑑教師的分析，請見凱茜・歐尼爾（Cathy O'Neil），〈別用糟糕的演算法為教師打分數〉（Don't Grade Teachers with a Bad Algorithm），《彭博》，二〇一七年五月十五日，https://www.bloomberg.com/view/articles/2017-05-15/don-t-grade-teachers-with-a-bad-

algorithm；關於偵測醫療詐騙的分析，請見娜塔莎．辛格（Natasha Singer），〈讓大數據加入對抗保險詐欺的戰場〉（Bringing Big Data to the Fight against Benefits Fraud），《紐約時報》，二〇一五年二月二十二日，https://www.nytimes.com/2015/02/22/technology/bringing-big-data-to-the-fight-against-benefits-fraud.html；關於預防火災的分析，請見鮑伯．索羅卡尼奇（Bob Sorokanich），〈紐約市運用資料探勘打火〉（New York City Is Using Data Mining to Fight Fires），*Gizmodo*，二〇一四年，https://gizmodo.com/new-york-city-is-fighting-fires-with-data-mining-1509004543。

58 傑夫．艾許爾（Jeff Asher）與羅伯．亞瑟（Rob Arthur），〈一窺試圖預測芝加哥槍枝暴力的演算法〉（Inside the Algorithm That Tries to Predict Gun Violence in Chicago），《紐約時報》，二〇一七年六月十三日，https://www.nytimes.com/2017/06/13/upshot/what-an-algorithm-reveals-about-life-on-chicagos-high-risk-list.html。

59 傑瑞米．傑諾（Jeremy Gorner），〈有鑑於犯罪率高漲，芝加哥警方鎖定最有可能成為犯人與被害者的名單〉（With Violence Up, Chicago Police Focus on a List of Likeliest to Kill, Be Killed），《芝加哥論壇報》，二〇一六年七月二十二日，http://www.chicagotribune.com/news/ct-chicago-police-violence-strategy-met-20160722-story.html。

60 關於保密協議的分析，請見Elizabeth E. Joh, "The Undue Influence of Surveillance Technology Companies on Policing," *New York University Law Review* 92 (2017): 101-130；關於營業祕密的分析，請見Rebecca Wexler, "Life, Liberty, and Trade Secrets: Intellectual Property in the Criminal Justice System," *Stanford Law Review* 70 (2018): 1343-1429。

61 關於Intrado的分析，請見賈斯丁．約弗納（Justin Jouvenal），〈警方監視新方法：計算威脅「指數」〉（The New Way Police Are Surveilling You: Calculating Your Threat 'Score'"），《華盛頓郵報》，二〇一六年一月十日，https://www.washingtonpost.com/local/public-safety/the-new-way-police-are-surveilling-you-calculating-your-threat-score/2016/01/10/e42bccac-8e15-11e5-baf4-bdf37355da0c_story.html；關於Northpointe的分析，請見法蘭克．帕斯誇爾（Frank Pasquale），〈祕密演算法威脅法治〉（Secret Algorithms Threaten the Rule of Law），《麻省理工科技評論》（*MIT Technology Review*），二〇一七年六月一日，https://www.technologyreview.com/s/608011/secret-algorithms-threaten-the-rule-of-law/。

62 Robert Brauneis and Ellen P. Goodman, "Algorithmic Transparency for the Smart City," *Yale Journal of Law and Technology* 20 (2018): 146-147。

63 State v. Loomis, 881 Wis. N.W.2d 749, 767 (2016)。

64 Bernard E. Harcourt, "Risk as a Proxy for Race: The Dangers of Risk Assessment," *Federal Sentencing Reporter* 27, no. 4 (2015): 237-243。

65 茱莉亞．安吉（Julia Angwin）等人，〈機器偏見〉（Machine Bias），*ProPublica*，二〇一六年五月二十三日，https://www.propublica.org/article/machine-bias-risk-assessments-in-criminal-sentencing。

66 喬恩．克萊因伯格（Jon Kleinberg）、森德希爾．穆拉伊特丹（Sendhil Mullainathan）與曼尼什．拉伊文（Manish Raghavan），「風險指數公平判定中的取捨」（Inherent Trade-Offs in the Fair Determination of Risk

Scores),*arXiv.org*,二〇一六年,https://arxiv.org/abs/1609.05807。

67 紐約市議會(The New York City Council),「提案1696～2017:市政單位使用之自動化決策系統」(Int 1696-2017: Automated Decision Systems Used by Agencies),二〇一七年,http://legistar.council.nyc.gov/LegislationDetail.aspx?ID=3137815&GUID=437A6A6D-62E1-47E2-9C42-461253F9C6D0。

68 紐約市議會,〈科技委員會會議紀錄〉(Transcript of the Minutes of the Committee on Technology)二〇一七年十月十六日,第八到九頁,http://legistar.council.nyc.gov/View.ashx?M=F&ID=5522569&GUID=DFECA4F2-E157-42AB-B598-BA3A8185E3FF。

69 The New York City Council, "Transcript of the Minutes of the Committee on Technology," 7-8。

70 The New York City Council, "Int 1696-2017: Automated Decision Systems Used by Agencies"。

71 茱莉亞·鮑爾斯(Julia Powles),〈紐約市大膽而不完美的計畫:向演算法問責〉(New York City's Bold, Flawed Attempt to Make Algorithms Accountable),《紐約客》(*New Yorker*),二〇一七年十二月二十日,https://www.newyorker.com/tech/elements/new-york-citys-bold-flawed-attempt-to-make-algorithms-accountable。

72 陣列物聯網,〈陣列物聯網〉(Array of Things),二〇一六年,http://arrayofthings.github.io。

73 麥特·麥可法蘭德(Matt McFarland),〈芝加哥確實執行追蹤空氣品質與交通資料〉(Chicago Gets Serious about Tracking Air Quality and Traffic Data),CNN,二〇一六年八月二十九日,http://money.cnn.

com/2016/08/29/technology/chicago-sensors-data/index.html。

74 丹妮絲・利恩（Denise Linn）與格林尼斯・史塔茨（Glynis Startz），〈陣列物聯網公民參與報告〉（Array of Things Civic Engagement Report），二〇一六年八月，https://arrayofthings.github.io/engagement-report.html。

75 陣列物聯網，〈對民眾意見之回應〉（Responses to Public Feedback），二〇一六年，https://arrayofthings.github.io/policy-responses.html。

76 Green et al., "Open Data Privacy," 34, 41。

77 陣列物聯網，〈陣列物聯網執行政策〉（Array of Things Operating Policies），二〇一六年八月十五日，https://arrayofthings.github.io/final-policies.html。

78 布蘭登・凱利（Brendan Kiley）與麥特・費克瑟－維克爾克（Matt Fikse-Verkerk），〈你就是未經授權的裝置〉（You Are a Rogue Device），《陌生人》（*The Stranger*），二〇一三年十一月六日，http://www.thestranger.com/seattle/you-are-a-rogue-device/Content?oid=18143845。

79 Green et al., "Open Data Privacy," 89。

80 邁克・馬特米勒接受班・格林採訪，二〇一七年八月三日。本章所有引用自馬特米勒的內容皆基於此訪談。

81 西雅圖市政府，〈西雅圖市政府隱私權原則〉（City of Seattle Privacy Principles），二〇一五年，https://www.seattle.gov/Documents/Departments/InformationTechnology/City-of-Seattle-Privacy-Principles-FINAL.pdf。

82 西雅圖市政府，〈關於隱私權計畫〉（About the Privacy Program），二〇一八年，http://www.seattle.gov/tech/initiatives/privacy/about-the-privacy-program。

83 羅莎琳・芭拉澤爾（Rosalind Brazel），〈西亞圖市政府延攬金潔・阿姆布魯斯特出任隱私長〉（City of Seattle Hires Ginger Armbruster as Chief Privacy Officer），*Tech Talk Blog*，二〇一七年七月十一日，http://techtalk.seattle.gov/2017/07/11/city-of-seattle-hires-ginger-armbruster-as-chief-privacy-officer/。

84 請參考西雅圖資訊技術部門（Seattle Information Technology），〈關於監視條例〉（About the Surveillance Ordinance），二〇一八年，https://www.seattle.gov/tech/initiatives/privacy/surveillance-technologies/about-surveillance-ordinance。

85 安瑟爾・赫茲（Ansel Herz），〈西雅圖警方如何祕密非法購買工具以追蹤社群媒體貼文〉（How the Seattle Police Secretly—and Illegally—Purchased a Tool for Tracking Your Social Media Posts），《陌生人》，二〇一六年九月二十八日，https://www.thestranger.com/news/2016/09/28/24585899/how-the-seattle-police-secretlyand-illegallypurchased-a-tool-for-tracking-your-social-media-posts。

86 阿里・溫斯頓（Ali Winston），〈Palantir暗中利用紐奧良測試其預測性警務技術〉（Palantir Has Secretly Been Using New Orleans to Test Its Predictive Policing Technology），*The Verge*，二〇一八年二月二十七日，https://www.theverge.com/2018/2/27/17054740/palantir-predictive-policing-tool-new-orleans-nopd。

87 關於哈蒂斯堡的分析，請見哈斯克爾・伯恩斯（Haskel Burns），〈審查警方監視設備之條例〉（Ordinance Looks at Police Surveillance Equipment），《美國哈蒂斯堡報》（*Hattiesburg American*），二〇一六年十月二十八日，https://www.hattiesburgamerican.com/story/news/local/hattiesburg/2016/10/28/ordinance-looks-police-surveillance-equipment/92899430/；關於奧克蘭的分析，請見阿里・塔戴恩（Ali Tadayon）。〈奧克蘭將規定監視技術須經過民意許可〉（Oakland to Require Public Approval of Surveillance Tech，《東灣時報》（*East Bay Times*），二〇一八年五月二日，https://www.eastbaytimes.com/2018/05/02/oakland-to-require-public-approval-of-surveillance-tech/；更廣泛的討論請見美國公民自由聯盟，「社區對警方監視之控管」（Community Control over Police Surveillance），二〇一八年，https://www.aclu.org/issues/privacy-technology/surveillance-technologies/community-control-over-police-surveillance。

88 馬克・格羅曼，引用自吉爾・R・艾托羅（Jill R. Aitoro），〈定義隱私權防護前須先釐清何者並非隱私權防護〉（Defining Privacy Protection by Acknowledging What It's Not）《聯邦時報》（*Federal Times*），二〇一六年三月八日，http://www.federaltimes.com/story/government/interview/one-one/2016/03/08/defining-privacy-protection-acknowledging-what-s-not/81464556/。

89 奈哲爾・雅各接受班・格林採訪，二〇一七年四月七日。本章所有引用自雅各的內容皆基於此訪談。

90 關於開放資料，請見公民分析網路（Civic Analytics Network），〈致公開資料社群的公開信〉（An Open Letter to the Open Data Community，Data-Smart City Solutions，二〇一七年三月三日，https://datasmart.ash.harvard.edu/news/article/an-open-letter-to-the-open-data-community-988；關於網路中立性，請見金柏莉・

M・阿奎利那（Kimberly M. Aquilina），〈五十城市致信聯邦通信委員會訴求網路中立性〉（50 US Cities Pen Letter to FCC Demanding Net Neutrality, Democracy），*Metro*，二〇一七年七月十二日，https://www.metro.us/news/local-news/net-neutrality-50-cities-letter-fcc-democracy。

91 湯馬斯・格雷姆（Thomas Graham），〈巴塞隆納帶頭力抗智慧城市監視技術〉（Barcelona Is Leading the Fightback against Smart City Surveillance），《Wired》，二〇一八年五月十八日，http://www.wired.co.uk/article/barcelona-decidim-ada-colau-francesca-bria-decode。

第五章　打造創新城市：市政府內部技術與非技術部門的交互影響

智慧城市最誘人的特點之一，就是其創新的願景：運用尖端科技徹底改造市政府施政。而就像效率一樣，創新看似是價值中立的最佳選擇，這種模糊不清的吸引力令人難以抗拒，畢竟誰會希望自己居住的城市停滯不前，而不是積極創新呢？

以Sidewalk Labs的網站首頁為例，「創新」一詞就出現了五次（截至二〇一八年十月）：公司承諾會持續「投資創新」、將會「加速都市創新」、提供「促進創新的基礎建設」，以及將會「讓多倫多（該公司最具也新的計畫據點；請參見結論）成為國際化的都市創新樞紐」。[1]而在其他地方，該公司則宣稱「我們的使命是加速都市創新的流程」[2]，看來比起科技本身，創新更像是Sidewalk的主要產品。就這個角度而言，創新也屬於其中一種智慧城市熱門用語，就如同「最佳化」和「效率」：定義不清但被視為價值中立且利於大眾的目標，經常被企業當作用於推展其企圖的宣傳詞。

毋庸置疑，城市確實會因為新的思維、政策、措施和工具而獲益，然而，像Sidewalk的智慧城市支持者卻模糊了焦點，把創新和科技劃上等號，或者用Sidewalk的修辭來解釋，就是做出「重塑城市以改善生活品質」需要透過「數位革新來翻轉都市環境」這樣的錯誤結論。[3]

我們會透過這一章解析這種觀點究竟有多麼偏頗，不只是因為單靠科技無法解決棘手的社會和政治問題，也因為市政府有一項我們在先前已經觀察到，但尚未徹底解析的職責：為了要讓科技帶來益處，市政當局必須先克服制度上的障礙，而方法就是改革政策和措施。本章將會提到多個城市的案例研究，其中最值得一提的包括紐約市、舊金山和西雅圖，為了運用資料改善施政和都市生活，這些城市都歷經了艱苦的過程。我們可以從中觀察到科技和創新之間的關係，其實和科技狂熱者所認知或歌頌的大相逕庭。

***

二〇一五年七月，紐約市公共衛生官員發現南布朗克斯爆發退伍軍人病（Legionnaires' disease，一種急性肺炎），已有七人死亡，數十人遭到感染。如果不立即處置，這種疾病可能會蔓延到整個布朗克斯，甚至擴大到整個紐約市，威脅數百萬人的健康。

紐約市健康與心理衛生局（Department of Health and Mental Hygiene，簡稱「DOHMH」）迅速判定引發這種疾病的退伍軍人菌，潛伏在大樓頂端的冷卻塔，也就是用於輔助大樓空調系統的設備。這是很常見的退伍軍人病來源，尤其是在空調使用頻率增加的夏季。DOHMH在清潔遭到汙染的冷卻塔時，員工意識到全市都應該進行檢查，才能避免疾病潛伏在其他類似地點。於是，紐約市議會授權市政府組成緊急應變小組，快速記錄並清潔每一座冷卻塔。

從各方面看來，這對全美國人口最多的城市來說不是什麼新鮮事。由紐約市緊急事件管理處（NYC Emergency Management，簡稱「NYCEM」）所領導的各部門，已經很擅於協調危機應變，不論是颶風、恐怖攻擊或全市大停電。不過在退伍軍人病的案例中，協調各個單位並不足以解決問題，市政府還必須整合來自各處的資料。在採取應變措施的同時，有必要考慮幾個關鍵的問題：全紐約市有多少座冷卻塔？地點在哪裡？所有者是誰？哪些冷卻塔潛伏著退伍軍人菌？這些問題都無法立即或輕鬆解答。只有一小部分的建築設有冷卻塔，然而市政府並沒有完整記錄冷卻塔地點或所有者的資料庫。

於是在危機出現滿一週的週五下午，市長辦公室致電紐約市的分析長阿曼拉．瑪沙立奇（Amen Ra Mashariki）尋求協助。

「不難想像這次危機的規模前所未見。」瑪沙立奇回想起當時的情況如此表示：「我們身為政府單位的核心職責，就是保護紐約市民。」如果無法迅速找出並檢驗所有冷卻塔，退伍軍人病的傳染情況可能會全面失控。瑪沙立奇補充說道，這次緊急事件特別艱難的地方在於，解決問題需要「一組從來沒有人想到過的資料集。整個市政府或建築管理部門之中，沒有半個人曾經一早醒來然後說：『我們務必要把冷卻塔資料集當作優先事件處理，因為可能會發生和冷卻塔相關的緊急事件。』這樣的資料集根本不存在，但這時候我們就是必須篩選出這些資訊。」[4]

還好紐約市民夠幸運，瑪沙立奇特殊的個人和專業背景，使得他有能力應付此刻的問題。

瑪沙立奇來自布魯克林（Brooklyn）的中產階級家庭，從小深受到雙親影響：父親是越戰退伍軍人，積極參與社會活動，並成立非營利組織協助其他退伍軍人；母親則是ＩＢＭ的人力資源主管，瑪沙立奇因為母親的職位而有機會接觸到最初幾代的個人電腦。童年時期，他沈迷於電腦和電動遊戲，甚至迫不及待想學習如何用程式編寫遊戲《大金剛》，每逢學校放假，母親就會帶著他一起進辦公室。瑪沙立奇的母親自學用BASIC（一種早期的程式語言）編寫程式，並在兒子四年級時，開始教他寫程式。

瑪沙立奇在大學取得電腦科學學位之後，在芝加哥的Motorola獲得令人稱羨的工作機會，他在公司建立成功的職業生涯，並開發出雙向無線電通訊的安全協定；接著，在二〇一一年九月十一日，雙子星大樓（Twin Towers）遭到攻擊。隔天，當瑪沙立奇復工，辦公室一切運作如常，他開始思考自己的工作對世界有什麼影響力。「如果發生了一件改變世界的大事，但我的工作卻沒有任何改變，那麼只有一種推論是合理的：我的工作對這個世界沒有人影響力。」他做出了這樣的結論。

瑪沙立奇過去投身開發的技術，也許有助於催生出當今我們仰賴的智慧型手機，但研發尖端科技已經無法帶給他成就感。於是瑪沙立奇跟隨活動分子父親的腳步，在當天決定「從現在開始我所做的一切都必須要有明顯的影響力」。

在後續將近十年的時間，瑪沙立奇從事醫療業，開發手術機器人和分析癌症療法資料的軟體，接著在二〇一二年投身政府體系，在美國人事管理局（Office of Personnel Management，簡稱「OPM」）擔任白宮學者（White House Fellow）。身為首位成為白宮學者的電腦科學家，瑪沙立奇雄心壯志且滿懷自信地認為，自己的科技專業可以協助政府解決各種問題。「我剛來的時候心想：『我一定會變成大紅人。』」他一面回想，一面因為自己當時在演講時的發言而感到難堪，他宣布要用演算法「『修正各位做事的方法，並且徹底推翻各位面對問題的思維。』我當時很肯定自己進入政府之後，會變成超級英雄。」他這麼說：「然後我記得自己看了看四周，心想：『為什麼他們看起來不怎麼相信？』」

換句話說，瑪沙立奇進入政府體系時，就是個典型的科技專家，他確信尖端科技是眾多政府難題的解決方案，而奉獻科技專業會讓自己成為救星。然而，他早期在人事管理局推動的計畫卻是一敗塗地，因為他提倡的解決方案和模式根本不符合單位的需求，瑪沙立奇過度把焦點放在把科技用於每一種情境，而不是去理解問題本身。

「想當然，我慘痛失敗了好幾次，而且原因都不太一樣。」瑪沙立奇邊笑邊回想。每當瑪沙立奇建議採用某項技術，並自認為這是快速又明顯的解方，他都會遭到反駁，因為同事早已考慮過這項技術，並認定無助於解決這個單位的需求。

這段經歷幫助瑪沙立奇卸下科技有色眼鏡，也讓他明白運用科技解決政府問題，其實比表面上看來更加困難且複雜。他開始理解自己過去以為是科技問題的議題，實際上牽涉到組織的能力和需求，而解決這些問題的關鍵在於和人與制度合作，而不是打造新技術。瑪沙立奇也觀察到，官僚制度雖然經常被指責是阻礙創新的元凶，卻能夠避免推出糟糕的措施。與預期不同的是，瑪沙立奇發現和體制合作事實上比推翻體制更有生產力，他對政府先入為主的懷疑心態漸漸消退，只剩下「對於公僕的崇高敬意」。

瑪沙立奇在二〇一三年被任命為人事管理局的科技長，並負責主導數位化聯邦政府退休流程這項大型計畫。如果是一年前，瑪沙立奇會把心力放在找出最佳軟體，並說服同僚採用，不過現在他明白成功取決於集結眾人之力，同時要注重體制的需求。於是他列出需要考量的眾多因素：「你必須建立人際關係；必須建立共識；必須找出要影響的對象；必須找出可以提出洞見的對象。」瑪沙立奇也知道不該輕忽組織內其他人的專業，眼看同事對這項計畫極度懷疑，他決定鞏固整個人事管理局的信任感，並強調：「我們不是來指揮各位該怎麼工作，我們是來協助各位、學習各位工作的方式、並且強化各位的能力。」瑪沙立奇以人為重的方法非常成功：在六個月期間，他的團隊所達成的進展，超過了其他人過去十五年在人事管理局的成果。

二〇一四年瑪沙立奇離開人事管理局，成為紐約市的分析長暨市長資料分析辦公室（Mayor's Office of Data Analytics，簡稱「MODA」）主任，後者是紐約市在前一年新成立的市政分析單位。瑪沙立奇在人事管理局見識過運用科技改善政府的侷限和潛力之後，非常期待面對「成為全球最大城市之一資料長的挑戰。怎麼會有人不想接下這個戰帖？」瑪沙立奇知道這會是自己人生中最吃力的職位，不過他現在坦承：「我當時完全沒有預想到這份工作究竟會多複雜。」

退伍軍人病爆發之時，瑪沙立奇才就任九個月，這項任務的規模和解決問題所需要的精準判斷非同小可。紐約市內有超過一百萬棟建築，考量到市政府有限的人力和經濟資源，一一探訪建築以檢查冷卻塔會費時數年，導致細菌趁機滋生和蔓延。話雖如此，市政府一定得全面鎖定冷卻塔，瑪沙立奇解釋：「調查所有建築物這件工作不能只有百分之九十八確定，一定要百分之百確定。」瑪沙立奇的任務是加速調查節奏，要運用資料和分析結果找出最可能設有冷卻塔的建築，而這些建築就會是檢查和清潔團隊應該鎖定的地點。

不幸的是，統合全市政府的資料來拼湊出清楚的全貌，事後證實比眾人所預期的更加困難。舉例來說，起初MODA以為所需的資料在財政局（Department of Finance，簡稱「DOF」）手中，因為部分有冷卻塔的建築在財政局有課稅減免的追蹤紀錄，然而這份資料集並沒有包含所有冷卻塔，也沒有註明建築所有人的姓名和聯絡資訊，但必須要有這些資訊才能確認冷卻塔的存在，接下來才能進行登記和鑒察。另一方面，建管局（Department of Buildings，簡稱「DOB」）雖然有蒐集關於建築所有人的資訊，對比兩種資料集卻是出奇地困難，因為建管局是透過地址辨識建築，而財政局是透過房產稅。此外，建管局有記錄使用冷卻塔的建築數量，但忽略了有些冷卻塔是由多個建築共用，有些建築則是同時使用多個冷卻塔。MODA的第一項工作是整合這些相互衝突又不完整的資料集，但費盡心思也只能拼湊出不完全的冷卻塔和所有者清單。

這種資料的闕漏和落差在市政府內部其實很常見，儘管有很多部門蒐集著名目上相關的資料，各部門通常會以不同的方式詮釋和記錄資料。由不同部門蒐集的資料集多半都不是以整合為目的，每個行政單位都有各自的資訊技術系統和資料架構，等於是專為各單位的需求和職責量身打造。這種做法有助於日常工作，但遇到需要整合多部門資料的計畫時，反而會造成阻礙。

「很多人並不瞭解，其實有各種不同的方法可以計算全市的建物。」瑪沙立奇如此解釋：「很常見的狀況是，你以為自己是在計算相同的東西，結果這兩個單位根本就是在統計不同的對象，而且他們向市府領導人報告的時候，也是用兩種不同的方法。這時候如果你沒有像MODA一樣的團隊，就會變成災難一場。」

在這次危機之中，需要多方資料才能解決問題，但沒有空間可以犯下上述的錯誤。建管局架設了網站讓建築所有人可以登記冷卻塔；市政府的311呼叫中心則負責聯絡建築所有人，尋問對方建築是否確實設有冷卻塔；紐約市緊急事件管理處針對全市進行民調，做為大眾宣傳活動的一環；消防人員在市內各處查訪，檢查建築是否裝有冷卻塔；健康與心理衛生局負責檢驗和清潔鎖定的冷卻塔。

最後，串連這些連續行動的重任就落在MODA身上。每天早上七點，MODA會告知各單位最需要投入外展服務或檢查資源的地點，接著各部門要在當天進行被交付的工作，且全程記錄資料。到了晚上十一點，MODA會收到各單位的進度報告，並依此評估整個應變計畫的進度，決定各單位隔天的任務。瑪沙立奇和他的團隊開始習慣無法入睡的夜晚。

MODA的下一步是整合這些迥異又不完善的資訊流，才能快速而精確地鎖定紐約市的每一座冷卻塔。在危機應變計畫初期，市政府檢查和清潔團隊所探訪的建築之中，只有一成確實設有冷卻塔，而這樣的外展服務浪費了大量的時間。考量到這樣的低命中率，而紐約市共有超過一百萬座建築，可能要費時數年才能找到所有冷卻塔。為了加速計畫進度，MODA著手開發機器學習演算法，可以比對未知建築和已經確認有冷卻塔的建築特徵，藉此辨識出哪些建築最可能設有冷卻塔。

雖然開發演算法需要先進的資料分析技術，但如果MODA只把這項工作當作單純的技術挑戰，註定會失敗。所幸瑪沙立奇和團隊有與其他市政單位合作，不只是專注在最佳化演算法。MODA列出的第一份冷卻塔可能地點清單包含七萬棟建築，可以說是好的開始，但如果他們希望能搶得先機，避免更多人感染疾病或情況惡化，這樣的檢查數量仍然過多。不過，在檢視這份清單時，有幾位消防員提出了一項關鍵但分析結果卻遺漏的細節：紐約的消防法規禁止低於七層樓的建築裝設冷卻塔。MODA將這條資訊納入演算法之後，冷卻塔可能地點清單的建築數量只剩下一半。

「機器學習演算法不會知道像這樣的資訊，」瑪沙立奇解釋：「如果這些夥伴沒有告訴我們：『不用，你們不必去檢查那些建築。』我們可能還在用比較大的資料集到處嘗試。」雖然年輕版的瑪沙立奇可能會想用精密的演算法拯救全市，但職業生涯已經走到這一步的他瞭解資料和科技本身無法解決所有問題。因此，即便此刻紐約市需要準確精細的資料才能拯救生命，他還是跨出資料庫和分析的領域，盡可能取得更多背景知識。「你可以準備好酷炫的機器學習演算法，」瑪沙立奇說出他的觀察：「但實際上發揮最大功用的是那些在工作現場的人所提供的知識。」

在其他單位提供背景知識的輔助之下，MODA的機器學習演算法辨識冷卻塔的準確度達到百分之八十，比起整合分析結果之前的市府命中率高出八倍。這套演算法為市政府提供所需的指引，讓市政府可以在數週內鎖定、檢查並清潔紐約市內每一座冷卻塔，成功於八月中旬阻止疫情爆發。最後的統計數據不容小覷，共有一百三十八人染病和十六人死亡，是紐約市有史以來最大規模的退伍軍人病感染事件，[5]但如果沒有MODA促成的高效率應變計畫，後果可能會更加嚴重。

＊＊＊

根據瑪沙立奇的說法，退伍軍人病爆發堪稱是「變革的關鍵」。執行應變計畫期間所經歷的挑戰，突顯出資料品質和用途的重大不足之處，這可能會在未來的危機中癱瘓紐約市。下一次有緊急事件發生時——瑪沙立奇很肯定會有下一次——市政府必須要做出更高效也更有效率的反應。下一次消防局也許就沒有餘力穿梭整個城市蒐集資料，而多花一天時間在整合不一致的資料集，都可能會拖慢應變計畫，導致危機惡化。

由於瑪沙立奇知道不可能精準預測下一次緊急事件是什麼，以及哪些資訊會是關鍵——他把這類因素稱為「未知的未知」——他意識到市政府必須做得更多，而不是只是清理特定的資料集，或蒐集某種新類型的資訊。換言之，整個紐約市政府的部門都必須改善自身的資料基礎架構，並培養通用的資料技能，才能確保各部門都可以更有效地取得、詮釋和運用資料來達成任何目標。

根據市政府現有的教戰守則，瑪沙立奇進行了一點調整。紐約市緊急事件管理處的職責之一是執行緊急演習（類似火災演習，但主要是針對市政危機），在演習中，各單位要練習應對緊急事件如熱浪、沿岸風暴和暴風雪。這類演習可以提供低風險的機會，讓市府單位找出服務和協調的漏洞，確保真正的危機發生時，各單位能準備萬全地行動和合作。瑪沙立奇仿效紐約市緊急事件管理處的做法，研擬出類似的訓練機制，並稱為「資料演習」，過程中各部門可以練習共享資料，並運用分析結果支援市政府對緊急事件的應變。

第一場資料演習在二〇一六年六月登場，集結了十二個單位負責處理假想的布魯克林大停電。布魯克林區的所有電梯都無法運作，導致市民被困在建築物內亟待救援，而市府部門必須要整合多個單位的資料，來判斷區內每一座電梯的位置，預測出哪些建築中受困於電梯的市民可能受傷，還要研議出派遣策略，以便迅速指派緊急應變車輛到這些地點；下一場演習舉辦在數個月之後，情境是沿岸風暴造成災情，因此各單位必須整合緊急事件後勘查所產生的新資料和現有資料庫，以評估災後損失；第三場資料演習則著重在資料共享，讓市政單位有機會練習如何在緊急危機期間取得和運用不同部門的資料。[6]

就MODA的觀點，這些演習都有其必要性，因為除非各部門能夠管理和瞭解相關資訊，否則想用資料改善施政和紐約的生活品質根本是天方夜譚。資料演習創造了在各種狀況下與資料互動的機會，促使紐約市府員工讓資料的用途更有效果和影響力，各部門開始瞭解哪些資料是由其他單位負責蒐集，以及如何處理部門內的資料，以便其他單位使用。為進一步輔助演習計畫，MODA著手開發讓資料更容易解讀和取得的科技工具，團隊的第一項大型專案是全面性的「建築智慧」工具組，將七個單位關於建築的資料整合在單一的互動式系統中，讓各部門不必再費心去解讀不同單位提供且相互衝突的建築資訊。資料演習也有助於各部門更熟悉分析和應用資料，不論是在處理緊急事件或改善日常措施方面。隨著這些做法、流程和工具融入整個市政府的體系，MODA因此能夠協助各部門更有效地服務紐約市民，例如在一項專案中，團隊運用機器學習協助住房維護與開發部（Department of Housing Preservation and Development），主動防止房東騷擾或強迫房客搬離租金管制屋（rent-controlled apartments，譯注：美國部份地區針對低收入者提供的社會福利，讓有需求者可用低廉的費用租房）。

瑪沙立奇的資料演習示範了城市可以如何變得「適宜智慧」，也突顯出這麼做的益處。我們無法預測將來會需要哪些資料和演算法，畢竟城市的組成太過複雜，但我們可以預測哪些類型的問題會發生，以及運用資料時會衍生出哪些挑戰：管理不佳的資料集可能會精準或不完全；不同部門之間的資料流通不足；以及無法整合出跨資料集的資訊。這些挑戰本身並不算是科技問題，但為求有效運用新科技，這些是一定要克服的挑戰。

就如我們在詹森郡的例子（請見第三章）也觀察到類似情況，上述的問題通常都源於市政部門及單位大致上都是以獨立組織的形式運作：根據各自的特定工作和職責蒐集所需的資料，但沒有考量到其他部門握有什麼資料。兩個單位可能都是在監管相同的市政層面，但記錄資訊的方法卻讓兩種紀錄難以比對，再加上以前資料除了立即的用途之外，並沒有被視為可另外用於分析的資源，因此在過去幾乎沒有必要落實資料品質標準，或是找出藏在各部門電腦深處的資料集。更遑論市府員工通常都缺乏資料分析的相關訓練，多半不信任外部人士試圖用科技改善或修正內部工作方式。

在舊金山，資料長喬伊．博納古羅（Joy Bonaguro）肩負克服以上挑戰的重任，目標是讓資料成為更有價值的資源。博納古羅對熱門新詞沒什麼興趣，只想直接切入重點，因此能堅定抗拒科技有色眼鏡的誘惑。這種抗拒態度有其必要性，因為儘管博納古羅的終極目標是協助舊金山市政府更有效運用科技，但她面臨的主要是與人和政策相關的挑戰。

博納古羅的設計背景，使得她尤其注重科技使用者的需求，而不是科技的功能，而她自稱是「《哈佛商業評論》(*Harvard Business Review*)上癮者」，很擅長應對像市政府這樣的複雜官僚體系。這些觀念有助於博納古羅專注在利用資料改善舊金山，而不被新科技的熱潮迷惑。「智慧城市非常以科技為中心，且完全用科技在推動，這通常都不是什麼好策略。」博納古羅表示：「我們採用資料科學的原因並不是為了要酷，而是要證明這是我們該用的工具。」[7]

自從在二〇一四年接任資料長起，博納古羅和她的團隊DataSF就在負責系統化整個市政府的有效資料基礎架構和治理工作。團隊的第一步，是要求每個部門建立和共享資料清單，編列出部門內管理的資料來源和資料集。到了二〇一五年三月，五十二個部門之中有三十六個部門彙整出完整清單；截至二〇一八年十月，共有九百一十六個資料集編列完成。[8]

DataSF的下一步，是讓這些資料集更容易跨部門取得：針對大部分的資料，可以直接公開發布在舊金山市政府的開放資料入口平台，供任何部門(以及任何大眾)存取，而不需要經過官僚系統管道或處理資料共享協議；市政府的清單中，有超過半數的資料集都已經做為公開資料發布。至於比較敏感而無法公開發布的資料，必須擬定資料共享協議，但這項流程相當繁複：一份共享協議將可以促使所有的當地衛生和民政單位彼此協調提供服務，然而需要超過一年的時間才能建立。[9]

DataSF的下一階段計畫，是確保市政府的資料品質足以用於分析，這表示資料集必須要精確、即時、一致且完整。舉例來說，如果冷卻塔的相關資料紀錄有闕漏或多年沒有更新，就沒有什麼用處。然而，由於市府員工鮮少運用行政資料進行分析，他們所受的訓練並未包括考量這些因素，因此博納古羅開始教育員工資料品質的原則，以及如何符合原則。二〇一七年，DataSF推出名為「如何確保資料品質」的指南，其中附有學習單引導市府員工認識評估和改善資料品質的必要步驟。[10] DataSF團隊也訓練各部門如何進行資料剖析（data profiling），這項方法是用於評估資料集的完整性和可靠性。博納古羅指出，讓各部門釐清內部資料侷限的做法，很快就獲得成效：「我們進行的測試是剖析某個部門的資料，然後帶到會議上討論。部門成員全都大吃一驚，他們從來沒有用這種角度看待自己手中的資料。」這個部門的員工對於資料品質不佳感到震驚，從此開始遵循DataSF新推出的品質指南。DataSF也建立了全市適用的常見欄位標準，例如日期和地點，便於進行跨資料集的比對紀錄和加總統計數據等作業。[11]

建立規劃良好、容易存取且高品質的資料生態系，需要舊金山市政府全體的多年努力，然而，這不過是更大規模計畫的基礎而已：唯有真正有助於各部門提供更理想的服務和治理措施，資料得加值才能提升。博納古羅深知這一點，因此近期將工作重點轉移到訓練各部門改善應用資料的做法。

而就是在這個階段，博納古羅具備管理和使用者設計的專業，加上她為人謙遜的特質，發揮了關鍵的作用。她直言，如果DataSF與各部門溝通的方式是宣稱資料可以解答一切，「你甚至不會被嘲笑，只會直接被忽略。」任何部門都會乾脆選擇避免和DataSF合作。「你真的必須把重點放在培養良好的互動關係，」博納古羅補充說道：「這些員工都很瞭解自己的工作，我們可以從他們身上學到很多。」

博納古羅也明白，不該馬上強迫部門接觸最複雜的資料應用，畢竟透過新模式進行決策，可能會涉及大幅改變行事方法。而如果市府員工不熟悉資料和演算法，科技可以改善其工作的說法，可能會讓一些人覺得受到威脅或侮辱，有一部分是因為過去的負面經驗使然：科技專家急於推行新措施，但不怎麼尊重現有員工的行事方法和專業。體認到這些阻礙之後，博納古羅努力瞭解部門需求，並「設身處地地為他人著想」，她與市政府主計處（Controller's Office）合作推出學習方案「資料學院」（Data Academy），宗旨是「提升全市政府的資料技能與能力」，其中課程所教授的技能包括運用資料庫、視覺化呈現資料，以及建立資訊儀表板。「我們是用誘導性藥物的角度來思考所有事情，『資料學院』就是我們的誘導性藥物。」博納古羅分析：「這就像一連串的故事情節，讓人一步步往『資料應用鏈』上方走。」

這些策略成功地協助博納古羅幾乎與市府上下每一個部門都培養出良好關係，儘管有些員工很樂意運用資料，有些卻很抗拒破壞性創新且拒絕受影響。為了證明資料的價值和展現自己的誠意，博納古羅展開多項小型計畫，目的是解決各部門的優先目標和需求，她會提出一些問題，如「有哪些重要問題是你覺得很難回答，或是一次又一次被問起？」並且將對方的回應用於建立儀表板，以追蹤並視覺化呈現員工的興趣指標，由此展示資料可以如何破除部門缺乏效率的通報作業，不再讓資料難以取得和解讀，進而改善各項措施。

博納古羅回憶起，有個部門在第一次會議時，花了大半時間對著她大吼，不過她仍然堅定地照顧這個部門的需求，並和成員協力製作出數種儀表板，來協助部門追蹤自身的表現。這個部門很快就對博納古羅產生信任感，並以更有效的方式運用資料，從此在工作表現有長足進展。「這就是讓他們進入下一階段的方法，」博納古羅解釋：「你先成功解決某個問題，就等於建立了信任基礎，然後基於這個基礎就可以再往下一步發展。那要怎麼發現最初的問題呢？透過使用者研究和設計思維，而不是科技思維。」

即便在部門意識到資料是有價值的資源之後，還是有很多工作尚待完成。我們在前文已經看過不少案例，要選擇哪些指標進行監測和最佳化，本身就是困難且影響深遠的任務。很多立意良善的計畫想在政府體系內善用資料，但最後功敗垂成，就是因為無法將大量可用的資料整合成切實目標的指標。「指標是很棘手的問題，大部分的指標都不夠好。」博納古羅直言並補充表示，如果選擇了錯誤的指標，「那麼你根本就是在往錯誤的目標前進」。

博納古羅指出，政府部門很常追蹤和措施數量及流程相關的指標，然而，卻忽略了這些措施的實際影響力和理想的成果。與其問各部門在去年服務了多少民眾，博納古羅會問：「民眾獲得的服務如何？結果如何？」本章的下一節將會討論到，社會服務單位如果把焦點放在服務人數，而不是這些服務所帶來的影響，這個組織的目標終究會失敗。正因如此，DataSF才會推出「資料學院」課程，以協助各部門設計符合其特定措施和目標的指標，課程將指標分成三種類型：完成了多少工作（數量）、工作成果如何（品質）、誰因此獲益（影響力）。

博納古羅把上述的努力都視為「肥沃土壤」，用於滋養市政府資料應用最複雜的階段：利用機器學習改善措施。二〇一七年DataSF展開專案，協助政府部門善用資料科學，其中一些部門很快就上軌道。[12]公共衛生局（Department of Public Health）建立了預測性模型，用於辨識退出WIC（亦即聯邦政府推出的計畫「女性、嬰兒和兒童」〔Women, Infants, and Children〕，專為低收入的懷孕女性、新手媽媽和年幼兒童提供服務）的母親，由此找出這項計畫的不足之處，進行改善，以便為女性和她們的孩子提供更適當的援助。[13]在另一項專案中，市長住房與社區發展辦公室（Mayor's Office of Housing and Community Development）建立的演算法，則是用於通報看似異常或非法的搬遷通知，以提醒市政府的迫遷預防服務即時干預，讓住戶可以安心續住。[14]

博納古羅在舊金山市政府的努力方向和瑪沙立奇在紐約市政府所做的不謀而合，而兩人之所以都堪稱是適宜智慧城市領導人表率的關鍵，並不在於他們的科技專業，而是在於他們能夠善用科技方面的敏銳判斷力，確實切合市政需求和措施。儘管智慧城市的支持者，總是強調機器學習演算法可以帶來多少價值，但要實現這類效益，前提是經過冗長繁複的管理程序和制度變革：建立資料清單、消除部門之間的落差，以及訓練市府員工管理和應用資料。

即便在這之後，資料的分析結果也無法直接轉化成社會影響力，還是需要經常遭到科技狂熱者詬病的傳統政府措施才能落實。以紐約市為例，MODA確實提供了珍貴的資訊和分析結果，來協助應變退伍軍人病的爆發，但是解決這場危機的並非分析資料本身：紐約市緊急事件管理處負責協調多個單位的行動，消防部門負責檢查建築以鎖定冷卻塔，健康與心理衛生局則負責檢驗和清潔冷卻塔。這些行動才是阻止退伍軍人病疫情蔓延的關鍵。MODA確實為指揮這些行動提供了協助，但成功防止疫情擴散最終仰賴的還是其他單位的工作與專業。

「我不想把事情描述得好像MODA是最大功臣。」[15]瑪沙立奇在分享退伍軍人病爆發的經驗之後這麼說道：「資料和分析結果的功能不是解決問題，而是輔助市政府裡可以解決問題的人，強化他們能力。找到紐約的所有冷卻塔就像是在稻草堆裡撈針，MODA的任務不是找到這根針，而是把稻草燒光，讓真正負責這項工作的人可以更容易找到針。」[16]

＊＊＊

像MODA和DataSF的團隊扮演非常重要的角色，因為即便是立意再好的計畫，也可能會因為資料管理不佳和單位之間缺乏整合而一敗塗地；西雅圖遭遇的就是這種情況，民生服務部（Human Services Department，簡稱「HSD」）發現為抑制遊民問題所做的嘗試和後續的成果之間，有很大的落差。二〇一五年，西雅圖無家可歸的人數超過一萬名，其中有四千人露宿街頭，和二〇一三年的數據相比增加了三成八，同時西雅圖的遊民人數已經連續第四年成長。[17]每年有數十名遊民死亡，還有數千名孩童無家可歸。[18]隨著市政府結束以終結遊民問題為目標的十年計畫（始於二〇〇五年），西雅圖所面對的情況顯然已經是「史上最糟」，[19]以至於地方領導階層必須宣布進入緊急狀態。

對於像夏琪拉・博爾丁（Shakira Boldin）這樣的遊民母親而言，為自己和兒子尋求服務一直都是很難的事，她回想當時的情況：「我打電話給專案的時候，他們不是額滿了，就是沒有空間，或是沒有辦法同時收留我和年紀還小的兒子。」地方的服務機構缺乏資源和整合，無法為博爾丁的家人提供所需的支援，來保障安全和脫離無家可歸的狀態。「我不得不讓兒子處在非常不安穩的環境裡，」她表示：「我們睡覺時只能在地上鋪墊子，我根本無處可去。」[20]

民生服務部扮演維護地方社會安全網的關鍵角色，深知有必要大刀闊斧地改變。儘管西雅圖市政府並沒有直接營運任何遊民收容所或其他專案，不過有提供經費給以社區為主的組織，一般稱之為「服務機構」，以執行如收容所、衛生中心和供餐專案等服務。民生服務部每年花費五千五百萬美元資助遊民服務，然而，像博爾丁的家庭仍然會掉出安全網，於是，為了判斷部門的表現和不足之處，民生服務部針對遊民服務的經費挹注進行詳盡的分析。[21]

「我們必須全面調查才能瞭解這些經費發揮了什麼作用。」民生服務部副部長傑森．強森（Jason Johnson）表示：「結果我們發現，我們不一定能知道答案，我們不一定有充分的資訊能得知專案是否成功、是否能幫助民眾脫離無家可歸的狀態，並入住固定住所。這就是我們恍然大悟喊出『啊哈！』的瞬間。」強森這麼說：「我們根本沒辦法說出故事的全貌，究竟這些資金挹注和專案對於個人有什麼幫助，而這就是我們接下來該解決的問題。」[22]

民生服務部發現無法確實評估自身業務對民眾生活的實際影響程度，也無法確認專案能否提供有效的服務之後，才意識到部門內關於遊民專案的資料極為不完整。[23]資訊分散在三個獨立的資料系統，這不僅導致資料輸入作業變得冗贅，也無法一致呈現出服務和後續成效的全貌。由於民生服務部過去並未清楚表達對資料的需求或是資料的價值，服務機構通常會通報不完整或不可靠的資訊，這也進一步削弱民生服務部對資料的關注，最後造成惡性循環，導致服務機構合理化自身差強人意的通報措施。如此疏於資料管理使得民生服務部難以回答甚至是簡單的遊民問題，如果要確定多少人曾經領取供餐，會需要一位主管整合十個專案專員的資料，再將不同試算表的數字手動加總。而如果要回答更複雜的問題，例如哪些家庭在獲得服務之後，已經有固定住所，根本是不可能的任務。「不論是提供經費的一方或是提供服務的一方，光是蒐集和通報數據及資料就花費了太多精力。」強森如此描述當時的情況。

不過，這並不表示民生服務部徹底缺乏關於遊民服務的資料，強森表示「我們有很多資料」是來自服務機構，不過多半都是「一大堆『小工具算出的數字』，例如服務過的人數以及這些人的人口統計資料。」

「西雅圖已經深陷在這錯綜複雜的後果之中。」克利絲汀娜・格羅佛－羅貝爾（Christina Grover-Roybal）表示，她是曾協助民生服務部評估和改良遊民服務的哈佛大學「政府效能實驗室」（Government Performance Lab）研究員。[24] 市政府以缺乏系統的方式評估專案成效，採用的評估標準有如大雜燴：沖澡次數、獲得服務的人數、發送的食物數量、轉移到固定住所的人數等等，即便是同一類型的服務（例如整個城市的緊急收容所），通常也都是用不同的指標進行衡量。正因如此，格羅佛－羅貝爾分析，民生服務部「真的無從比較不同專案的成效，就算這些專案採用相同的服務提供模式也是如此」。

格羅佛－羅貝爾補充說道，在這樣的制度下服務機構也面臨很多困難：「有時候一個機構會負責執行相同的專案，但是營運兩個不同的收容所，而這兩個收容所會有不同的成效，市政府又會要求機構對此負責。所以，作為服務機構，他們根本不知道自己的目標是什麼。我們必須要讓西雅圖市政府有辦法以一致的方法追蹤每一個遊民服務專案。」

由於西雅圖市政府並沒有明確告知服務機構政府希望達到什麼成效，每一個服務機構都在往不同的目標努力。「我們並不是一直都很確定想要達成的是什麼目標。」強森如此反省：「我們的營運方式，就是假設所有人都在盡力幫助個人和家庭找到永久住所，但在實務上卻未必是這樣。服務機構協助遊民應付和減緩生存危機，但不一定會試著幫他們找到住處，積極解決無家可歸的問題。」

修正這種情況需要西雅圖市政府進行改革，尤其是組織和管理地方服務機構特約的方式。「說實話，我覺得特約是我們唯一擁有的工具。」強森表示：「我們沒辦法實施其他類型的改革來改變服務供應、資料蒐集的方式或是衡量成效的方式，我們唯一能用來做到以上這些的工具就只有特約。」

政府特約需要經過採購（procurement）流程核准：西雅圖市政府決定要提供社會服務之後，會要求廠商和非營利組織交出提案（或稱之為「競標」），接著市政府會審查這些提案，並選擇和提案最佳（無論是否有明確指出，一般而言的定義就是開價最低的提案）的組織合作。接下來，西雅圖市政府會和得標的組織簽署合約，並在之後提供經費給這個組織，而組織則以提供政府指定的專案或服務做為交換。

西雅圖市政府仰賴特約的做法並不罕見：波士頓市政府創新與科技部門（Department of Innovation and Technology）的資深採購主管蘿拉・梅勒（Laura Melle）解釋，美國各地的政府都是透過特約，來完成眾多最核心的工作。「特約等於是每一個輸出口的輸入口。」她表示：「很多人並不瞭解，政府其實不是從零開始執行核心業務。」事實上，不論是鋪路或設計網站，「我們其實都是透過和私部門的企業合作來成完成。我們的角色通常都是挑選合作夥伴和管理合約，而產品和服務則是由私部門提供」。[25]有統計顯示，平均而言，市政府有一半的預算都是用於採購商品和服務。[26]

換言之，特約就是能將政府政策願景化為現實的工具。「很多非常聰明的人有很多非常棒的想法，但我們要如何實現這些想法？」梅勒問道：「不論是什麼樣的好想法，都要透過特約這種方式，把理想轉化成對民眾有用又符合當初目的的措施。」有效的特約可以強化重要政府專案的成效，而研擬或管理不當的特約，則可能會讓設計再完善的政策都毀於一旦。

可惜的是，由於採購和特約向來被視為枯燥的行政作業，第二種結果出現的機率遠高出前者。[27]採購流程規定明確且嚴謹，這種令人退避三舍的特色，會大幅降低政府所收到的提案品質與數量。此外，政府特約一般沒有經過精心設計以提供達到理想成效的誘因，而是強調開價合理與基本的遵守合約。

西雅圖市政府一直以來都疏於管理特約，當民生服務部重新檢視遊民服務合約，發現大量定義混亂不清的目標，以及沒有連貫性的專案，都是長年累積下來的結果：共有超過兩百份和六十處遊民服務機構簽訂的特約。[28]過去每當民生服務部想要擴張業務或提供新服務，就會在市議會同意下取得一大筆經費，並且和地方服務機構針對新的特定目標簽訂新合約。然而，這些合約從此以後就再也不會重新簽訂或調整；由此累積而成雜亂無章的特約，最後導致提供和評估服務都變得困難。「營運一段時間的服務機構都會有各種不同的特約，目標更是各式各樣，完全是取決於市議會在過去十到十五年間分配經費的方式。」格羅佛－羅貝爾如此解釋。有些特約已經超過十年，部分服務機構則是取得了多個服務相近的特約。

格羅佛－羅貝爾將這種情況形容為「行政惡夢」，服務機構因此難以有效解決民眾的需求。「就算服務機構不一定會把這些專案全都視為毫無關聯，」她分析，他們還是必須根據個別特約的規定分配工時和其他資源，無法顧慮哪些服務實際上最具影響力。此外，由於特約在經過最初的採購流程之後就不再調整，服務機構也無法調配自身服務，以滿足社區變動的需求。格羅佛－羅貝爾指出，後續會衍生出的情況就是「有些收容所的利用率經常偏低，有些則經常偏高，但是依現行的組織方式，各個收容所的規模，只能侷限在當初民生服務部要求提案時的情況，而那可能是五年或十年之前。」

強森提到當地的基督教女青年會（Young Women's Christian Association，簡稱「YWCA」）就是「這項問題的典型例子」：過去幾年來，YWCA爭取到十九份不同的遊民服務特約，管理這些合約需要三位YWCA專員加上四名市府專員，更嚴重的是，這些因特約衍生的人為因素障礙，導致YWCA無法以最有效的方式服務需要幫助的人。例如夏琪拉．博爾丁和兒子去尋求協助時，也許正是家庭專案所要提供的對象，但如果YWCA已經將經分配到這個專案的經費用盡，也無法從其他專案調動尚未花用的經費，因為這兩項專案是透過不同的特約管理，因此最後博爾丁母子可能會無法獲得援助。

為了緩解這項問題，民生服務部擬定出創新的方法：「組合特約」，這可以整合先前與服務機構簽訂的個別合約，讓經費分配更加彈性。現在服務機構得標的專案，不再是分屬於不同的合約，而是一份特約之下有統一的共同經費，可以涵蓋規模較大的服務組合；首次試行這種做法是將二十六份特約（總計每年支出八百五十萬美元）合併為八份。[29] 根據強森的說法，這麼做有「最大贏面」，因為「服務機構可以彈性挪用市政府經費到服務對象最需要的地方。」

引進組合特約的模式之後，服務機構因為太多個別合約而倍感負擔，且受到限制的問題得以解決，不過，市政府仍然必須確保服務機構正朝著共同目標邁進：協助無家可歸的民眾和家庭找到固定住所。為了做到這一點，民生服務部計畫在合約中增加誘因，當服務機構達到成效基準就可以獲得獎勵。

然而，儘管有上述的想法，市政府單獨行動的成效卻十分有限：西雅圖市政府不僅無法直接提供社會服務，更只是地區裡眾多的社會服務資助者之一，西雅圖隸屬的金郡（King County）和地方的聯合勸募組織（United Way），也同樣是這一帶服務機構的主要資助者。即使市政府設計出有明確成效指標的特約，服務機構內近半的工作，仍然是來自另外兩個出資者的委託；如果各個出資者持續推動不同的目標，社會服務就會繼續呈現各行其是且成效不佳的狀態。因此，如果要有效替每一個地方服務機構建立一致的目標日程，西雅圖市政府必須配合其他的主要關係者來制定目標。

強森特別提到，在為期一年的時間，「我連想都不敢想到底開了多少會議」，市政府、郡政府、聯合勸募組織和代表性政治人物共同擬定出一整套遊民服務目標，並特別明訂長期希望達到的成效。其中最重要的目標，就是協助無家可歸的人口搬進固定住所，避免他們再度回到街頭。另一項重要目標，是確保每一類遊民族群都可以依照其需求獲得合比例的服務，畢竟非裔美國人和LGBTQ（譯注：泛指女同性戀〔lesbian〕、男同性戀〔gay〕、雙性戀〔bisexual〕、跨性別〔transgender〕，以及酷兒〔queer〕或對自身性別認同感到疑惑者〔questioning〕）人口長期遭到忽略。最後，這些主事者也期望服務機構能針對其措施蒐集更多精確且完整的資料，此外，現在三大社會服務資助者也都在合約中，加入和以上目標相關的成效獎勵。

新型態的特約規劃完成之後，民生服務部組織了和服務機構的每月會議，以確保這些機構在執行目標的過程中，有達到適當的進度。在過去，服務機構除了被要求遵守當地法規之外，很少會在其他方面接受監督，而無論機構表現好壞，民生服務部幾乎都無從詳細得知，也對機構的活動沒有太多影響力。而現在，強森指出：「如果服務機構表現不佳，每個月我們都會討論要如何補救。」這種溝通模式有新蒐集的資料作為輔助，已經有效協助市政府和服務機構統一雙方的資源和優先目標；例如，先鎖定掉出安全網的家庭，再擬定計畫來提供符合他們特殊需求的協助。

透過建立彈性的組合特約、設定明確的目標並蒐集品質更好的資料，西雅圖市政府的能力範圍大幅擴展，足以降低當地的遊民人數，同時減緩遊民所受到的傷害。「現在市政府已經能掌握實際的成效資料，可以釐清什麼才有助於市民以及什麼沒有效。」格羅佛－羅貝爾如此解釋並補充說道，民生服務部已經十分瞭解民眾如何取得各項服務，以哪些服務機構的成效最好。

儘管仍有許多工作尚待完成，需要投入更多資源和制定新政策，才能解決更深層的問題，目前的收穫已經開始發揮直接的影響力，有助於改善無家可歸的西雅圖市民及家庭的生活。二〇一八年第一季，由於市政府投入遊民服務，超過三千個家庭已經遷入固定住所或是得以保留原本的住家，較於二〇一七年同期提升了六成九。[30]事實上，民生服務部開始測試組合特約和根據成效給予報酬之後，不過六個月的時間，夏琪拉．博爾丁一家人就被安置到固定住所。「我沒辦法形容心理的感受，」她說：「每天我醒來都覺得滿心幸福，我和孩子抬頭就可以看到屋頂，我覺得自己的未來一片光明。」[31]

＊＊＊

智慧城市最高明也最邪惡的技倆之一，就是錯誤詮釋了創新的功能和意義。首先，智慧城市的創新是奠基於將傳統行事方法，貶低為不討喜的愚笨城市代表性產物；第二，這種觀點將創新的定義限縮成只是讓事物變得更加科技。

本章詳盡地分析究竟是什麼關鍵能造就並維護適宜智慧城市，更是推翻了智慧城市的邏輯：最重要的創新應該是由下而上。城市中的科技創新重點不在於採用新科技，而是布署科技結合非科技的改革和專業（當然，創新其實可以完全不牽涉到科技）。城市必須要克服眾多制度上的障礙，才能讓資料有價值並且能夠加以運用。MODA和DataSF並沒有找到最佳的機器學習演算法，而是想盡辦法打破各部門孤立運作的現況，建立新措施以管理資料庫，並訓練員工學習新技能。

西雅圖是最明顯的例子，突顯出意識到創新不只是「運用新科技」所帶來的好處。市政府是以極為複雜結構運作：自身的權力和能力有限，必須和其他眾多機構合作。然而，卻沒有一種智慧城市科技在設計時，有考量到這種結構；如果只將重心放在科技上，民生服務部在改革遊民服務方面將無計可施。從傑森．強森把改革特約制度視為市政府處理嚴重遊民問題的「唯一工具」，並強調為了集結多個社會服務資助者支持共同的目標，而在一年間進行多場會議，我們可以清楚看到，在西雅圖真正亟欲解決的諸多問題之中，科技幾乎無用武之地。資料確實有助於西雅圖市政府評估專案並辨識需要資源的地方，但如果沒有以上這些較系統性的改革，資料也無法發揮太多作用。

此外，科技本身也無法提供解答，甚至對提問也沒有助益：市政府必須先決定優先達到哪些目標（這顯然是政治層面的工作），接著才能運用資料和演算法來評估和改善成效。《Wired》

雜誌曾高調宣稱「巨量資料導致科學方法式微」，象徵「理論的終結」，[32]但在現今這個看似有無窮無盡資料的時代，理論的重要性更勝以往。在過去，當市政府只能蒐集到最低限度的資料，且沒有太多能力可進行分析，使用資料的選擇自然有限；然而，現在市政府能蒐集大量資料，並運用尖端的分析技術來進行解讀，市政府可選的分析結果和應用方法數量簡直難以招架。如果沒有全面的都市政策和方案評估作為基礎，市政府會因為提出錯誤的問題和追求錯誤的答案而停滯不前。以西雅圖為例，雖然市政府握有很多關於遊民服務的資料，卻缺乏引導資料蒐集和分析的策略，來邁向終極目標。

「資料科學的關鍵門檻就在於提出好問題。」舊金山市政府資料長喬伊．博納古羅提出她的觀察。若想在市政體系有效地運用資料，市政府就必須要判斷眼前眾多議題之中，哪些是可以透過資料有效解決。此外，運用資料改善措施仰賴的通常不是開發出酷炫的演算法，而是審慎採用能確實滿足市府員工需求的演算法。因此，博納古羅在組成團隊時，不只有尋找科技人才，她解釋：「我們在招募資料科學家時，我真的很希望能找到不甘只是機器學習高手的人。我們需要的是擅長且樂意運用各種技能的人才，我們有很多問題都不是機器學習能解決的。」

在芝加哥市政府，資料長湯姆．申克（Tom Schenk）在招募團隊成員時，也是採用相同的優先錄取條件。「其中的困難在於要找到可以和各部門順利合作的資料科學家和研究人員，因為這是很關鍵的因素。」他強調：「不過有很多研究人員不太擅長這一點。我們必須找到的研究人員是要在加入後不只會做統計工作，還要能夠和部門主管坐在會議室裡，合作找出他們所需要的各種資訊。」[33]

芝加哥市政府執行的資料科學專案之一，正是基於這種實地研究和關係經營。幾年前，申克剛開始和芝加哥公共衛生局（Chicago Department of Public Health，簡稱「CDPH」）合作，目標是主動鎖定對公共安全造成最大威脅的在地食物營業場所。如果申克能預測出哪些餐廳最有可能違反公共衛生法規——這正是機器學習最擅長的工作類型——接下來，就能指示食品安全查驗人員（一般稱為「衛生員」）前往這些地點，有助於CDPH最有效運用有限的資源。

在技術層次，這項專案聽起來並不困難：開發出可以參照食品查驗紀錄的機器學習模型，以辨識不安全營業場所的指標。不過申克心知肚明沒這麼簡單：他必須深入研究自己所知不多，且運作方式複雜的大型市政單位，接著還要開發並布署能夠與該單位每日作業整合的演算法。正因如此，申克並沒有只把心力投注在打造最精密的演算法，而是做足準備進行密集研究。

當申克開始和CDPH的食品查驗主管討論這項專案，他強調如果想讓這次合作成功，就必須先深入瞭解CDPH的目標和措施。「我們會詢問你很多聽起來非常粗淺的問題。」當時申克對她這麼說。這類研究對於能否在政府體制中，善用資料科學非常重要，申克如此解釋：「我們超級容易漏掉一些部門覺得不重要的細節，因為這對他們來說只是流程中非常平凡無奇的部分，但這對我們的統計模型來說，卻是關鍵。統計的部分對我們來說並不難，我們大部分的時間都花在和客戶溝通，試著瞭解每一個細節，這樣我們才能適當地應用統計數據。」

然而，就算機器學習模型看似已經能正常運作，仍然必須經過另一個重要的步驟：實驗性評估。申克有政策分析和醫療研究的背景，深知在布署任何模型前都要測試的重要性。「我們很清楚，在我們自以為正確的邏輯和現實世界中的情況之間，可能會有不連貫的地方。」他表示：「我們有必要進行實驗來確保運作真的沒有問題。」

申克設計了雙盲實驗（譯注：在不告知受試者屬於實驗組或對照組的情況下進行測試）來評估演算法是否真的有助於衛生員抓出更多「重大違規」，例如並未將食品加熱或冰在適當溫度。基於內部測試和模擬的結果，申克預期自己的機器學習方法，應該可以大幅提升部門查緝重大違規的效率，然而實驗結果顯示，演算法帶來的改善微乎其微，申克回想當時的情況時表示：「我們花了很多時間深入調查，才釐清究竟發生了什麼狀況。」

預期與現實之間出現如此大的落差，申克這才發現儘管自己已經盡力，但他在設計演算法時，一定忽略了食品查驗流程中的某個關鍵層面。於是，申克再次尋求CDPH食品查驗主管的協助，以判斷究竟是哪個部分有缺失。在溝通過程中，主管順道提起最近所有的衛生員，都是這幾年來首次被重新指派到新的區域，而這就是申克在尋找的線索：他發現原來看似是預測違規事件中重要因子的郵遞區號，其實只是反映出衛生員之間的差異，因為他們用於判定食品違規的標準略有不同。之前申克並未注意到衛生員是被分派到特定的郵遞區號，所以並未在模型中納入這項因素。

儘管這次測試中演算法的表現令人大失所望，申克卻認為實驗其實成功了：這項實驗釐清了模型所套用的假設和CDPH實際上的措施之間有差異。於是，申克著手更新演算法，並在數個月後再次進行實驗。這一次，改善成效明顯，模擬結果顯示出使用這套預測性模型時，CDPH及早偵測到重大食安違規的比例提升了二成六，而如果CDPH長期依照預測型模型的建議行動，平均而言將可以提早一週發現所有重大違規事件。[34]取得這些振奮人心的成果之後，申克和CDPH終於確信這套模型已經可以進行布署，自二〇一四年以來，衛生員就一直運用這套模型作為查驗的參考指引。

波士頓的市長辦公室新城市動力組織（Mayor's Office of New Urban Mechanics，簡稱「MONUM」）正以更強勁的力道鑽研科學和研究，「多年來我們一直在討論邁向資料驅動的必要性，而這顯然是我們必須進一步探索的方向。」MONUM共同創辦人及共同主席奈哲爾．雅各指出：「不過除此之外，我們還需要再往前一步，從我們對實施政策的思考方式，到規劃策略願景的方式，都應該要轉變成科學驅動的思維。我們不能只是透過資料探勘來尋找模式，而是要瞭解議題的根源起因，並且擬定政策來處理這些議題。」[35]

二〇一八年四月，MONUM發表了由兩百五十四個問題構成的「公民研究議程」（Civic

Research Agenda），而這些問題的解答，將會用於輔助市政府的計畫，以改善全體波士頓市民的生活。這份議程涵蓋從大（「我們要如何完整理解波士頓市民想要什麼樣的未來」）到小（「可以如何降低建設支出」）、從科技領域（「科技在助長或解決城市中長久以來的不平等問題中，發揮了什麼作用」）到非科技（「社區反對新住宅的根本原因為何」）的各種問題。[36]

MONUM的公民研究主任金・盧卡斯（Kim Lucas）指出，這些都是為了確保市政計畫基於實證和明顯公民需求而採取的作為。「如果你不瞭解現實生活中的問題，沒辦法問出對的問題，不知道該如何取得正確的資訊，就不可能解決問題。」她如此解釋：「這就是做研究的重點：提出問題並找出正確的資訊，而當你所有發現，下一步就是用這項發現採取行動。」[37]

堅持進行研究幫助波士頓市政府避開了科技有色眼鏡的陷阱。「科技是很棒的工具，但絕對不是答案。」盧卡斯直言：「科技是可以讓找答案更有效率的工具。」換句話說，盧卡斯是靠著研究「找到正確的工具來回答正確的問題。如果一開始就問錯問題，要怎麼知道科技是不是正確的方法？科技可能是也可能不是。」

因此，我們又回到了本書的核心宗旨：城市不是科技問題，科技也無法解決當今都市面臨的眾多迫切困境。市政府需要的不是酷炫的新科技，而是需要提出正確的問題、理解市民面對的問題，並發揮創意思考如何解決問題。有時科技確實能夠為市政計畫提供輔助，但科技本身無法提供任何解決方案。

儘管現在看來這種現象已經相當明顯，不過確信可以經由科技手段理解並改善社會的觀念，其實不只是在過去幾年大為流行，而是已經延續了數個世紀。下一章作為本書的結論，將會探討這種觀念的演進，透過解析過去和現今的相似之處，以及歷史上有哪些試圖合理化改革社會卻徒勞的案例，最後一章將會闡明為何智慧城市註定失敗。本書的結論會將重點放在如何避免這類充滿誤解且狹隘的思維，並且整合我們在前文所學到經驗，來提供清楚的架構指引適宜智慧城市的發展。

注釋

1 Sidewalk Labs，https://www.sidewalklabs.com。

2 丹尼爾．L．多克托爾洛夫（Daniel L. Doctoroff），〈從網路重塑城市〉（Reimagining Cities from the Internet Up），Medium: Sidewalk Talk，二〇一六年十一月三十日，https://medium.com/sidewalk-talk/reimagining-cities-from-the-internet-up-5923d6be63ba。

3 Sidewalk Labs。

4 阿曼拉．瑪沙立奇接受班．格林採訪，二〇一七年五月二十四日。除有特別註記，本章所有引用自瑪沙立奇的內容皆基於此訪談。

5 Allison T. Chamberlain, Jonathan D. Lehnert, and Ruth L. Berkelman, "The 2015 New York City Legionnaires' Disease Outbreak: A Case Study on a History-Making Outbreak," *Journal of Public Health Management and Practice* 23, no. 4 (2017): 414。

6 岩田光惠（Mitsue Iwata）接受班．格林採訪，二〇一七年七月二十五日。

7 喬伊．博納古羅接受班．格林採訪，二〇一七年八月九日。本章所有引用自博納古羅的內容皆基於此訪談。

8 DataSF，〈DataSF工作進度〉（DataSF in Progress），二〇一八年，https://datasf.org/progress/。

9 喬伊・博納古羅接受班・格林採訪。

10 DataSF，〈資料品質〉（Data Quality），二〇一七年，https://datasf.org/resources/data-quality/。

11 DataSF，〈資料標準參考手冊〉（Data Standards Reference Handbook），二〇一八年，https://datasf.gitbooks.io/draft-publishing-standards/。

12 DataSF，〈舊金山市政府資料科學〉（DataScienceSF），二〇一七年，https://datasf.org/science/。

13 DataSF，〈母親與寶寶溫飽專案〉（Keeping Moms and Babies in Nutrition Program），二〇一八年，https://datasf.org/showcase/datascience/keeping-moms-and-babies-in-nutrition-program/。

14 DataSF，〈搬遷警示系統〉（Eviction Alert System），二〇一八年，https://datasf.org/showcase/datascience/eviction-alert-system/。

15 瑪沙立奇接受班・格林採訪。

16 阿曼拉・瑪沙立奇，〈紐約市資料分析〉（NYC Data Analytics）（於二〇一七年Esri高階管理人員高峰會〔Esri Senior Executive Summit〕發表）https://www.youtube.com/watch?v=ws8EQg5YlrY。

17 「西雅圖金郡遊民聯盟」（Seattle/King County Coalition on Homelessness），〈二〇一五街頭統計結果〉

（2015 Street Count Results），二〇一五年，http://www.homelessinfo.org/what_we_do/one_night_count/2015_results.php。

18 丹尼爾・畢克曼（Daniel Beekman）與傑克・布魯（Jack Broom），〈市長與郡長因遊民問題宣佈進入緊急狀態〉（Mayor, County Exec Declare 'State of Emergency' over Homelessness），《西雅圖時報》（*Seattle Times*），二〇一六年一月三十一日，http://www.seattletimes.com/seattle-news/politics/mayor-county-exec-declare-state-of-emergency-over-homelessness/。

19 約翰・萊恩（John Ryan），〈十年計畫之後，為何西雅圖的遊民人數突破新高？〉（After 10-Year Plan, Why Does Seattle Have More Homeless Than Ever?），*KUOW*，二〇一五年三月三日，http://kuow.org/post/after-10-year-plan-why-does-seattle-have-more-homeless-ever。

20 夏琪拉・博爾丁接受What Works Cities訪談，〈處理西雅圖遊民問題〉（Tackling Homelessness in Seattle），二〇一七年，https://www.youtube.com/watch?v=dzkblumT4XU。

21 西雅圖市政府，〈遊民問題經費挹注分析〉（Homelessness Investment Analysis），二〇一五年，https://www.seattle.gov/Documents/Departments/HumanServices/Reports/HomelessInvestmentAnalysis.pdf。

22 傑森・強森接受班・格林採訪，二〇一七年八月十日。本章所有引用自強森的內容皆基於此訪談。

23 漢娜・阿澤曼堤（Hanna Azemati）與克利絲汀娜・格羅佛－羅貝爾（Christina Grover-Roybal），〈動搖

規律：西雅圖如何實施成果導向特約措施以協助市民脫離無家可歸狀態〉（Shaking Up the Routine: How Seattle Is Implementing Results-Driven Contracting Practices to Improve Outcomes for People Experiencing Homelessness），哈佛大學甘迺迪政府學院政府效能實驗室（Harvard Kennedy School Government Performance Lab），二〇一六年九月，http://govlab.hks.harvard.edu/files/siblab/files/seattle_rdc_policy_brief_final.pdf。

24 克利絲汀娜．格羅佛－羅貝爾接受班．格林採訪，二〇一七年八月二十四日。本章所有引用自格羅佛－羅貝爾的內容皆基於此訪談。

25 蘿拉．梅勒接受班．格林採訪，二〇一七年四月十二日。本章所有引用自梅勒的內容皆基於此訪談。

26 傑夫．李伯曼（Jeff Liebman），〈變革全國與地方政府採購文化〉（Transforming the Culture of Procurement in State and Local Government），接受安迪．費爾德曼（Andy Feldman）採訪，Gov Innovator播客，二〇一七年四月十日，http://govinnovator.com/jeffrey_liebman_2017/。

27 〈成果導向特約措施：概覽〉（Results-Driven Contracting: An Overview），哈佛大學甘迺迪政府學院政府效能實驗室，二〇一六年，http://govlab.hks.harvard.edu/files/siblab/files/results-driven_contracting_an_overview_0.pdf。

28 安德魯．費爾德曼（Andrew Feldman）與傑森．強森（Jason Johnson），〈改良採購流程如何為城市帶來更佳成效〉（How Better Procurement Can Drive Better Outcomes for Cities），《治理雜誌》（*Governing*），二〇

一七年時十月十二日，http://www.governing.com/gov-institute/voices/col-cities-3-steps-procurement-reform-better-outcomes.html。

29 Azemati and Grover-Roybal, "Shaking Up the Routine"。

30 卡莉莎．布雷斯頓（Karissa Braxton），〈市政府的遊民應變投資協助更多民眾有家可回〉（City's Homeless Response Investments Are Housing More People），*City of Seattle Human Interests Blog*，二〇一八年三月三十一日，http://humaninterests.seattle.gov/2018/05/31/citys-homeless-response-investments-are-housing-more-people/。

31 夏琪拉．博爾丁接受What Works Cities訪談，"Tackling Homelessness in Seattle"。

32 克里斯．安德森，〈理論的終結：巨量資料導致科學方法式微〉（The End of Theory: The Data Deluge Makes the Scientific Method Obsolete），《Wired》雜誌，二〇〇八年六月二十三日，https://www.wired.com/2008/06/pb-theory/。

33 湯姆．申克接受班．格林採訪，二〇一七年八月八日。本章所有引用自申克的內容皆基於此訪談。

34 芝加哥市政府，「食品查驗預測」（Food Inspection Forecasting），二〇一七年，https://chicago.github.io/food-inspections-evaluation/。

35 奈哲爾．雅各，發表〈資料驅動研究、政策與措施：週五開幕演說〉（Data-Driven Research, Policy, and

Practice: Friday Opening Remarks），波士頓地區研究計畫（Boston Area Research Initiative）二〇一七年三月十日，https://www.youtube.com/watch?v=cRINIFFBHBo。

36 波士頓市政府，市長辦公室新城市動力組織，〈公民研究議程〉（Civic Research Agenda），二〇一八年五月十五日，https://www.boston.gov/departments/new-urban-mechanics/civic-research-agenda。

37 金・盧卡斯接受班・格林採訪，二〇一七年五月六日。本章所有引用自盧卡斯的內容皆基於此訪談。

結論　探索「適宜智慧城市」的架構與未來發展

目前為止，我們已經破解許多智慧城市所宣稱的願景，且揭露科技有色眼鏡所帶來的負面影響。不過，仍然有些質疑尚待討論，畢竟當今的科技在各方面都表現傑出：我們可以針對過去不清楚的現象蒐集資料、預測以前看似無法預見的結果，並以前所未見的規模和他人互動。有沒有可能就如Sidewalk Labs創辦人及執行長丹．多克托爾洛夫所斷言的，「數位科技將為都市生活帶來革命」，而且不亞於隨蒸氣引擎、電網和汽車而來的巨變？[1]

當然是如此，然而不能只因為變革源自科技，就認為科技的主要影響力只限於科技層面：專為智慧城市設計的數位科技，將會大幅改變市政管理和都市生活。因此，我們必審慎思考城市的數位科技應用方式，但不是基於科技層面的原因，例如，確保市政府會採用最先進的工具來達到最佳效率，而是因為與智慧城市緊密交織的科技基礎架構，將會更進一步影響到二十一世紀都市願景的社會和政治基礎建設。

多克托爾洛夫最近盛讚的革新科技——汽車——其實是極具毀滅性的產物，也許汽車並非會無可避免地對城市造成傷害，但認為汽車是社會進步的關鍵，卻是會引爆災難的觀念。汽車製造商和石油公司大力宣傳所謂的「汽車時代」，以為社會提供最佳效率之名，行推動企業目標之實。在認定更順暢的交通是普世理想的觀念之下，城市經過重新改造以達到高效率車流的目標，代價則是犧牲其他的目標，導致市政府過去半個世紀都在試圖修正這些錯誤。

如今，科技公司開始把智慧城市當作新型態的企業目標來推行，而假如就像多克托爾洛夫所宣稱的，數位科技所帶來的革新會類似於汽車所造成的影響——如果說智慧城市時代和汽車時代有任何相似之處——那就是兩者都是會導致城市支離破碎的鬧劇。

當理想主義者戴著科技有色眼鏡，眼前只看到當今最新潮的科學或技術，將複雜的社會和政治事務簡化成只要最佳化即可解決的科技問題，就會造成像汽車時代的悲劇。事實上，儘管智慧城市被過度吹捧成獨一無二的願景，目前有關智慧城市的論述都和過去受到擁護的觀念及價值相呼應，尤其是二十世紀的極端現代都市計畫。極端現代主義運動的支持者有如預示著智慧城市的到來，深信當代的科學和科技發展可以提供解決迫切都市問題的工具，而在將都市改造成符合這種狹隘願景的過程中，極端現代主義者反而偏離了他們試圖要修正的問題。這並不是歷史上的特例，而是受到科技有色眼鏡影響的改革行動的必然結果，不論其中涉及的是何種科技，想以合理性和效率為原則來將社會提升至最佳狀態，必定需要將複雜的生態系統削減成簡化的模式，而這麼做通常會導致無可挽回的傷害。

極端現代都市計畫的說詞和技倆難以取信於人之後，又再度寄生在智慧城市之中，都市願景的未來因此岌岌可危。真正的問題並不在於當今的資料和演算法從根本上就有缺陷或隱藏著惡意，就像前一代的科技和科學方法也並非如此，問題在於像城市這樣的生態系統實在太過複雜，難以用百分百合理的方法處理，試圖這麼做通常只會留下長期的傷害。概括而論，我們其實不必害怕科技，但如果歷史真的值得借鑑，那麼當有人宣稱科學和科技所帶來的解決方案，可以超越歷史和政治因素，並打造出最理想的社會，我們就必須謹慎看待那些大放厥詞的人。歷史已經告訴我們，受到科技有色眼鏡影響而創造出的世界並不理想，因此，我們必須改變方法，追求另一種沒有遭到科技有色眼鏡綁架的願景——適宜智慧城市。

＊＊＊

邁入十九世紀的德國就是個極具教育意義的例子，顯示出極端合理計畫有其侷限。當木材短缺問題威脅到國家經濟，德國政府官員開始密集管理當地的森林，要將木材生產量提升到最高，當時科學家利用新的數學方法追蹤環境和計算可生產的樹木量，就連每顆樹的尺寸和年齡都能計算。[2]

話雖如此，天然森林的複雜性卻是一大阻礙。沒有規律且四處生長的樹木難以衡量，再加上大量的其他野生動物佔用部分資源，讓樹木無法長得更大更快。德國人不願意放棄最佳化木材產量和增加獲利的任務，便開始推行大型計畫來種植更多合理且可管理的森林，他們清除現有的樹林，種下一排排又長又整齊的新樹苗，將自然環境簡化成最精簡的產木單位。原本長滿矮樹叢，還有各種年齡及品種樹木混雜生長的土地，在短期之內沿著開放步道長出一列列整齊劃一的樹木。

起初成果相當驚人，木材產量一飛沖天，經濟也水漲船高，於是德國式森林作業法開始傳入世界各地，人造森林的統一外觀成了背後官僚秩序的代名詞。然而，不論是哪一片森林，樹木生長一、兩代之後，也就是經過大約一個世紀的時間，產量都開始急遽減少，有些林地甚至完全死亡。

就如同政治學家詹姆斯·C·斯科特（James C. Scott）在《國家的視角》（*Seeing Like a State*，暫譯）中所解析的，德國森林的毀滅並不是因為某種無法解釋的生態系統崩潰，而是因為早期版的科技有色眼鏡循環。首先是科技有色眼鏡階段：在新式數學分析科學方法的影響之下，德國官員認定讓森林變得更容易測量和控制，就是增加木材產量的關鍵；接下來是科技階段：德國人實現上述願景的方式，就是把森林從無法控管也難以理解的天然樹叢，改造成嚴密管制的商業用木材工廠；最後則是強化階段：當以上做法獲得全球盛讚，把「大自然」商品化為「自然資源」的新社會共識就此形成，戴著科技有色眼鏡的觀點就由此開始根深蒂固。斯科特在書中提到例子是，「原本樹木有無數種可能的用途，這時卻被單一的抽象概念取代，樹木只代表著定量的木材或木柴」。[3]

德國追求最高樹木產量的方法，可說是短視近利，忽略且貶低了後來證實為最關鍵的元素，完全就是「見樹不見林」的真實寫照。為了打造合理化的森林以追求最佳的樹木產量，不只需要從木材生產的科學模型中排除灌木、植被、鳥類和昆蟲，也需要徹底將這些生物從森林中消滅，而這種殲滅方式，正是依照狹隘願景重塑世界的必然結果：不在衡量範圍之內的東西，就會被貶低為不必要且不利於社會。儘管這些措施在初期看似促成了更高效率的樹木產量，卻永久地把森林限縮成單一作物的環境，缺乏生物多樣性來維持富含營養的土壤，以及防止疾病和惡劣天氣的侵害。即便投入大量努力，德國人也無法徹底復育這些森林。

就斯科特的觀點，這則森林寓言故事的啟示，在於「解構極為複雜且所知不多的一連串互動和流程，只為了單獨取出單一元素做為工具用途，是相當危險的做法」。[4] 從科技有色眼鏡的狹隘視角看來，只針對重點元素進行最佳化似乎是可行的方法，但之所以看似如此，只不過是因為科技有色眼鏡簡化且扭曲了特定的生態系統，讓人誤以為這是可以最佳化的目標。當然，依據這樣的願景行動，確實能改善某些層面，但結果可能不符當初的設想，也可能導致難以預見且無法修復的傷害。這正是科技有色眼鏡最根本的危害，也是我們已經多次見識過的危機。

不幸的是，這類目光短淺的失敗計畫不只有出現在林業，像這般促使德國林業專家採取行動的毀滅性簡化思維，一再地鼓舞眾多試圖改善社會的革新派人士。

這類思維的著名例子之一就是極端現代主義的理念，這波思潮隨著十九世紀至二十世紀初科學和科技的驚人進展而來。在那個年代，人類搭乘飛機、發現相對論和量子力學、讓住家有電力可用、還發明了電話和內燃機。從大眾接種疫苗到打造長途運輸工具，因為科學和科技而有所進展的領域超乎想像，無數過去難解的問題也因此有了解決方法。

話雖如此，極端現代主義並不是源於一般推崇科學的態度，而是如斯科特所形容的，崇尚對科學推理的全面究極信仰，極端現代主義者認為「以合理化的方式推動社會生活的各個層面將可以改善人類現況」。[5] 其中最危險的想法，莫過於極端現代主義者自認科學知識賦予他們權力來改革社會，且凌駕於任何形式的判斷之上。既然科學方法可以針對社會問題設計出最佳解決方案，極端現代主義者深信政治已經不再必要：公開審議和政治利益只會阻礙或扭曲他們擬定的理想解決方案。事實上，不少極端現代主義者宣稱，為了徹底實現他們的烏托邦願景，必須摒棄現有的居民，因為嶄新的最佳社會唯有從零開始打造才能成真。

斯科特指出，極端現代主義者的核心特質之一，就是「從視覺美感的層面看待合理秩序。對他們來說，高效率、合理組織的城市、村莊或農場必須要看起來管理嚴密，並如幾何圖形般整齊排列。」[6] 這種偏好不是只要求任何一種視覺上的秩序即可，而是由上往下觀察到的世界樣貌。斯科特認為這種視角在二十世紀日漸風行是由於直昇機和客機的發展，像神一樣從上朝下看世界，讓許多極端現代主義者自覺無所不在、無所不能。

都市計畫是最深受極端現代主義者影響的領域之一，但也因為這個領域而讓這種極端現代主義的侷限，一覽無遺。早期擁護這種思想的代表人物是英國都市計畫技師埃比尼澤·霍華德（Ebenezer Howard），他在一九〇二年出版《明日的田園城市》（*Garden Cities of To- Morrow*），探討「擁擠、通風不良、毫無規劃、效率低落且不健康的城市」的興起，[7]並提倡「田園城市」才是新型態的合理社區，其中每一種設施都設立在適當的位置。在田園城市，中心是一個大型花園，周圍環繞各種核心公共建築，如市政府和圖書館；稍微遠離中心的「大道」兩旁，有學校、遊樂場和宗教場所；城鎮外圍則是工廠、倉庫和其他設施的指定地點。

霍華德運用數學公式，精確地指出該如何最大化田園城市的社會福利：住房和工作之間維持良好平衡；遊樂場、學校和開放空間是必要設施；還要有最佳的人口數量。這些公式甚至可以讓計畫技師得知某個田園城市何時會超過容納量（大約三萬到五萬人），並且需要在數英哩之外，再開發一個新的次要城市。[8]

霍華德深信田園城市的必要條件是徹底擺脫過去，並認為挽救倫敦是徒勞，因此他堅持「在相對為開發的土地上展開大膽計畫，才能獲得更理想的成果」。霍華德宣稱，在「現代科學方法」能夠提供更佳解決方案的情況下，繼續住在現有的過時城市，無異於死守錯誤的地球中心論，固執抗拒當代的天文學。[9]

然而，埃比尼澤·霍華德只能算是先驅，真正體現出極端現代都市計畫觀點和危險之處的代表性人物，非瑞士－法國建築師勒．柯比意（Le Corbusier，本名為Charles- Édouard Jeanneret）莫屬，他將霍華德的烏托邦美夢帶到更極端的境界。勒．柯比意批評巴黎是「但丁的地獄具現化」，並在一九三三年提出「光輝城市」（Radiant City）的概念：這種「垂直田園城市」將會是「組織明確且整齊劃一的實體」。[10]

在那個時代的眾多科學和科技突破之中，為勒．柯比意帶來最多靈感的發明就是飛機。他在一九三五年發表的短文〈飛行器〉（Aircraft，暫譯）中，將空中的視角形容為「人類感官的新增功能」。當勒．柯比意從空中觀察「我們命運所屬的城市」，他驚恐地表示：「飛機讓我看見這座城市是如此老舊、敗破、嚇人且病入膏肓。」[11] 因此勒．柯比意認為自己別無選擇，只能追求嶄新的開始，「我們連一點心思都不該花在思考面對……我們現在所處的混亂，在這裡找不到解答。」他寫道：「現在唯一能做就是找張乾淨的紙開始處理計算、數字和當今的生活現實。」[12]

勒．柯比意把光輝城市譽為「全然高效率和合理化」的空間，依照線性的笛卡爾式邏輯，將這種城市設計成依功能嚴格分割的空間，用以取代當前城市中常見的「人為導致毫無關聯的功能相互混雜」。在稱作「公園大廈」的風格中，社區會由摩天大樓組成，周圍則有大量的開放空間環繞，而住宅、工廠、購物中心和其他設施都會設置在指定區塊。此外，為了減少購物和備餐所導致的低效率狀況，勒．柯比意還規劃出統一管理的餐飲服務，可以直接將熱騰騰的餐點送到家門口。[13]他甚至提議讓工廠員工和家人分開居住，以便將由住宅區通勤到工業區的時間降到最低。[14]

當然，上述設計都是要透過現代科學方調整到最佳狀態，勒・柯比意研擬出「絕對真確」的方案，來判斷居民的實際需求，從生活空間、遊樂場到陽光，並根據這些需求分配資源。他宣稱這種方法可以為城市打造出「正確、實際且精準的計畫」，而且「其中考量的因素除了人類世界的真理之外，別無其他」。[15]

在勒・柯比意眼裡，這意味著他的計畫「無懈可擊」，因此超脫了政治：「這項計畫在制定過程中，不受市長辦公室或市政府的紛亂影響，也不受全體選民呼籲或社會弱勢怨言的影響，完全是經由冷靜清晰的思維制定。」勒・柯比意深信光輝城市象徵的是理想社會的唯一解決方案，而沒有任何政治人物、法律或民眾有權阻擋這項建設。[16]

儘管勒・柯比意沒有獲得太多機會親自打造這種城市，但承襲其願景發展的地區，卻體現出極端現代都市規劃的侷限和危險。

勒・柯比意夢想中從零開始建立的烏托邦城市，在巴西首都巴西利亞（Brasília）化為現實。原本是一片空地的巴西利亞在一九六〇年建成，由建築師盧西奧・科斯塔（Lúcio Costa）和奧斯卡・尼邁耶（Oscar Niemeyer）依照光輝城市的風格設計。整個城市的空間劃分嚴謹，建立出明確的住宅、工作、休閒和公共行政區塊，其中自成一格的超級街區（superquadra），包含各種公寓建築和設施如學校和零售商店，且是依照所謂「理想」狀況的人口比例興建，例如聯合國教科文組織（UNESCO）的標準為平均每個居民應分配到二十五平方公尺的綠地。[17]

然而，巴西利亞並沒有像勒・柯比意計算中所預期的光輝城市一樣健全而平等，反而顯得呆板又了無生氣。人類學家詹姆斯・霍爾斯頓（James Holston）在《現代主義城市》（*The Modernist City*，暫譯）一書中記錄，巴西利亞的情況「和原先規劃的完全相反」，居民甚至「在『巴西利亞』（Brasília）一詞後加上字尾『炎症』（-itis），組成新詞『巴西利亞炎』（brasilite）」來形容住在此地的創傷經驗。在過去的首都里約熱內盧，街道和大眾廣場的功能是「社交點」，時常有節慶活動、有小孩在玩耍，也有大人在閒聊。而巴西利亞則完全相反，「是個沒有人群的城市」。[18] 另外，這座城市的設計促進的不是平等，只是讓人人都沒有身分可言。事實上，儘管菁英階層看好巴西利亞的經濟機會和高生活水準，打造這座城市的勞工卻遭到政府忽視和排除。歷經政治衝突和勞工反抗，巴西利亞在社會和空間上出現極端隔離的情況，絕大多數的人口都生活在城市邊陲未經規劃的非法定居點。

極端現代都市計畫的熱潮傳入美國之後，羅伯・摩斯成了最佳代言人。一如霍華德和勒・柯比意，驅使摩斯的力量主要是對特殊功能性和視覺秩序的渴望。根據傳記作家羅伯特・卡羅的說法，摩斯的「龐大創作能量源於對簡潔、秩序、開闊、迅速的理想，例如單純、開放而流暢的高速公路，也源於對泥土和噪音的反感，例如火車讓他聯想到的沙塵和嘈雜聲」。[19] 一部分是基於這種思維，摩斯打造了無數座林蔭大道，同時也強烈反對各種增加大眾運輸的計畫。此外，和勒・柯比意如出一轍的是，摩斯認為自己的計畫是對社會的最佳做法，因此不該受制於傳統形式的公共決策流程，他最惡名昭彰的一點就是經常忽略大眾意見，並用盡骯髒粗暴的手段，實現自己的理想。

摩斯也是監督紐約市都市更新計畫的重要人物，大多數在他指揮之下建成的公共住宅（還有許多其他美國城市也是一樣），都是呈現勒・柯比意的公園大廈風格。儘管經費不足和政治疏忽也是原因之一，但這些複合建物（例如布魯克林的格林堡公宅〔Fort Greene Houses〕）採用巴西利亞式設計，才是公共住宅淪為記者哈里森・索爾茲伯里（Harrison Salisbury）所形容的「新貧民區」和「人類化糞池」[20]的最大元凶。此外，這些理應是慈善之舉的計畫，通常會變成煙霧彈，掩護大量重新安置低收入和黑人居民的作為。[21]因此，詹姆斯・鮑德溫（James Baldwin）曾指控「都市更新……等同於排除黑人」。[22]

霍華德、勒・柯比意和摩斯的觀念及設計，無不受到科技有色眼鏡的影響，三者都對秩序和效率抱有過度的信仰，以至於曲解了都市願景的本質，抗拒民主制度。他們自認為是在用客觀的答案解決科技問題，而不是在進行涉及取捨的政治決策，而且可能引發各種基於合法權利而表達的意見。勒・柯比意尤其深信自己已發想出唯一一種可解決人類生存危機的方案，從未意識到什麼該提升效率（更遑論效率究竟是不是值得追求的目標）這個問題本身就涉及制度規範。

這樣的思維正是為何依極端現代主義理想所打造的城市和發展計畫，總是無法建立宜居且平等的都市環境。都市計畫技師從一開始就抱持錯誤的觀念，認為城市的價值源於合理組織和高效率提供商品及服務的能力，因此會毫不猶豫地將城市設計成最利於這些目標的環境。不過，就像為了讓德國森林達到最高木材產量，需要消滅大部分的植物和動物，儘管這些生物正是森林之所以為森林的重要組成，為了依照極端現代主義建立理想的城市，需要排除混雜的用途、人群和傳統，儘管這些元素正是城市之所以為城市的重要組成。除了設計不良之外，巴西利亞和紐約市更飽受政治衝突之苦，完全突顯出極端現代主義者嚴重忽略的關鍵：即使是精良的科技方案也無法消除政治。

在一九六一年出版的著作《偉大城市的誕生與衰亡：美國都市街道生活的啟發》（*The Death and Life of Great American Cities*）中，珍．雅各（Jane Jacobs）將上述的都市計畫形容為「城市浩劫」，大力批判這種由上而下、只有表面上看似合理的計畫方式，其中引起雅各嚴厲指責的一點，就是極端現代主義徹底誤解「城市本身是什麼樣的問題」。雅各並不贊同偏重視覺上規劃良好的秩序，而忽略都市居民的生活體驗，她認為極端現代主義計畫技師眼中的「混亂」和「城市街道生活的失序」，實際上是「展現出複雜且高度發展型態的秩序」。雅各也不認同都市居民只是抽象的個體，只需要高效率的送餐服務就能滿足，且可以用科學方法判斷所需的公園和住所數量。她認為市民是活生生的人，自然會產生「複雜交織且合情合理的人際互動」。[23]

雅各提出的結論是，城市的問題不在於「簡化」或「缺乏組織的複雜性」，當然也無法用過去兩個世紀盛行的方程式來解決。相對的，她把城市視為「組織完善且複雜」的生態系統，充滿無數種相互關聯的要素，是一種現代數學方法難以系統化或最佳化的環境。[24]

然而，由於當時的科技有色眼鏡就是在科學方法蓬勃發展時產生，勒．柯比意和摩斯等極端現代主義者，無法看見遺漏在數學公式模型外的要素。他們對都市願景的過度簡化，導致真正讓社區充滿活力且蓬勃發展的關鍵被排除在外，最後促成了雅各稱之為「反城市」的環境。[25]

***

當我們記取歷史的教訓，智慧城市看起來就不再像是光明嶄新的未來，反而比較像重新拾起曾經被追捧又跌落神壇的思想。就連當今用來形容城市願景的語言，也很容易令人聯想到過去：一如勒．柯比意曾盛讚光輝城市「和諧而優美」，現在麻省理工學院的感知城市實驗室，則是把智慧十字路口形容成不再需要紅綠燈的「管弦樂團的指揮」，有助於「車道上的汽車以和諧的方式合流」。[26]

極端現代都市願景和智慧城市之間最主要的差異在於，我們這個時代的科技有色眼鏡已經進化，當然是基於過去數十年來的科學和科技突破。二十世紀城市的烏托邦願景重視視覺秩序，是因為飛行技術讓人類能夠從空中俯視城市，而智慧城市的烏托邦願景重視數位秩序，則是因為資料蒐集和分析的新技術，讓人類能夠透過電腦理解城市。上個世紀的科技有色眼鏡信徒認定源自物質科學的新方法，可以解決一切社會弊病；當今的信徒則把希望寄託在智慧城市神聖的三位一體：大數據、機器學習和物聯網。

如果借用珍．雅各的說法來形容這個問題，那就是透過科技有色眼鏡看世界的人，又再一次誤診了「城市本身是什麼樣的問題」。智慧城市理想主義者並沒有把城市視為「組織完善且複雜」的環境，也無意處理都市生活中最根本的社會和政治難題，而是把城市想像成抽象的技術流程，可以透過感應器、資料和演算法最佳化。這群人盲目地以為構成都市願景的無數要素，能夠簡化成應用程式或演算法，等於是讓社會暴露在「反城市」環境重現於今日的風險之中。

舉例來說，科技公司日立就把城市形容為「便利的生活空間，具備社會基礎建設如電力、自來水和大眾運輸，以及各種設施如住房、辦公室和商業機構」；[27] 另一家開發智慧城市技術的公司 Living PlanIT 則堅稱「城市需要『作業系統』」；[28] 新創加速器 Y Combinator 是矽谷科技產業的先驅企業，言簡意賅地指出公司在打造智慧城市的過程中，最關鍵的問題在於「城市應該要針對什麼目標最佳化」。[29]

Y Combinator 的另一則見解更是絕佳例子，精準地呈現出透過科技有色眼鏡所看到的城市樣貌：「我們的目標是在現行法律規範之下，盡可能設計出最理想的城市。」[30]這個句子的構成方式，就如同有最佳解的典型數學問題，突顯出這家企業完全是以工程師的角度看待智慧城市。Y Combinator公開宣示想要創造「最理想的城市」的意圖，等於是透露出他們膚淺地以為客觀上最佳的城市存在，而忽略了城市的政治、歷史和文化，以及都市居民多元且經常相互衝突的渴望和需求（事實上，很難想像Y Combinator這樣浸淫在矽谷金錢堆之中的公司，對於「最理想」的定義會和因為那些財富而迫遷的眾多社區一樣）。最後一點，Y Combinator認定「現行法律」是唯一會阻礙城市發展的限制，更突顯出其對都市困境和進步的理解出奇地狹隘且短視。依照該公司的邏輯，任何存在於都市中的瑕疵，都和資源限制或社會衝突無關，罪魁禍首只有根據過時模式管理資訊和資源的法律。Y Combinator對法律的鄙視態度，和前一世代的烏托邦城市規劃不謀而合，就像勒·柯比意趾高氣昂地宣稱他的計畫「無視於任何現有的規範」。[31]

由此，我們可以明顯看出，科技迷眼中的城市，只不過是為了打造高效率的交通解決方案和服務供應的抽象墊腳石：科技專家想要從零開始打造智慧城市的渴望從未停歇。儘管先前的智慧城市計畫面臨極大的挑戰，例如阿拉伯聯合大公國的馬斯達爾城（Masdar City）和南韓的松島國際都市（Songdo），兩者目前整體而言都還是一片荒涼，[32]遑論更早期的「白板」（tabula rasa）城市，如巴西利亞也遭遇了類似的失敗，當今的科技專家卻仍一頭熱地追求相同的目標，一如

Y Combinator迫不及待地宣稱「正因為是白板才有出奇的可能性」。[33]

Sidewalk Labs更是進一步發揚這樣的理念，堅稱在沒有歷史或空間包袱的情況下打造智慧城市不僅可行，更是符合社會的最佳利益。執行長丹・多克托爾洛夫就曾表示：「創新的空間與實際現有的人口及建築之間，其實是反比的關係。」[34]二〇一七年Sidewalk Labs大膽地著手實踐這項願景，宣布要和多倫多市合作，將未開發的十二英畝濱水地帶，發展成「全球首個從網路開始建設的住宅區」。[35]

這種雄圖大業最惡劣之處，在於偽裝成價值中立和普世追求的目標，科技專家把城市想像成最佳化和科技層面的問題，眼中只有可以提升效率的對象，因此把科技解決方案和對社會最佳的解決方案劃上等號。這種思維導致他們無法重視存在於（也許更灌溉了）城市的多樣觀點和需求，就像勒・柯比意深信自己「無懈可擊的」計畫「考量的因素除了人類世界的真理之外，別無其他」[36]，Sidewalk Labs標榜他們打造的新城市，具備「深植於基礎且無所不在的連線能力」，且會成為「帶給市民更多城市的優點、更少缺點的空間」[37]，這種說法簡直是違背一切歷史常識，認定有一種顯而易見且單一的標準，可以判斷城市該是什麼樣貌，而科技可以讓城市免於經歷都市治理及生活的棘手問題。

然而，Sidewalk Labs的多倫多開發計畫才展開第一年，就因為政治紛爭遭遇困境。不少多倫多市民發現數位服務亭（類似LinkNYC的產品）只不過是Sidewalk Labs在市內住宅區蒐集資料的冰山一角，因此要求公開更多關於公司會蒐集哪些資料以及如何運用的資訊。此外，要將原本屬於公家機關的管理和所有權，轉移給沒有選票授權又不須負責的私人企業，且必須透過鬆綁法規來輔助其計畫，這也讓這項計畫蒙上一層陰影。Sidewalk Labs宣稱會在開發計畫時會考量到社區，然而經過幾次公開會議，公司仍然沒有公開太多計畫細節，有位當地的科技專家就直言「這種公共參與流程根本是圖謀不軌」。[38] 另外，計畫緊湊的時間表，導致大眾根本無從在開發過程發揮實質影響力。Sidewalk Labs打造的多倫多社區也許真的代表了以科技為核心的新型態都市願景，但這種城市絕對不是具備「更多城市的優點、更少缺點」，反而就像其他無數座城市一樣，飽受相同的問題之苦：無法問責的決策、私有化的公共服務、以及遭到架空的政治討論。

簡而言之，烏托邦式的科技解決方案，無法提供城市所需要的解答。「我稱之為『智慧洗腦』(smartwashing)的現象具有真正的危險性，是亟需深入研究的問題。」波士頓市政府資訊長賈莎・富蘭克林－賀智(Jascha Franklin-Hodge)在二〇一七年的「物聯網研討會」中指出：「我們常常會說：『總之先灑上一點科技魔法粉末，問題就會消失了。』然而，更常出現的狀況是，關於這項科技要如何為市民提供真正實質的益處，這個關鍵問題還是沒有真的獲得解答。」[39]

富蘭克林－賀智在波士頓市政府的同僚奈哲爾・雅各也表達過類似的挫折感，他談起過去的經驗：「有好幾次我們和廠商溝通的時候，他們都大張旗鼓地宣傳：『只要你們購買這一項技術，我們就能解決這座城市的所有問題。』」雅各表示，每一次波士頓市政府都得解釋為什麼他們並不看好廠商提案的技術，但這些反對意見很少受到重視。「有時候同一間公司會帶著改良版的提案回來找我們，不過這種狀況比較少發生，他們通常會去找其他疑問沒那麼多的市政府。」[40]

厭倦這類事件的雅各和團隊，決定把他們最常提供的反饋整理成一份文件，以便分享給企業和科技專家。二〇一六年九月，他們發表了〈波士頓智慧城市教戰守則〉（The Boston Smart City Playbook），公開宣導波士頓市政府願意布署的科技必須要「以人為中心、以解決問題為導向並負責」。[41]

教戰守則的開頭如此寫道：「目前為止，波士頓市政府收到的許多『智慧城市』試驗計畫，最後都以華麗的簡報和眾人的不置可否告終。沒有人真的知道下一步是什麼，或者科技和資料要如何帶來新穎或改良後的服務。」接著，教戰守則列出六大真誠的建議，如下所示：

（一）「別再派出銷售人員：（前略）請讓真正瞭解城市、願意體諒我們城市中的勞工或是願意和市民溝通的人，來和我們商談。」

（二）「為活生生的人解決真正的問題：（前略）我們不禁覺得這個關鍵一直被忽略……你要怎麼知道自己正在處理的『問題』真的是問題？」

（三）「不要崇尚效率：（前略）把重點放在『效率』上，就表示我們已經知道該為市民提供什麼服務，現在只需要讓成本更低廉，可惜的是，現況並非如此。」[42]

從這份教戰守則可以看出，對波士頓市政府而言，智慧城市比較像是旁門左道而非目標。「我們非常注重價值，尤其是為活生生的人解決真正的問題。」富蘭克林－賀智解釋說道：「我們的智慧城市策略其實就是我們的市政策略，重點是打造平等的城市、促進經濟展，以及永續。如果我提出的智慧城市策略和這些需求，以及我們市府所面臨的挑戰沒有直接關係，我就是失職了。」[43]

波士頓市政府的觀點突顯出，科技專家必須要從頭理解市政府和都市居民的需求。就如珍．雅各明白城市必須依照市民的生活體驗設計，而不是取決於計畫技師由上而下觀察到的視覺秩序，雅各和富蘭克林－賀智深知市政府採用的科技，必須符合都市居民的實際需求，而不是取決於工程師的電腦運算秩序。

數位科技並非絕對有害，但是透過科技有色眼鏡所呈現的觀點，也就是誤以為有可能運用新科技打造最佳狀態的城市，會使我們無法專注在以民主和平等的方式改善城市，甚至可能破壞這種機會。從字面就可以看出，智慧城市把「智慧」當作目標，彷彿資料和科技本身就有益於社會，以至於城市的優先目標變成強化科技功能，卻沒有全面考量這麼做的後續影響，或是具有其他眾多值得追求的目標。當 Y Combinator 問出：「城市應該要針對什麼目標最佳化」背後的假設，正是把最佳化視為改善都市生活的主要工具，完全忽略城市的議題涉及到多個層面，無法簡化成有最佳解的問題，因此，這類觀點通常有助於延續現狀，甚至成為其他更重大改革的阻力。

適宜智慧城市則重新定位上述的邏輯，並提出最根本的問題：如何才算夠智慧？在適宜智慧城市中，「智慧」只是手段而非目的，因此可以正確地把焦點轉向科技所處理的社會需求。以波士頓的例子而言，這意味著唯有科技能夠解決「活生生的人真正面臨的問題」，才有布署這項技術的必要。

對美國及其他各地的城市來說，這都是很關鍵的典範轉移過程，儘管本書專注於討論美國國內的發展，但其實很多相同的趨勢、機會和挑戰普遍存在於世界各國。新加坡正如火如荼地布署自駕車，並迎來全球首批自駕計程車；[44] 在衣索比亞，首都阿迪斯阿貝巴（Addis Ababa）已經採用「智慧停車系統」，以解決城市停車空間嚴重短缺的問題。[45] 參與式預算制度源於巴西，至今仍有數百座巴西城市採用這項制度（通常處理的市政預算比例比美國更高）；[46] 巴西也是整合線上與線下參與式預算模式的領導者。[47] 在中國，新疆市大動作布署預測性警務平台，用於蒐集大量個人資料，[48] 甚至被《華爾街日報》（*Wall Street Journal*）稱為「全球最嚴重遭到監控的地方」。[49] 二〇一七年，倫敦開始推行 InLinkUK 服務亭（可以說是 LinkNYC 計畫的翻版），卻幾乎沒有與民眾溝通，[50] 直接在地鐵站裝設了無數個感應器，來追蹤通勤族的行為。[51]巴塞隆納率先在整個城市內布署物聯網，[52]同時制定出參與式流程，以制衡科技公司的權力，目的是針對演算法的使用提供透明資訊，也將資料的所有權和控制權轉移到民眾手裡。[53]經由上述和其他族繁不及備載的計畫，全球各地的城市正在探索和開拓科技的新用途，我們都有責任推動這些計畫以實現適宜智慧城市的理想，而不是落入智慧城市的陷阱。

***

從哥倫布市的產前醫療照護、瓦列霍的參與式預算制度、詹森郡的主動提供社會服務、西雅圖的監視條例，到紐約市的資料演習，我們觀察到建立適宜智慧城市所需要具備的眾多條件。為鼓勵這類計畫更蓬勃發展，我歸納出貫穿本書的適宜智慧城市五大原則，當然這份清單仍有不足之處，但我希望其中的內容有助於釐清應該優先處理哪些議題，才能打造出更宜居、民主、公正、負責且創新的城市。

1 處理複雜的問題而非表面上的簡單問題

對於社會和政治困境的簡化理解，總是和科技有色眼鏡脫不了關係，德國林業、極端現代都市計畫以及汽車時代的歷史教訓，都一再證明這種觀念極具毀滅性。忽視或試圖排除世界原有的複雜性，只會催生出能處理表面問題的「解決方案」，且通常製造的問題比解決的還多。

不幸的是，圍繞著智慧城市的理想和願景，仍然充斥著這般簡化的觀念。例如，自駕車看似有助於打造都市烏托邦，只不過是因為科技專家不成比例地強調，高效率的行車交通等於出色城市的指標。由於科技專家沒有意識到交通相關的諸多挑戰和取捨，甚至是有其必要在順暢的交通和其他目標之間維持平衡，他們在高估自駕車優勢的同時，也忽略了其他形式的改革。換句話說，這些科技專家把交通議題過度簡化成可以經由最佳化解決的問題，於是提出了看似俐落的解決方案。

相對的，適宜智慧城市能更全面地掌握都市議題的複雜型，比較能認清科技的侷限和機會。例如，智慧哥倫布團隊並不認為交通只是便利性的問題，而是理解到交通其實牽涉到其他問題，如不平等，他們也透過和當地的多元居民交流，判斷當地人究竟遇到什麼樣的交通障礙，所以沒有落入表面上簡單問題的陷阱。哥倫布因此能夠突破原先的簡化觀念，進而推動有效的交通改革，來解決居民實際上遇到的問題，就如卡拉．貝伊洛所分析的：「我們得用更宏觀的角度來看事情。」[54]哥倫布無法透過單一的科技或政策改革來消除交通障礙或不平等，但政府推出的計畫確實有助於解決居民每天都會遇到的部分問題。

2 應用科技來解決社會需求並推動政策，而不是讓目標和價值符合科技功能

這是富蘭克林－賀智一再提醒波士頓市政府的核心概念：智慧城市策略不該和整體的市政

策略有任何不同。適宜智慧城市是透過明確的政策目標和長期規劃的計畫來推動，通常會把科技當作實現價值的工具，但科技絕對不會凌駕於這些目標之上。

與之相對的，科技有色眼鏡（以及後續衍生的科技有色眼鏡循環）是根據科技的邏輯和功能，來形塑都市創新計畫。為了解決當今的公民參與和民主困境，市政府和科技專家提出了無數種科技：線上平台、社群媒體和311應用程式，開宗明義地表示要讓政治和管理更簡單也更有效率。然而，權力和政治並不是可以透過最佳化解決的問題，變得「智慧」並沒有辦法解決民主問題，例如，也許311應用程式讓向政府通報路燈毀損變得容易，卻沒有辦法真正賦予居民權力，也無助於培養更深層的社區連結。

另一方面，適宜智慧城市以社會和政治目標為前提，應用科技只是為了推動這些目標，因此並不會遭到提案吸引人卻不符合自身計畫和價值的科技專家誘騙。和典型的公民參與應用程式相比，Community PlanIt這類線上平台因為善用「有意義低效率」，更有助於培養公民關係和能力。基於相同的理念，瓦列霍透過實施參與式預算制度，改善當地的民主措施；瓦列霍提供新的應用程式確實能讓更多人參與過程，但這項計畫所帶來最根本的變革，源自賦予民眾新型態的審議機會和決策權力。

3 優先重視創新政策及方案改革，而非創新科技

適宜智慧城市是透過政策和流程改革，來發揮最關鍵的影響力，且會周詳地照顧到地方需求，當然科技可以讓這些改革更有效果，但絕對無法成為改革的原動力。事實上，我們在前文看到的成功故事，多半都只涉及簡單的資料分析和技術，完全是為了支援創新政策而採用。這些科技應用之所以成功，是因為強化科技功能只不過是其中一種形式的創新，仰賴簡單科技的出色方案好過運用尖端科技的糟糕方案。

然而在智慧城市中，科技卻是主角。例如，警察部門急於塑造創新且沒有種族偏見的形象，因此興高采烈地採用預測性警務軟體，但他們卻搞錯了重點，社區需要的是徹底重新整頓警察執法措施和優先目標，而不是透過演算法強化同樣尚待改進的行為。事實上，預測性警務演算法提供了執法中立的偽裝，等於是合理化並加劇歧視造成的不平等問題，以及歧視性的警方執法，導致較系統性的改革更加遙不可及。

適宜智慧城市則應該要採用我稱之為「有限度科技測試」的原則，在考量新科技的用途時，城市的領導階層必須先問下列的問題：如果能在不使用科技的情況下達到相同的目標，這還算是創新嗎？科技帶來的影響是大眾所希望的嗎？適宜智慧城市只有在可以自信地用肯定句回答這些問題時，才會選擇採用新科技。舉例來說，詹森郡為了減少入獄人數和改善社會服務，開始為患有心理疾病的個人提供協助，不僅改善他們的生活，也能避免他們犯法。詹森郡能有這些成果，並不是因為發現全新的完美演算法，可以最佳化並合理化現有的警察執法措施，而是因為將政府專案改革成能夠處理社區需求，接著才用機器學習來提升這項專案的效果。

4 確保科技的設計和應用能促進民主價值

透過科技有色眼鏡觀察複雜的社會議題，會以為這些都是科技問題，可以由科技提供價值中立且最利於社會的解決方案。而這種簡化的評估方式，造就了不計一切代價只為提升效率的智慧城市科技，卻沒有考量到這些技術對社會的廣泛影響。

很多智慧城市科技讓政府和企業更有效率的方式是盡可能大量蒐集資料，然而這個過程卻會侵犯民眾的隱私和自主權。同樣地，許多智慧城市是在不透明且擁有專利的演算法輔助下運作，這些演算法不論是開發或布署過程，都沒有大眾置喙的餘地。這種趨勢造成了明顯的資訊和權力不對稱，賦予政府和企業更多權力，遠超過他們追蹤和分析的對象。由此看來，智慧城市可說是強化監視、獲利和社會控制的祕密武器。

適宜智慧城市擔任作為公共管理者的角色，會確保新科技確實有益於全體市民，拒絕落入智慧和愚笨城市的二元謬誤，因此，不會迫不及待地採用每一種新工具，而是會評估新科技的各種設計，確認手段和結果都利於推動民主和平等。從西雅圖和芝加哥的案例可以看出，尊重並保障個人隱私並不會造成阻礙，反而有助於布署新科技來改善都市生活。同樣地，紐約市的演算法工作小組和西雅圖的《監視行為監督條例》為其他市政府指出明確的方向，以免在盲從趨勢之下成為黑箱城市。以上的案例都在在證明，拒絕或修正違背重要價值的科技，並不是反科技而是利於民主的決策。

5 培養市政單位內部運用資料的能力，並擬定流程

科技只要本身夠精良就能改善政府是很誘人的想法，但現實遠比這更複雜。品質不佳的資料只能進行有限的分析，各行其是的部門難以共享資料，還有許多部門甚至不太相信資料能解決自身問題。真正能讓資料發揮用途的，不是最先進的技術功能，而是降低制度上的門檻，並找出資料可以解決的問題。市府領導階層如紐約市的阿曼拉．瑪沙立奇和舊金山的喬伊．博納古羅，示範了如何運用資料來改善當地的政府治理，絕對不是期待資料可以如魔法般最佳化政府體制或解決地方議題，而是與部門建立良好關係、擬定維護和共享資料的最佳做法，以及訓練市府員工如何運用資料以改善平日作業。

適宜智慧城市應該要追隨這些典範的腳步，並杜絕智慧城市的誇大其詞，把更新、更先進的科技，當作政府可以快速解決所有問題的捷徑。適宜智慧城市真正該專注的，是仔細擬定流程和措施的基礎架構（即便是日常作業也一樣），讓資料成為可用的資源。

***

新科技不僅刷新了人們對可能性的想像，更改變了世界可以和應該呈現的樣貌。數位和資料導向的科技，加上科技有色眼鏡無遠弗屆的影響，讓許多人深信智慧城市是二十一世紀難題的解答：更智慧的城市——更加互連、更最佳化、更有效率——就是更理想的城市。

這種誘人的邏輯衍生出嚴重錯誤的觀念，更阻斷了真正改善都市生活的可能性。智慧城市沒有解決城市真正面臨的問題，只是提供新奇卻用途不明的解決方案，而這些方案實施之後，反而成為都市願景的危機。在智慧城市，自駕車會塞滿市中心且大眾運輸相對不足，民主概念會被簡化成透過應用城市傳送坑洞的相片，警方會利用演算法合理化並延續種族歧視的執法措施，政府和企業會監視公共空間以控制個人行為。

話雖如此，不論有多少人說智慧城市的時代即將到來而且無可避免，我們還是有機會迎向更美好的未來。我們可以打造出宜居城市，透過交通科技緩解不平等問題，並提升大眾的健康狀況；我們可以打造出民主城市，利用通訊科技輔助新的參與式流程，賦予民眾實質權力；我們可以打造出公正城市，運用機器學習演算法，協助社區救助弱勢居民；我們可以打造出負責城市，設計足以保障隱私權和民主的科技；我們可以打造出創新城市，結合資料科學和非科技層面的改革，進而改良市政措施和社會服務。

我們可以打造出這些適宜智慧城市，但前提是要有追求這項目標的智慧。現在下定決心，徹底拋開科技有色眼鏡，我們就可以踏出第一步了。

注釋

1 丹尼爾・L・多克托爾洛夫（Daniel L. Doctoroff），〈從網路重塑城市〉（Reimagining Cities from the Internet Up），Medium: Sidewalk Talk，二〇一六年十一月三十日，https://medium.com/sidewalk-talk/reimagining-cities-from-the-internet-up-5923d6be63ba。

2 James C. Scott, *Seeing Like a State: How Certain Schemes to Improve the Human Condition Have Failed* (New Haven: Yale University Press, 1998), 11-22。

3 Scott, *Seeing Like a State*, 12。

4 Scott, *Seeing Like a State*, 21。

5 Scott, *Seeing Like a State*, 88。

6 Scott, *Seeing Like a State*, 4。

7 Ebenezer Howard, *Garden Cities of To-Morrow* (London: Swan Sonnenschein, 1902), 133。

8 請見Howard, *Garden Cities of To-Morrow*。

9 Howard, *Garden Cities of To-Morrow*, 133-134。

10 Le Corbusier, *The Radiant City: Elements of a Doctrine of Urbanism to Be Used as the Basis of Our Machine-Age Civilization* (New York: Orion Press, 1964), 134, 240, 134。

11 Le Corbusier, *Aircraft: The New Vision* (New York: Studio Publications, 1935), 96, 5, 100。

12 Le Corbusier, *The Radiant City*, 121。

13 Le Corbusier, *The Radiant City*, 27, 29, 116。

14 Scott, *Seeing Like a State*, 348。

15 Le Corbusier, *The Radiant City*, 181, 154。

16 Le Corbusier, *The Radiant City*, 181, 154。

17 James Holston, *The Modernist City: An Anthropological Critique of Brasília* (Chicago: University of Chicago Press, 1989), 168。

18 Holston, *The Modernist City*, 23, 24, 105。

19 Robert A Caro, *The Power Broker: Robert Moses and the Fall of New York* (1974; repr., New York: Random House, 2015), 909。

20 Harrison E. Salisbury, *The Shook-Up Generation* (New York: Harper and Row, 1958), 73, 75。

21 請見Peter Marcuse, *Robert Moses and Public Housing: Contradiction In, Contradiction Out* ([New York: P. Marcuse], 1989)。

22 詹姆斯・鮑德溫接受肯尼斯・克拉克（Kenneth Clark），WGBH-TV，一九六三年五月二十四日；收錄於*Conversations with James Baldwin*, ed. Fred L. Standley and Louis H. Pratt (Jackson: University Press of Mississippi, 1989), 42。

23 Jane Jacobs, *The Death and Life of Great American Cities* (1961; repr., New York: Vintage Books, 1992), 4, 428, 222, 447, 222, 439。

24 Jacobs, *The Death and Life of Great American Cities*, 435, 438-439。

25 Jacobs, *The Death and Life of Great American Cities*, 21。

26 Le Corbusier, *The Radiant City*, 202; Senseable City Lab, "DriveWAVE by MIT SENSEable City Lab," http://senseable.mit.edu/wave/。

27 日立公司，〈波士頓市：智慧城市系統資訊需求書回應〉（City of Boston: Smart City RFI Response），二〇一七年，第七頁，https://drive.google.com/file/d/0B_QckxNE_FoEeVJ5amJVT3NEZXc。

28 Living PlanIT，〈Living PlanIT——智慧城市系統資訊需求書〉（Living PlanIT— Boston Smart City RFI），二〇一七年一月，第1頁，https://drive.google.com/file/d/0B_QckxNE_FoEVEUtFB4SDRhc00。

29 阿朵拉·張（Adora Cheung），〈新城市〉（New Cities），*Y Combinator Blog*，二〇一六年六月二十七日，https://blog.ycombinator.com/new-cities/。

30 Cheung, "New Cities"。

31 Le Corbusier, *The Radiant City*, 154。

32 艾瑞克·賈菲（Eric Jaffe），〈未來城市如何建成？〉（How Are These Cities of the Future Coming Along?），*CityLab*，二〇一三年九月十一日，https://www.citylab.com/life/2013/09/how-are-those-cities-future-coming-along/6855/。

33 Cheung, "New Cities"。

34 丹·多克托爾洛夫，引用自萊斯利·胡克（Leslie Hook），〈Alphabet尋找實驗性城市落腳處〉（Alphabet Looks for Land to Build Experimental City），《金融時報》（*Financial Times*），二〇一七年九月十九日，https://www.ft.com/content/22b45326-9d47-11e7-9a86-4d5a475ba4c5。

35 Sidewalk Labs，〈提交需求建議書視覺截圖〉（Vision Sections of RFP Submission），二〇一七年十月十七日，第十五頁，https://sidewalktoronto.ca/wp-content/uploads/2017/10/Sidewalk-Labs-Vision- Sections- of-

RFP- Submission.pdf。

36 Le Corbusier, *The Radiant City*, 181, 154。

37 Doctoroff, “Reimagining Cities from the Internet Up”。

38 比安卡・懷利（Bianca Wylie），〈Sidewalk多倫多公開會議第二場匯報——是時候重新開始並延長流程〉（Debrief on Sidewalk Toronto Public Meeting #2— Time to Start Over, Extend the Process），Medium，二〇一八年五月六日，https://medium.com/@biancawylie/sidewalk-toronto-public-meeting-2-time-to-start-over-extend-the-process-a0575b3adfc3。

39 賈莎・富蘭克林－賀智，發表於Knight Foundation，「NetGain物聯網研討會」（NetGain Internet of Things Conference），二〇一七年https://www.youtube.com/watch?v=29u1C4Z6PR4。

40 奈哲爾・雅各接受班・格林採訪，二〇一七年四月七日。

41 市長辦公室新城市動力組織（Mayor’s Office of New Urban Mechanics），〈波士頓智慧城市教戰守則〉（Boston Smart City Playbook），二〇一六年，https://monum.github.io/playbook/。

42 Mayor’s Office of New Urban Mechanics, “Boston Smart City Playbook”。

43 Franklin-Hodge, in Knight Foundation, “NetGain Internet of Things Conference”。

44 米米・柯克（Mimi Kirk），〈為何新加坡得以率先取得自駕車〉（Why Singapore Will Get Self-Driving Cars First），*CityLab*，二〇一六年八月三日，https://www.citylab.com/transportation/2016/08/why-singapore-leads-in-self-driving-cars/494222/；Annabelle Liang and Dee-Ann Durbin, "World's First SelfDriving Taxis Debut in Singapore," *Bloomberg*, August 25, 2016。

45 阿都・拉曼・阿法・沙班（Abdur Rahman Alfa Shaban），〈衣索比亞耗資兩百二十萬美元打造智慧停車設施成為非洲第一〉（Ethiopia Bags a Continental First with $2.2m Smart Parking Facility），非洲新聞台（*Africanews*），二〇一七年六月十五日，http://www.africanews.com/2017/06/15/ethiopia-s-22m-smart-parking-facility-is-africa-s-first/。

46 Hollie Russon Gilman, *Democracy Reinvented: Participatory Budgeting and Civic Innovation in America* (Washington, DC: Brookings Institution Press, 2016), 7, 36。

47 請見Rafael Sampaio and Tiago Peixoto, "Electronic Participatory Budgeting: False Dilemmas and True Complexities"，收錄於*Hope for Democracy: 25 Years of Participatory Budgeting Worldwide*, ed. Nelson Dias (São Brás de Alportel, Portugal: In Loco Association, 2014), 413-425。

48 李肇華（Josh Chin），〈想犯罪？中國警察已經盯上你了〉（About to Break the Law? Chinese Police Are Already On to You），《華爾街日報》，二〇一八年二月二十七日，https://www.wsj.com/articles/china-said-to-deploy-big-data-for-predictive-policing-in-xinjiang-1519719096。

49 李肇華與克萊蒙・伯格（Clément Bürge），〈在新疆的十二天：中國的監控如何動搖日常生活〉（Twelve Days in Xinjiang: How China's Surveillance State Overwhelms Daily Life），《華爾街日報》，二〇一七年十二月十九日，https://www.wsj.com/articles/twelve-days-in-xinjiang-how-chinas-surveillance-state-overwhelms-daily-life-1513700355。

50 亞卓安・修特（Adrian Short），〈英國電信公司於倫敦架設 InLink：暗中打造私有化「智慧城市」〉（BT InLink in London: Building a Privatised 'Smart City' by Stealth），二〇一七年十二月十四日，https://www.adrianshort.org/posts/2017/bt-inlink-london-smart-city/。

51 娜塔莎・洛馬斯（Natasha Lomas），〈為何「匿名」Wifi 資料仍有可能成為隱私權風險〉（How 'Anonymous' Wifi Data Can Still Be a Privacy Risk），*TechCrunch*，二〇一七年十月七日，https://techcrunch.com/2017/10/07/how-anonymous-wifi-data-can-still-be-a-privacy-risk/。

52 蘿拉・阿德勒（Laura Adler），〈智慧城市巴塞隆納如何實現物聯網〉（How Smart City Barcelona Brought the Internet of Things to Life），*Data-Smart City Solutions*，二〇一六年二月十八日，https://datasmart.ash.harvard.edu/news/article/how-smart-city-barcelona-brought-the-internet-of-things-to-life-789。

53 亞伯特・坎尼古拉爾（Albert Canigueral），〈在巴塞隆納，科技是實現智慧城市的手段〉（In Barcelona, Technology Is a Means to an End for a Smart City），*GreenBiz*，二〇一七年九月十二日，https://www.greenbiz.com/article/barcelona-technology-means-end-smart-city。

54 卡拉·貝伊洛接受班·格林採訪，二〇一七年五月九日。

被科技綁架的智慧城市
The Smart Enough City: Putting Technology in It's Place to Reclaim Our Urban Future

著者　班・格林
譯者　廖亭雲
總編輯　周易正
責任編輯　蔡鈺淩
執行編輯　廖芷瑩
封面設計　蔡佳豪
內頁排版　林昕怡
行銷企劃　毛志翔、陳姿華
印刷　釉川印刷

定價　四二〇元
ISBN　978-986-98592-8-8
二〇二〇年八月初版一刷

出版者　行人文化實驗室
發行人　廖美立
地址　10074台北市中正區南昌路一段四十九號二樓
電話　+886-2-3765-2655
傳真　+886-2-3765-2660
網址　http://flaneur.tw

總經銷　大和書報圖書股份有限公司
電話　+886-2-8990-2588

國家圖書館出版品預行編目(CIP)資料

被科技綁架的智慧城市 / 班.格林(Ben Green)著 ; 廖亭雲譯. -- 初版. -- 臺北市 : 行人文化實驗室, 2020.08
304 面 ; 14.8 x 21公分
譯自 : The Smart Enough City : Putting Technology in Its Place to Reclaim Our Urban Future
ISBN 978-986-98592-8-8(平裝)

1.都市發展 2.生活科技 3.資訊社會

545.1 109011090